BEVÖLKERUNGSSTATISTIK AN DER WENDE
VOM MITTELALTER ZUR NEUZEIT

OBERRHEINISCHE STUDIEN

Herausgegeben von der
Arbeitsgemeinschaft für geschichtliche
Landeskunde am Oberrhein e.V.

Band 8

JAN THORBECKE VERLAG SIGMARINGEN
1990

BEVÖLKERUNGSSTATISTIK AN DER WENDE VOM MITTELALTER ZUR NEUZEIT

Quellen und methodische Probleme im überregionalen Vergleich

Herausgegeben von
Kurt Andermann und Hermann Ehmer

JAN THORBECKE VERLAG SIGMARINGEN

1990

Gedruckt mit Unterstützung

des Hochwürdigen Domkapitels zu Speyer
des Landes Baden-Württemberg
der Stadt Karlsruhe
der Badenwerk Aktiengesellschaft
der Kernkraftwerk Philippsburg GmbH

CIP-Titelaufnahme der Deutschen Bibliothek

Oberrheinische Studien / hrsg. von d. Arbeitsgemeinschaft für Geschichtl. Landeskunde am Oberrhein e.V.
– Sigmaringen: Thorbecke.

   Bd. 1–3 hrsg. von Alfons Schäfer. – Bd. 4 hrsg. von
Hansmartin Schwarzmaier. – Teilw. im Verl. Braun,
Karlsruhe

NE: Schwarzmaier, Hansmartin [Hrsg.]; Schäfer,
Alfons [Hrsg.]; Arbeitsgemeinschaft für Geschichtliche Landeskunde am Oberrhein

   Bd. 8. Bevölkerungsstatistik an der Wende vom Mittelalter zur Neuzeit: Quellen und methodische Probleme im überregionalen Vergleich / hrsg. von Kurt
Andermann u. Hermann Ehmer. – 1990
   ISBN 3-7995-7808-0

NE: Andermann, Kurt [Hrsg.]

© 1990 by Jan Thorbecke Verlag GmbH & Co., Sigmaringen

Gesamtherstellung: M. Liehners Hofbuchdruckerei GmbH & Co. Verlagsanstalt, Sigmaringen
Printed in Germany · ISBN 3-7995-7808-0

Inhalt

Vorwort

In der Sammlung seiner Kopialbücher verwahrt das Generallandesarchiv Karlsruhe zwei bevölkerungsgeschichtliche Quellen, die nach Art und Zeitstellung als einzigartig gelten dürfen; als Speyerer »Volkszählungen« von 1470 und 1530 sind sie der lokalen und regionalen Forschung seit langem bekannt. Es handelt sich dabei um Einwohnerverzeichnisse des Hochstifts Speyer, des weltlichen Herrschaftsbereichs der Speyerer Bischöfe, deren Aussage über jene der hergebrachten und allerorten in großer Zahl auf uns gekommenen Leibeigenenverzeichnisse insofern hinausgeht, als in ihnen nicht allein die Eigenleute, sondern alle Untertanen des bischöflichen Landesherrn erfaßt sind. Mithin geben sie Aufschluß über Zahl und leibrechtliche Struktur der gesamten Bevölkerung eines ganzen spätmittelalterlichen Territoriums und lassen obendrein dessen Untergliederung in Ämter sowie mancherlei Einzelheiten der territorialen Verwaltung deutlich erkennen. Gleichwohl – aber das versteht sich im Grunde von selbst – kann die Bezeichnung dieser Quellen als »Volkszählungen« nur bedingt gelten. Zumal die um 1470 durchgeführte Erhebung ist, rückschauend betrachtet, trotz ihres innovativen Charakters nur eine Vorstufe des Untertanenverzeichnisses von 1530; erst die jüngere Erhebung, die neben den Namen der Erwachsenen auch die Zahl der in den einzelnen Haushalten lebenden Kinder vermerkt, bietet tatsächlich die Möglichkeit, die gesamte Bevölkerung des Territoriums zu rekonstruieren. Entsprechende Quellen vergleichbaren Alters sind anderwärts bislang nicht bekannt.

Ungeachtet ihrer Einzigartigkeit haben die beiden Speyerer Bevölkerungsaufnahmen in der landesgeschichtlichen Forschung bisher nur wenig und in der historisch-demographischen Forschung so gut wie keine Beachtung gefunden. Dies ist vermutlich darauf zurückzuführen, daß noch immer keine der beiden Erhebungen vollständig ediert ist und die in Auszügen – zumeist an entlegener Stelle – publizierten Namensreihen allenfalls familienkundlichen Ansprüchen genügen. Im Zusammenhang mit Überlegungen und ersten Versuchen, endlich eine kritische Edition der beiden hochstift-speyerischen Einwohnerverzeichnisse auf den Weg zu bringen, ist in der Arbeitsgemeinschaft für geschichtliche Landeskunde am Oberrhein der Wunsch erwacht, die einer Bevölkerungsstatistik des ausgehenden Mittelalters und der beginnenden Neuzeit zu Gebote stehenden Quellen einmal zum Thema einer wissenschaftlichen Tagung zu machen. Dabei sollten vornehmlich Archivare Gelegenheit finden, sich überregional über Quellen und Methoden der Bevölkerungsgeschichte an der Wende vom Mittelalter zur Neuzeit auszutauschen und die Überlieferung im Umfeld der Speyerer »Volkszählungen« auszuloten, um schließlich den Wert dieser Erhebungen besser beurteilen zu können.

Das daraufhin von den Unterzeichneten gemeinsam geplante und organisierte Colloquium über »Bevölkerungsstatistik an der Wende vom Mittelalter zur Neuzeit – Quellen und methodische Probleme im überregionalen Vergleich« hat am 6. und 7. Mai 1988 in Philippsburg stattgefunden. Die Veranstaltung durfte sich in der einstigen Residenz der Speyerer Bischöfe, wo im selben Jahr das 650jährige Stadtjubiläum gefeiert wurde, einer überaus freundlichen Aufnahme, des regen Interesses von zahlreichen Teilnehmern aus nah und fern sowie einer großzügigen Förderung seitens der Philippsburger Stadtverwaltung erfreuen. Dem seinerzeitigen Bürgermeister, Herrn Fritz Dürrschnabel, sei dafür auch an dieser Stelle noch einmal sehr herzlich gedankt!

Der vorliegende Band enthält zum einen die anläßlich des Philippsburger Colloquiums gehaltenen Referate, die für den Druck überarbeitet und mit Anmerkungen versehen wurden; der Wortlaut der bei der Tagung geführten Diskussion ist in einem hektographierten Protokoll festgehalten (Protokolle der Arbeitsgemeinschaft für geschichtliche Landeskunde am Oberrhein Nr. 279). Die anfänglich gehegte Absicht, den ganz auf die Quellenlage in Süddeutschland gerichteten Tagungsvorträgen wenigstens für den Druck noch einen Beitrag über rheinische Verhältnisse an die Seite zu stellen, hat sich infolge widriger Umstände, die weder von dem vorgesehenen Autor, noch von den Herausgebern zu vertreten sind, leider nicht verwirklichen lassen. Dagegen konnten, um dem Anlaß des Unternehmens noch stärker Rechnung zu tragen, zwei Aufsätze zusätzlich hereingenommen werden, die sich mit den beiden Speyerer »Volkszählungen« im einzelnen befassen, der eine als Wiederabdruck einer bereits publizierten Arbeit (Bull, aus: ZGORh 133, 1985), der andere eigens für diesen Band geschrieben (Andermann).

Der vorliegende achte Band der Oberrheinischen Studien, bei dessen Drucklegung die Arbeitsgemeinschaft sich wiederum der Unterstützung großzügiger Gönner erfreuen durfte, widmet sich einem wichtigen, bislang allzu wenig beachteten Aspekt der oberrheinischen Landesgeschichte und sucht dabei den Vergleich mit benachbarten Landschaften. Wir hoffen, daß er in dieser Region zu weiterer Beschäftigung mit dem Thema anregen und – wie schon seine Vorläufer – über das Oberrheingebiet hinaus in der wissenschaftlichen Welt eine gute Aufnahme finden wird.

Karlsruhe und Stuttgart,   *Kurt Andermann*
im Herbst 1989   *Hermann Ehmer*

Wappen des Bischofs Philipp von Flersheim (1529–1552) in der Speyerer »Volkszählung« von 1530 (GLA Karlsruhe 67/314 fol. 26r)

»Statistik« in vorstatistischer Zeit

Möglichkeiten und Probleme der Erforschung frühneuzeitlicher Populationen

VON WALTER G. RÖDEL

Der Titel des Beitrags bedarf einer Erläuterung, zumal die Begriffe »Statistik« und »vorstatistische Zeit« hier miteinander in eine Beziehung gebracht werden. Es gilt zunächst, sich über eine Art von Begriffsverwirrung zu verständigen, die mehr und mehr um sich gegriffen hat. Statistik als Wissenschaft hat sich im 18. Jahrhundert etabliert; es war der Göttinger Professor Gottfried Achenwall (1719–1772), der diesen Begriff im Sinne einer umfassenden Staatswissenschaft geprägt hat. Johann Peter Süßmilch (1707–1767), der Ahnvater der historischen Demographie in Deutschland, hat in seinem Werk »Die Göttliche Ordnung in den Veränderungen des menschlichen Geschlechts« (1741), angeregt durch englische Vorbilder in Gestalt von John Graunt und William Petty, erstmals rechnerische Methoden in der Bevölkerungsstatistik angewendet, um die von Gott gegebenen Gesetzmäßigkeiten aufzuzeigen. Trotz mancher oft noch sehr unzulänglicher Zählungen der Untertanen im 18. Jahrhundert[1] kann man von einem im modernen Sinne statistischen Zeitalter im großen Rahmen erst seit dem Beginn des 19. Jahrhunderts sprechen. Die französische Verwaltung ordnete für das linke Rheinufer 1799/1801 erste Zählungen an, die Staaten des Deutschen Bundes verschafften sich Klarheit über ihre Untertanen nach 1815; im Bereich des deutschen Zollvereins wurden 1834 Zählungen vorgenommen. Allerdings kann Antje Kraus in ihrer Sammlung »Quellen zur Bevölkerungsstatistik Deutschlands 1815–1875«[2] erst für die Zeit seit 1841 Gesamtzahlen für das Gebiet des späteren Deutschen Reiches ermitteln. Es liegt also auf der Hand, daß unser ausgewählter Untersuchungszeitraum eindeutig der vorstatistischen Zeit zuzurechnen ist.

Es gibt allerdings nur wenige Forscher, die auch für die frühe Neuzeit auf einem globalen statistischen Ansatz beharren und vorhandene Teilzählungen nicht berücksichtigen oder ihnen wenig Wert beimessen, wie zum Beispiel Alfred Perrenoud in seinem großen Werk über die Genfer Bevölkerung[3]. Markus Mattmüller hält in seiner Bevölkerungsgeschichte der Schweiz diesen »puristischen Standpunkt« für nicht gerechtfertigt, »würde er doch bei konsequenter Anwendung dazu zwingen, die Bevölkerungsgeschichte des vorstatistischen Zeitalters aufzu-

---

1 Vgl. dazu M. SCHAAB, Die Anfänge einer Landesstatistik im Herzogtum Württemberg, in den Badischen Markgrafschaften und in der Kurpfalz, in: ZWürttLdG 26 (1967) S. 89–112; N. BULST und J. HOOCK, Volkszählungen in der Grafschaft Lippe. Zur Statistik und Demographie in Deutschland im 18. Jahrhundert, in: N. BULST, J. GOY und J. HOOCK (Hgg.), Familie zwischen Tradition und Moderne, Göttingen 1981, S. 57–87.
2 A. KRAUS, Quellen zur Bevölkerungsstatistik Deutschlands 1815–1875 (ForschSozG 2,1), Boppard 1980.
3 A. PERRENOUD, La population de Genève du seizième au début du dix-neuvième siècle, 1, Genf und Paris 1979, S. 3.

geben«[4]. Für den Zeitraum vor dem örtlich, regional oder territorial sehr unterschiedlichen Einsetzen von ersten Volkszählungen muß man sich bescheiden mit Quellen, die nicht statistisch gemeint waren, die einen ganz anderen Zweck verfolgten als die für uns heute interessante Feststellung der Einwohnerzahlen. Es hat mit zu der oben angesprochenen Begriffsverwirrung beigetragen, daß sich der umgangssprachliche Ausdruck »statistische Quellen« eingebürgert hat, mit dem oft Quellen für historische Erkenntnisse bezeichnet werden, die sich mit statistischen Methoden auswerten lassen[5]. Dabei bleibt allerdings der Zeitpunkt ihres Entstehens unberücksichtigt. Vielleicht sollte man präziser von »statistischen Quellen« für das statistische Zeitalter und von »seriellen Quellen« für die vorhergehende Epoche sprechen, um aus diesem Dilemma herauszukommen. Peter Johannes Schuler hat in diesem Zusammenhang den Begriff »sekundärstatistische Quellen« geprägt[6].

Nach diesen einleitenden Überlegungen will ich ganz kurz skizzieren, welche Konzeption ich diesen Ausführungen zugrunde gelegt habe. Zunächst möchte ich darlegen, warum es – zumindest im christlichen Abendland – relativ spät zu Volkszählungen im modernen Sinn gekommen ist, nachdem sie in der Antike durchaus an der Tagesordnung waren (I). Anschließend sollen die verfügbaren Quellen aus der vorstatistischen Zeit vorgestellt, kategorisiert und nach ihrer Aussagekraft für unsere modernen Forschungsvorhaben beleuchtet werden (II). Es folgen dann einige Beispiele bereits durchgeführter Untersuchungen mit ihren – aus meiner Sicht – negativen oder positiven Ergebnissen (III). Abschließend sollen Möglichkeiten eines procedere auf einer allgemeingültigen und gesicherten Basis zur Diskussion gestellt werden (IV).

I

Die älteste überlieferte Volkszählung wurde 2255 v. Chr. in China durchgeführt; wir wissen von Zählungen im alten Ägypten, bei den Juden etc., wir kennen die Bürgerlisten in Griechenland und den Zensus im römischen Reich (vgl. Lukas 2,1: *Es begab sich aber zu der Zeit, daß ein Gebot von dem Kaiser Augustus ausging, daß alle Welt geschätzt würde* [...]. *Und jedermann ging, daß er sich schätzen ließe, ein jeglicher in seine Stadt*). Im Mittelalter und der frühen Neuzeit suchen wir vergebens nach solchen umfangreichen Zählungen. Die Menschen dieser Zeit hatten oft phantastische Zahlenvorstellungen, die mit exakten Werten kaum etwas zu tun haben. Oft hat man auch bewußt übertriebene Angaben gemacht, um zum Beispiel die hohe militärische Potenz einer Stadt zu untermauern oder dem Wunsch nach Einrichtung einer weiteren Pfarrei bei kirchlichen Stellen Nachdruck zu verleihen. Die weitverbreitete Scheu vor exakten und umfassenden Volkszählungen beruhte aber vor allem auf einer Tabuisierung, die aus dem christlichen Erbe der abendländischen Welt stammt. Die

4 M. MATTMÜLLER, Bevölkerungsgeschichte der Schweiz, 1: Die frühe Neuzeit 1500–1700 (Basel BeitrrGWiss 154/154a) 1, Basel und Frankfurt 1987, S. 80.
5 E. PITZ, Entstehung und Umfang statistischer Quellen in der vorindustriellen Zeit, in: HZ 223 (1976) S. 1–39, hier S. 1.
6 P. J. SCHULER, Die Bevölkerungsstruktur der Stadt Freiburg i. Br. im Spätmittelalter. Möglichkeiten und Grenzen einer quantitativen Quellenanalyse, in: W. EHBRECHT (Hg.), Voraussetzungen und Methoden geschichtlicher Städteforschung (Städteforsch A 7), Köln und Wien 1979, S. 139–176, hier S. 139.

Begründung für dieses Tabu findet sich im Alten Testament, wo im 2. Buch Samuel, Kap. 24,1–10, eine von König David angeordnete Volkszählung und deren Folgen geschildert werden: *Und der Zorn des Herrn entbrannte abermals gegen Israel, und er reizte David gegen das Volk und sprach: Geh hin, zähle Israel und Juda!*. *Und der König sprach zu Joab und zu den Hauptleuten, die bei ihm waren: Geht umher in allen Stämmen Israels von Dan bis Beerseba und zählt das Kriegsvolk, damit ich weiß, wie viele ihrer sind. Joab sprach zu dem König: Der Herr, dein Gott, tue zu diesem Volk, wie es jetzt ist, noch hundertmal soviel hinzu, daß mein Herr, der König, seiner Augen Lust daran habe; aber warum verlangt es meinen Herrn, den König, solches zu tun? Aber des Königs Wort stand fest gegen Joab und die Hauptleute des Heeres. So zog Joab mit den Hauptleuten des Heeres aus von dem König, um das Volk Israel zu zählen [...]. So durchzogen sie das ganze Land und kamen nach neun Monaten und zwanzig Tagen nach Jerusalem zurück. Und Joab gab dem König die Summe des Volks an, die gezählt war. Und es waren in Israel 800000 streitbare Männer, die das Schwert trugen, und in Juda 500000 Mann. Aber das Herz schlug David, nachdem das Volk gezählt war. Und David sprach zum Herrn: Ich habe schwer gesündigt, daß ich das getan habe. Und nun, Herr, nimm weg die Schuld deines Knechts, denn ich habe sehr töricht getan.* Am nächsten Morgen erschien der Prophet Gad bei David und verkündigte ihm Gottes Zorn. Der König mußte wählen zwischen drei Plagen, die uns in der historischen Demographie als Auslöser von Krisen immer wieder begegnen: Drei Jahre Hungersnot, drei Monate Niederlage und Flucht vor dem Feind und drei Tage Pest. David wählte die Pest; Gott hielt aber den Würgeengel vor dem Erreichen Jerusalems auf.

So weit der biblische Bericht, zu dem quellenkritisch anzumerken wäre, daß auch hier nur die wehrfähigen Männer gezählt wurden und daß die Erfassung über neun Monate dauerte. Warum wurde die – uns sehr gut erklärliche – Haltung des Königs, der verständlicherweise wissen wollte, wie stark sein Heer war, auf diese furchtbare Weise bestraft? Die traditionelle Schriftauslegung hat in diesem Bericht eine Warnung vor der Hybris des Königs gesehen: Er sollte den Segen Gottes, den eine Vermehrung des Volkes bedeutete, nicht buchhalterisch nachrechnen, sondern vertrauensvoll aus Gottes Hand entgegennehmen. – Zu dem die Mentalität der Menschen des Mittelalters und der frühen Neuzeit prägenden Satz: »Der Herr hat's gegeben, der Herr hat's genommen« ist es nur ein Schritt! Die moderne Forschung weiß heute, daß der Bericht in 2. Samuel 24 uns in einer Redaktion aus der Zeit des Deuteronomiums (6. Jh. v. Chr.) vorliegt, welche die Theokratie dem Königtum vorzog. Das Königtum wurde als Abfall von der guten alten Ordnung, nach der das Volk direkt unter Gott stand und in welcher sich die Könige noch nicht als harte Herren zwischen Jahwe und das Volk gestellt hatten, angeprangert. Deshalb hat der Erzähler aus der Zeit des Deuteronomiums die Heereszählung als ein Vergehen gegen den Herrn verstehen können, als einen der neuen, harten Bräuche, die die alte Situation des Vertrauens zwischen Gott und dem Volk zerstörten. – Daß Volkszählungen von der frühen Neuzeit bis zur Gegenwart über den direkten Anlaß hinaus auch als massive Herrschaftsakte aufgefaßt werden können, steht außer Frage[7]!

Die Menschen kannten damals natürlich diese Zusammenhänge und Hintergründe nicht; für sie stand außer Zweifel, daß Versuche, Zählungen durchzuführen, unweigerlich Gottes Zorn und seine Rache hervorrufen mußten. Wie man sich ja auch Krankheiten und die Trias

---

7 Mattmüller (wie Anm. 4) 1, S. 105.

der Plagen Hunger, Krieg und Seuche als gottgesandt vorstellte. Warum sollte man also noch zusätzlich durch solch sündhaftes Unterfangen den Zorn Gottes heraufbeschwören?

Mit der Herausbildung eines zunehmend stärker werdenden Königtums und des modernen Steuerstaates, einhergehend mit der sich entwickelnden merkantilistischen Wirtschaftspolitik, wurden Forderungen nach Kenntnis der genauen Zahl der Untertanen laut. Bereits 1576 hatte Jean Bodin in seinen »Six livres de la République« bei Betrachtung der Praxis der Volkszählungen im römischen Reich vermerkt: *Or les utilitez qui revenoyent au public du dénombrement qui se faisait, estoyent infinies. Car premièrement quant aux personnes on sçavoit et le nombre et l'aage et la qualité; et combien on en pouvrait tirer, fust pour aller en guerre ou pour demeurer, soit pour envoyer en colonies, fust pour employer aux labeurs et corvées des réparations et fortifications publiques, fust pour sçavoir les provisions et les vivres qui estoyent nécessaires aux habitants de chacune ville; et principalement quand il fallait soustenir le siège des ennemis: quoy il est impossible de remédier, si on ne sçait le nombre des sujets*[8]. Auch Georg Obrecht aus Straßburg († 1625) machte den Vorschlag, die Registrierung aller Untertanen zur Aufgabe einer *general und samptlich Verwaltung* zu machen. Nach dem Dreißigjährigen Krieg wurden diese Fragen auch von praktischer Bedeutung, als die Landesherren durch »Peuplierungspolitik« die Bevölkerungsverluste wieder wettzumachen suchten. Aber erst die politischen Arithmetiker und das Gedankengut der Aufklärung haben dann der Bevölkerungsstatistik moderner Prägung den Weg geebnet, wobei ein deutliches zeitliches Gefälle von den evangelischen zu den katholischen Staaten und Territorien festzustellen ist.

II

Eine Übersicht über die seriellen Quellen wird zunächst dadurch erschwert, daß es für gleichartige Quellen regional sehr unterschiedliche Bezeichnungen gibt, die unter modernen Gesichtspunkten zusammenzufassen sind. Außerdem muß vorab darüber reflektiert werden, welcher Zweck mit diesen Zählungen und Registern verfolgt wurde. Da sie alle nicht unter dem für uns heute relevanten Gesichtspunkt erstellt wurden, dürfen die damaligen Zielsetzungen nicht unbeachtet bleiben, um nicht a priori Fehlinterpretationen Vorschub zu leisten.

Es empfiehlt sich, dem Vorschlag von Markus Mattmüller zu folgen[9] und die Zählungen der vorstatistischen Zeit nach zwei Gesichtspunkten zu ordnen: nach dem Motiv der Zählung oder nach der Einheit, die gezählt wurde. Auf diese Weise kann man zum Beispiel der Gefahr entgehen, einen allgemeinen Reduktionsfaktor für Steuererhebungen zu berechnen, ohne in Erwägung zu ziehen, daß damit überhaupt noch nicht geklärt ist, von welchem Steuersubjekt – einem Erwerbstätigen oder einem Haushaltungsvorstand – man auf die Zahl der gesamten Bevölkerung schließt. In der Folge soll der Versuch unternommen werden, die verschiedenen Quellen aus dem deutschen Bereich bei Adaption der von Mattmüller vorgeschlagenen Typologie zu kategorisieren.

---

8 Zitiert nach: Histoire de la population française, dir. par J. DUPÂQUIER, 1.2, Paris 1988, hier 2, S. 25. Hier auch ein Überblick über die frühneuzeitlichen Zählungen in Frankreich.
9 MATTMÜLLER (wie Anm. 4) 1, S. 78–104.

A Nach dem Motiv der Zählung

1. Politische Zählungen: Registrierung von Untertanen, die den Huldigungseid an die Obrigkeit leisten. Verzeichnisse von Untertanen ganz allgemein. In den Städten finden sich Bürgerverzeichnisse für alle Bürger und Bürgerbücher, in die jährlich die neuaufgenommenen Bürger, seien es Bürgersöhne und andere Eingesessene aus der Stadt oder Zuwanderer, eingetragen werden. Ebenfalls in diesen Bereich gehören die Stadtaufnahmen, Häuserverzeichnisse und Amtsbeschreibungen, die allerdings auch fiskalischen Zwecken dienen konnten.

2. Militärische Zählungen: Hier handelt es sich um Listen von Wehrpflichtigen oder Wehrtauglichen, wobei zu berücksichtigen ist, daß meist Männer und Jugendliche im Alter zwischen 16 und 60 Jahren erfaßt wurden. Da auch Ersatzleute gestellt werden konnten, beziehungsweise die Dienstleistung durch eine Geldzahlung abgegolten werden konnte, ergeben sich zwangsläufig Ungenauigkeiten bei dieser Form der Teilzählung einer Population.

3. Fiskalische Zählungen: Hier reicht die Bandbreite von den Reichssteuern, wie dem Gemeinen Pfennig und den Türkensteuern, über die verschiedenen territorialen Steuern – bis hin zu Fräulein- und Weihesteuer – zu den städtischen und gemeindlichen Steuern und Abgaben. Diese Register dienten als Grundlage für Steuererhebungen, wobei immer zu untersuchen ist, welche Bevölkerungsgruppen wegen ihrer Privilegien oder wegen ihrer Armut[10] von diesen Steuern befreit waren und nicht oder nur teilweise erfaßt wurden. In unserem Zusammenhang sind neben den Unterlagen für die Reichssteuern vor allem die Register der Schatzungen (jährlich auf liegendes oder fahrendes Gut nach beeideter Selbsteinschätzung zu entrichten) und der Herdschilling, Herdsteuer, Vorschoß, Schoß etc. genannten Abgaben von Interesse. Von geringerer Bedeutung sind die Unterlagen über das Eimergeld für die Finanzierung des Feuerlöschwesens, das Manngeld für die Verschonung vom Wehrdienst, die Zahlung einer Gebühr bei der Aufnahme in die Bürgerschaft und anderes mehr.

4. Kirchliche Zählungen: Von kirchlicher Seite sind verschiedenartige Zählungen und Registrierungen seit dem späten Mittelalter angestellt worden. Einerseits wollte man Ketzer, später Wiedertäufer feststellen, andererseits sollten mit den Kommunikantenlisten die kirchlichen Praktiken der Gläubigen überprüft werden. Daneben finden sich die Seelbücher/Nekrologe, also Listen von Verstorbenen mit Angabe des Todestages, damit die Seelenmessen gelesen werden konnten. Kirchenbücher finden sich zwar schon vereinzelt seit dem 14. (Taufregister von Siena 1379) und dem 15. Jahrhundert (Nantes 1406, Konstanz 1445, Florenz 1450, Pisa 1457 etc.), letztlich sind sie aber eine Angelegenheit der frühen Neuzeit. Mit der Glaubensspaltung begannen beide Konfessionen Interesse an der Zugehörigkeit der Gläubigen zu ihrer jeweiligen Gemeinschaft zu entwickeln, beziehungsweise sich gegen die Täufer abzugrenzen. Seit 1526 gab es in Zürich auf Anregung Zwinglis Tauf- und Eheregister; die protestantischen Landeskirchen folgten bald nach dem Erlaß von Kirchenordnungen. Auf katholischer Seite hat das Konzil von Trient 1563 für jede Pfarrei das Führen von

---

10 Dazu ausführlich B. KIRCHGÄSSNER, Möglichkeiten und Grenzen in der Auswertung statistischen Urmaterials für die südwestdeutsche Wirtschaftsgeschichte im Spätmittelalter, in: EHBRECHT (wie Anm. 6) S. 75–100.

Tauf- und Eheregistern angeordnet – Sterberegister wurden erst mit dem Rituale Romanum von 1614 gefordert –, doch eine regelmäßig Führung dieser Register setzte meist erst im 17. Jahrhundert ein[11]. Für unsere Fragestellung sind sie noch nicht von Relevanz.

5. Versorgungstechnische Zählungen: Hier geht es vor allem um Erhebungen, die – soweit ich sehe – von städtischen Obrigkeiten in Notzeiten angeordnet wurden, um die vorhandenen Getreidevorräte und auch die Zahl der vorhandenen Esser in Erfahrung zu bringen. Beispiele, die für uns aussagekräftige Werte zu vermitteln vermögen, sind diesbezügliche Zählungen in Straßburg 1444 – die sogenannte erste Volkszählung nördlich der Alpen –, und in Nürnberg 1449. Dabei wurden die Zahl der Haushalte, meist auch mit den zugeordneten Personen, allerdings ohne Kleinkinder, die ja noch keine Konsumenten von Getreide waren, und die jeweils in diesen Haushalten vorhandenen Getreidevorräte von Beauftragten des Rates akribisch erfaßt. Eine drohende Belagerung der Stadt hat zu dieser – modern anmutenden – Aktivität des Rates geführt, die sich über das Tabu solcher Zählungen hinwegsetzte.

B Zählungen nach der gezählten Einheit

Hier sind zunächst die vereinzelt vorkommenden Zählungen zu nennen, die alle Personen erfassen wollen. Als Beispiele können die oben genannten Erhebungen über die Bevölkerung in Notzeiten oder die kirchlichen Registrierungen aller Gläubigen, die man »status animarum« bezeichnet, angeführt werden. Im evangelischen Bereich sind diese kirchlichen Register, die seit dem Ende des 17. Jahrhunderts von den Pfarrern jährlich bei einem Rundgang von Haus zu Haus anzulegen waren, bald für staatliche Zählungen herangezogen worden. In Schweden mußten die Pfarrer im staatlichen Auftrag seit 1749 diese »Husförhörslängder« genannten Listen führen und an das statistische Zentralbüro in Stockholm, das älteste seiner Art, einreichen.

Alle anderen Arten von Zählungen beziehen sich nur auf eine bestimmte Auswahl aus der Bevölkerung in einem Ort, einer Herrschaft oder einem Territorium. Der heutige Bearbeiter muß also, um die Gesamtbevölkerung eruieren zu können, bestimmte Hochrechnungen durchführen und dabei Reduktionsfaktoren oder sogenannte »Schlüsselzahlen« in Anwendung bringen. Auf die hierbei entstehenden quellenkritischen Probleme soll in der Folge noch eingegangen werden.

Diese Teilzählungen kann man in folgender Weise untergliedern:

1. Zählung von Wehrfähigen: Hierbei handelt es sich um einen relativ kleinen Teil der Gesamtbevölkerung, nämlich nur um die männlichen Erwachsenen, wobei allerdings auch Jugendliche ab 16 Jahren erfaßt sein können, und andererseits eine bestimmte Altersgrenze – meist von 60 Jahren – eingehalten wurde. Angesichts dieser Sachlage erweist sich eine Hochrechnung auf die gesamte Population a priori als schwierig.

2. Kommunikantenzählungen: Der hier erfaßte Teil der Bevölkerung ist abhängig von dem Alter der Erstkommunikanten, das zum Beispiel Hildegard Ditt für Westfalen und

---

11 Vgl. H. BÖRSTING, Geschichte der Matrikeln von der Frühkirche bis zur Gegenwart, Freiburg 1959; H. JEDIN, Das Konzil von Trient und die Anfänge der Kirchenmatrikeln. In: ZSRG KA 63 (1943) S. 419–494.

den Niederrhein mit zwölf Jahren zu bestimmen können glaubt[12]. Hier können sich allerdings nach Raum und Zeit deutliche Unterschiede ergeben. Meist wurde die Zahl der Kommunion- und Beichtpflichtigen erfaßt, was den Pfarrern anhand der ausgegebenen österlichen Beicht-zettel keine großen Schwierigkeiten bereitet haben dürfte. In manchen Territorien, so zum Beispiel in Sachsen, wurden aber Zähllisten über die einzelnen Abendmahlsgänge angelegt, was für unsere Belange bedeutet, daß die dort festgehaltene Zahl von Kommunikanten die der gesamten Bevölkerung um ein Vielfaches übersteigt[13]. Es liegt auf der Hand, daß diesen Zählungen in gemischtkonfessionellen Gebieten nur noch ein geringer Aussagewert beigemes-sen werden kann.

3. Feuerstättenzählungen: Wenn der Herd oder die Feuerstätte als Zähleinheit Verwendung findet, so ist diese nicht identisch mit der der Haushaltung. Eine Haushaltung kann mehrere Feuerstätten besitzen, ebenso können sich zwei Haushalte in eine Feuerstätte teilen.

4. Haushaltungszählungen: Sie können im Vergleich mit den Feuerstättenverzeich-nissen nur geringfügige Veränderungen aufweisen. Auch Ledige und Verwitwete können in den Registern als Einpersonenhaushalte erfaßt werden. Der Reduktionsfaktor kann generell wohl etwas niedriger als bei den Feuerstättenzählungen angesetzt werden, da mehrere Haushaltungen an einer Feuerstätte partizipieren konnten. Das größte Problem liegt allerdings in dem Begriff »Haushalt, Haushaltung« selbst begründet. Otto Brunner hat mit seinem Terminus »das ganze Haus« unbeabsichtigt Verwirrung gestiftet; die Haushaltsgröße wurde, seinen Vorstellungen folgend, vielfach zu hoch angesetzt. Andererseits fragt es sich, nach welchen Kriterien »Haushalt« überhaupt definiert werden soll. Zunächst kann man die Kernfamilie geltend machen, die allerdings wegen der großen Kindersterblichkeit wesentlich weniger zahlreich war, als man angesichts der hohen Natalität angenommen hat. Als zweites Kriterium bietet sich das der Verwandtschaft an, nach dem alle im Haushalt in dieser Beziehung zueinander stehenden Personen Berücksichtigung finden. Wenn man den ökono-mischen Aspekt ins Auge faßt, dann wären die bereits genannten Personen eines Haushaltes um das Gesinde und die Gesellen zu vermehren. Andererseits hat zum Beispiel Hildegard Ditt beobachtet, daß in den westfälischen Städten seit Mitte des 16. Jahrhunderts die Haushaltsgrö-ßen zurückgingen und die Zahlen der Haushaltsvorstände zunahmen, weil Knechte und Mägde als Verdiener separat in den Listen geführt wurden[14]. Es bietet sich auch die Möglichkeit, den Haushalt als Eß- und Schlafgemeinschaft, also einschließlich des Gesindes, der Kostgänger und Untermieter zu definieren, wie dies zum Beispiel Peter Johannes Schuler als »örtliches Kriterium« für Freiburg vorgestellt hat[15]. Schließlich kann auch eine rein fiskalische Definition des Begriffes Haushalt vorliegen, die von Ort zu Ort unterschiedlich ausgemünzt sein kann.

Wenn man die hier vorgestellten Quellen unterschiedlichster Provenienz nach ihrem Aussagewert für die moderne Forschung im Blick auf die Bevölkerungsgeschichte befragt, so ergibt sich, daß auch die Zählungen, die alle Personen erfassen wollen, dieser Absicht nicht

---

12 H. DITT, Ältere Bevölkerungs- und sozialstatistische Quellen in Westfalen. Methoden der Auswertung, in: EHRBRECHT (wie Anm. 6) S. 111–128, hier S. 114.
13 SCHULER (wie Anm. 6) S. 141.
14 DITT (wie Anm. 12) S. 114.
15 SCHULER (wie Anm. 6) S. 148.

völlig gerecht werden. Sei es, daß bei der Registrierung der Bewohner einer Stadt in Zeiten einer drohenden Belagerung, wie zum Beispiel Straßburg 1444, kein Unterschied zwischen den eigentlichen Stadtbewohnern und in die Stadt geflüchteten Landleuten gemacht wurde oder daß es unklar bleibt, ob auch die vorhandenen Kleinkinder, die bei dem Verbrauch der vorhandenen Getreidevorräte noch nicht ins Gewicht fielen, in die Zählung mit einbezogen wurden. Ähnliches gilt für die – zeitlich später anzusetzenden – Aufnahmen aller Gläubigen, bei denen auch ein Unsicherheitsfaktor in bezug auf die kleineren Kinder bleiben kann.

Bei den Teilzählungen, die sich nur auf bestimmte Gruppen einer Population beziehen, ergeben sich – je nach der gezählten Einheit – unterschiedliche Schwierigkeiten bei dem Versuch, die gesamte Bevölkerung daraus zu rekonstruieren. Je kleiner die von der Registrierung erfaßte Gruppe ist, desto schwieriger wird eine Hochrechnung. Dies gilt vor allem für die Zunftlisten, von denen bisher noch nicht die Rede war, da sie in dem Mattmüllerschen Schema kaum unterzubringen sind, aber auch für die Register der Wehrfähigen. Bei den aus fiskalischen Gründen vorgenommenen Zählungen sind es zunächst die nicht der Besteuerung unterliegenden oder mit Sondersteuern belegten Personenkreise, wie Geistlichkeit, Juden, Adel und die Bediensteten der jeweiligen Obrigkeit, deren Anzahl aus anderen Quellen eruiert oder geschätzt werden muß. Auch die dem »Steuerzahler« verwandtschaftlich oder ökonomisch zugeordneten Personen finden sich nur in den seltensten Fällen in den Listen der Teilzählungen. Hier wird man nur nach sorgfältigster Untersuchung der jeweiligen Gegebenheiten mit Hilfe eines Reduktionsfaktors Berechnungen vornehmen können, die zu einer annähernden Größenordnung der zur Disposition stehenden Population Auskunft geben.

III

Karl Bücher hat in seinem 1886 erschienenen, bald berühmt gewordenen Werk über die Bevölkerung von Frankfurt am Main im 14. und 15. Jahrhundert einleitend mit den bis dato vorgenommenen Untersuchungen der Bevölkerungsgröße mittelalterlicher Städte Abrechnung gehalten und die damals benutzten Quellen besprochen. Dabei betonte er drei Erfordernisse, die bis heute noch nichts an Aktualität eingebüßt haben:

1. Sicher überlieferte Grundzahlen: »In den meisten Fällen wird das Material ausreichen, um zuverlässige Verhältniszahlen und Durchschnitte zu gewinnen, auf Grund deren wir die wenigen sicher überlieferten Zahlen zu Berechnungen methodisch verwenden können. Sicher überliefert und bestimmt (nicht ›rund‹ oder auf vagen Andeutungen beruhend) müssen aber diese Grundzahlen sein; sonst gelangt man zu Ergebnissen wie Johann Peter Süßmilch bei der Berechnung der Bevölkerung von Ninive zur Zeit des Propheten Jonas, die bei aller Exaktheit der Methode unrichtig ausfallen, weil die Grundlage ungenau ist«[16]. – Süßmilch stützte sich auf Jonas 4,11: *Mich sollte nicht jammern Ninive, eine so große Stadt, in der mehr als 120 000 Menschen sind* [...]. – 2. Der Reduktionsfaktor muß aus den mittelalterlichen Bevölkerungsverhältnissen und nicht aus modernen statistischen Angaben gewonnen werden. – 3. Das mittelalterliche Material ist nur nach den in ihm selbst liegenden Gesichtspunkten zu

---

16 K. BÜCHER, Die Bevölkerung von Frankfurt am Main im 14. und 15. Jahrhundert, Tübingen 1886, S. 12.

gruppieren und aufzubereiten. Diese Gesichtspunkte werden nicht selten von denjenigen der modernen Statistik abweichen.

In der Folge befaßt sich Bücher mit den hier nur summarisch zu nennenden methodischen Ansätzen seiner Zeitgenossen, die Bevölkerungsgröße zu errechnen. Er verwirft den Schluß von der Stärke der waffenfähigen Mannschaft, die 10 % der Bevölkerung oder zwei Drittel aller männlichen Einwohner zwischen 20 und 50 Jahren ausgemacht habe, ebenso wie das Heranziehen der Landfriedensmatrikeln. Falls die Zahl der Häuser bekannt sei, könne man damit schon besser operieren, doch es fehle jeder genaue Anhaltspunkt für die Ermittlung der Durchschnittszahl der Bewohner pro Haus; außerdem gebe es in den Städten immer viele leerstehende Häuser. Die meist stereotypen Angaben über Seuchen-, Hunger- und Kriegsopfer bieten nach Bücher nicht einmal für Schätzungen eine brauchbare Grundlage. Zu den Kommunikantenlisten verweist er auf die hier bereits genannten Probleme: Keine verläßliche Reduktionsziffer und Unklarheit über den Zeitpunkt der Erstkommunion. Die Versuche, von der Anzahl der Schöffen und Ratsmitglieder auf die Gesamtbevölkerung zu schließen, werden ebenso abgelehnt wie das Vorgehen, die Zahl der Zunftmitglieder zum Anhaltspunkt zu nehmen. In den verschiedenen Steuerlisten und auch den Bürgerverzeichnissen sieht Bücher die aussagekräftigsten Quellen, wenn man nicht auf eine der seltenen kompletten Zählungen, wie zum Beispiel die von Nürnberg 1449, zurückgreifen kann. Er weist dabei aber auf das Problem hin, das meines Erachtens bis heute noch nicht zufriedenstellend gelöst ist: »Gelänge es, für die durchschnittliche Kopfzahl einer städtischen Familie eine zuverlässige Ziffer zu ermitteln, so müßte sich ohne Zweifel die Berechnung der gesamten bürgerlichen Einwohnerzahl, einschließlich des hausangehörigen Dienstpersonals, in ziemlich sicherer Weise vornehmen lassen, und diese würde von der Gesamtzahl der Einwohner nicht sehr weit abweichen. Nur die Zahl der Nichtbürger, der Juden und der Geistlichkeit müßte auf anderem Weg berechnet oder nach Wahrscheinlichkeitsgründen geschätzt werden«[17].

Für die Ermittlung der Bevölkerungszahl Frankfurts benutzt Bücher vor allem Bürgerverzeichnisse (zum Beispiel Liste der Eidleistenden von 1387) und Steuerlisten, wobei er Reduktionsfaktoren aus der bereits genannten Nürnberger Zählung heranzieht, aber auch, so bei der Berechnung der Stärke der Jahrgänge von 0–12 Jahren, auf Werte aus Frankfurter Zählungen des 19. Jahrhunderts ausweichen muß.

Für die neuere Forschung und deren Berechnungen hat Hektor Ammann mit seinem Aufsatz »Wie groß war die mittelalterliche Stadt?« weithin prägend gewirkt. Er hat folgende Durchschnittszahlen darin vorgegeben: Mittelalterlicher Haushalt fünf Köpfe; Steuerzahler je nach System zwischen drei und fünf Köpfen schwankend; Bewohner pro Haus fünf Köpfe als Mindestzahl; Verhältnis von Wehrfähigen zur Gesamtbevölkerung mindestens wie 1 : 5; Bewohner pro Hektar Stadtfläche kaum unter 100, selten mehr als 200[18]. In vielen Untersuchungen sind diese Durchschnittszahlen verwendet worden, ohne daß die lokalen Gegebenheiten die gebührende Berücksichtigung gefunden hätten.

---

17 BÜCHER (wie Anm. 16) S. 24.
18 H. AMMANN, Wie groß war die mittelalterliche Stadt?, in: Studium generale 9 (1956), S. 503–506 (ND in: C. HAASE, Hg., Die Stadt des Mittelalters 1, WegeForsch 263, Darmstadt 1969, S. 408–415, hier S. 409f.).

Als Beispiel für eine vollständige Zählung sei hier die der Straßburger Bevölkerung von 1444 kurz skizziert. Angesichts einer erneut drohenden Invasion der Armagnacs gab der Rat die Anweisung, alle Personen und die gesamten Getreidevorräte in der Stadt zu registrieren. In neun von 16 Bezirken wurden dabei allerdings die Einwohner nicht von den in die Stadt Geflüchteten geschieden. Von der Gesamtzahl von 26088 Personen sind nach vergleichenden Schätzungen etwa 16000 Stadtbewohner gewesen. Allerdings ist es fraglich, ob auch die Kleinkinder aufgenommen wurden, die mit etwa 1000 anzusetzen wären. Dazu ist zu bedenken, daß Gesellen und Fremde die Stadt wegen der drohenden Belagerung verlassen hatten; insgesamt hatte Straßburg damals in normalen Zeiten wohl etwa 18000 Einwohner. Im Vergleich mit den von Hektor Ammann angebotenen Durchschnittszahlen der Bevölkerungsdichte ist interessant, daß in den verschiedenen Bezirken von den Vorstädten bis ins Zentrum pro Hektar 25 bis 130 Bewohner festgestellt werden konnten[19].

Um zu dem Berechnungsmodell Stadtfläche × Durchschnittszahl der Einwohner pro Hektar = Gesamtbevölkerung in all seiner Problematik noch einige Anmerkungen zu machen, sei zunächst auf Hildegard Ditt hingewiesen, die für die westfälischen Städte sehr unterschiedliche Werte ermittelt hat. Die innerstädtische Bevölkerungsdichte schwankte zwischen weniger als 40 Menschen pro Hektar in Rüthen und über 150 Menschen in Bremen, Hannover und Wesel. In Münster und Osnabrück, deren Bevölkerung damals auf je 8000 bis 9000 Personen geschätzt wird, waren es 80 bis 85 Einwohner pro Hektar; die voll bebaute Altstadt von Osnabrück wies etwa 120 Einwohner pro Hektar auf[20]. Diese Beispiele warnen eindringlich vor der Anwendung dieses Berechnungsmodells anhand von unspezifizierten Durchschnittswerten; Fritz Seberich hat in seiner Studie zur Würzburger Bevölkerung gezeigt, wohin darüber hinaus Vergleiche führen können. Bei Übertragung des Nürnberger Mittelwertes von 1449 mit 134 Einwohnern pro Hektar auf die Stadtfläche von Würzburg müßte diese Stadt statt etwa 6000 bis 7000 Einwohner 17400 gehabt haben[21]. Weitere Aussagen zu diesem Modell zur Ermittlung der Bevölkerungsgröße dürften sich erübrigen.

Auch die Schätzungen der Bevölkerung nach der Zahl der Häuser sind, wenn keine komplementären Quellen vorhanden sind, sehr fraglich. Als Beispiel sei der kleine Aufsatz von Hermann Sand über »Getreidepreis und Bevölkerungsentwicklung in Coburg im 16. Jahrhundert« zitiert, in dem vermittelst einer für Thüringen errechneten mittleren Zunahme der Bevölkerung um 0,6 bis 0,7 % pro Jahr von einer für 1552 aus 936 Haushalten zu vier Personen errechneten Bevölkerungszahl zurückgerechnet wird auf die für 1522 nach der Zahl der Häuser in Coburg geschätzte Anzahl der Bewohner[22]. Eine Gleichung mit so vielen inkompatiblen Faktoren kann nicht zu einem gesicherten Ergebnis führen. Bei meinen Untersuchungen zur Bevölkerung der Stadt Mainz habe ich zwar neben der Stadtfläche auch die Gesamtzahl der Häuser nach den Stadtaufnahmen festgestellt, diese aber in keiner Weise

---

19 Vgl. G. LIVET et F. RAPP (Edd.), Histoire de Strasbourg 2, Strasbourg 1981, S. 103 ff.; Ph. DOLLINGER, La population de Strasbourg et sa repartition au XVᵉ siècle, in: Die Stadt in der europäischen Geschichte. Festschrift für Edith Ennen, Bonn 1972, S. 521–528.

20 DITT (wie Anm. 12) S. 121.

21 F. SEBERICH, Die Einwohner Würzburgs in alter und neuer Zeit, in: MainfränkJb 12 (1960) S. 49–68, hier S. 56.

22 H. SAND, Getreidepreis und Bevölkerungsentwicklung in Coburg im 16. Jahrhundert, in: JbFränkLdForsch 45 (1985) S. 177–180.

zur Bezifferung der Gesamtbevölkerung heranzuziehen gewagt, da mir dieses Vorgehen insgesamt zu unsicher erschien[23].

Als Beispiel für eine Schätzung der Bevölkerung nach einer Liste der dem Rat einen Treueid leistenden Bürger sei hier Hamburg für das Jahr 1375 erwähnt; etwa 1400 Bürger als Vorsteher von Haushaltungen wurden ermittelt. Unter Verwendung des Reduktionsfaktors 5 (einschließlich Gesinde) und mit der geschätzten Hinzufügung der Nichtbürger, des Klerus und der Spitalinsassen glaubt man eine Gesamtbevölkerung von etwa 8000 Personen ausmachen zu können. Für das Jahr 1517 kennt man die Zahl der wehrfähigen Haushaltsvorstände und Knechte für ein Kirchspiel, bezieht die anderen drei (größeren) Kirchspiele vergleichend ein und schätzt die Gesamtbevölkerung Hamburgs auf 20000 Personen[24].

Zur Verifizierung der älteren Schätzungen der Trierer Bevölkerung hat sich Michael Matheus zwei besondere Verfahren einfallen lassen. Zum einen hat er anhand der städtischen Rechnungsbücher die Anzahl der jährlich an die städtischen Schützen gelieferten Kogeln ermittelt und schließt – bei Annahme, daß jeder Schütze jedes Jahr eine neue Kogel erhalten habe – von der Stärke des Schützenkorps auf die Bevölkerungsgröße[25]. Andererseits zieht Matheus die für 1339 bekannte Mitgliederzahl der Trierer *fraternitas pistorum* heran und bringt diese mit den Schätzungen Ulf Dirlmeiers in Zusammenhang, wonach ein Bäcker im Spätmittelalter – bei Unterstellung eines Pro-Kopf-Verbrauchs von 200 Kilogramm Getreide pro Jahr – bei drei wöchentlichen Backtagen 262 beziehungsweise 239 Personen versorgen konnte[26]. Daraus wird gefolgert: »Geht man davon aus, daß die Trierer ›fraternitas pistorum‹ im Jahr 1339 im Vergleich mit der Freiburger Bäckerzunft über nahezu doppelt so viele Mitglieder verfügte, so wird man – analog zu den Freiburger Zahlen – für die Moselstadt 1339 eine Bevölkerungszahl von etwa 12000 eher als Untergrenze annehmen müssen«[27]. Auch wenn der Autor diese Angabe nur als grobe Schätzung verstanden wissen will, so sind doch meines Erachtens zu viele Unbekannte in diesem Spiel. Zunächst erscheint mir der Vergleich einer *fraternitas pistorum* von 1339, von der man nicht weiß, ob alle Mitglieder tatsächlich auch Bäcker waren, mit der Freiburger Bäckerzunft für die Jahre 1491 und 1500 (damals gehörten auch Stadtknechte und Händler zu dieser Zunft) nicht statthaft. Auch die von Dirlmeier für die Wende vom 15. zum 16. Jahrhundert eruierten Angaben über Getreidekonsum und Backleistung lassen sich nicht einfach um 150 Jahre verschieben.

23 Vgl. W. G. RÖDEL, Mainz und seine Bevölkerung im 17. und 18. Jahrhundert. Demographische Entwicklung, Lebensverhältnisse und soziale Strukturen in einer geistlichen Residenzstadt (GeschichtlLdKde 28), Stuttgart 1985.

24 W. JOCHMANN und H.-D. LOOSE (Hgg.), Hamburg. Geschichte der Stadt und ihrer Bewohner 1, Hamburg 1982, S. 111.

25 M. MATHEUS, Trier am Ende des Mittelalters. Studien zur Sozial-, Wirtschafts- und Verfassungsgeschichte der Stadt Trier vom 14. bis 16. Jahrhundert (Trier HistForsch 5), Trier 1984, S. 22–31.

26 U. DIRLMEIER, Untersuchungen zu Einkommensverhältnissen und Lebenshaltungskosten in oberdeutschen Städten des Spätmittelalters (AbhhHeidelbergAkadWiss 1978, 1) Heidelberg 1978, S. 108, 294ff., 334ff.

27 MATHEUS (wie Anm. 25) S. 17.

Joachim Jahn hat bei seiner Untersuchung der Einwohnerzahl Augsburgs im 16. Jahrhundert zunächst die älteren Arbeiten, unter anderem auch von J. Jastrow[28], kritisiert, die mit den »Süßmilchschen Reduktionsfaktoren« gearbeitet haben und so zu übergroßen Bevölkerungszahlen gekommen sind. Er folgert: »Es hat den Anschein, als müsse sich die Methode dem jeweils erwarteten Ergebnis anpassen«[29], und sieht vor allem die überaus hohe Kindersterblichkeit nicht berücksichtigt; ein Faktor, auf den – nach allem, was man aus den vorhandenen historisch-demographischen Untersuchungen entnehmen kann – größere Aufmerksamkeit gerichtet werden muß. Jahn hat als Quelle das sogenannte »Hochzeitsbuch«, das heißt die wöchentlichen Mitteilungen der Pfarreien an den Rat über Taufen, Heiraten und Sterbefälle herangezogen und kann auf dieser Basis die Bevölkerungsbewegung im gesamten Verlauf des 16. Jahrhunderts schlüssig verfolgen und dabei einen stürmischen Anstieg von 18 000 bis zum Maximum von 35 000 in den vier Jahrzehnten bis 1530 konstatieren.

Im Bereich der finanzstaatlichen Erfassung der Bevölkerung bewegt sich das »Erdbuch« für das Amt Gottorf, das als Vorläufer des heutigen Katasters angesehen werden kann und auf skandinavischen Vorbildern beruht. Hier wurden die Besitzverhältnisse der ländlichen Bevölkerung des Amtes, geordnet nach den einzelnen Haushalten, verzeichnet, das heißt, das Steuerwesen des Amtes wurde auf den damals modernsten Stand der Finanzverwaltung gebracht. Auch hier handelt es sich nicht primär um die Erfassung der Bevölkerung, sondern um eine Aufstellung, die dem chronisch überschuldeten Herzog die Kreditwürdigkeit erhalten sollte. Werner Buchholz hat diese Quelle 1984 unter demographischen Gesichtspunkten ausgewertet, wobei er »mit gebotener Vorsicht« den Versuch unternahm, die ungefähre Anzahl der Einwohner des Amtes hochzurechnen. Er unterscheidet dabei die Haushaltsgröße bei Vollhufnern, Halbhufnern, Viertelhufnern, Kätnern, Insten und Knechten, berechnet für Kinder den Faktor 2,5 und für Altenteiler den Faktor 1,5 und kommt insgesamt auf eine Personenzahl von 10 402, die er aber angesichts der spärlichen Kenntnis über die ländliche Wirtschaftsweise, das allgemeine Bevölkerungswachstum und die unterschiedlichen Gegebenheiten in den verschiedenen Regionen des Amtes Gottorf letztlich in Frage stellt. Auch der Ansatz von einem Knecht und einer Magd pro Hof erscheint sehr schematisch[30].

Im städtischen Bereich hat Rudolf Banck bereits 1895 für Köln die Bevölkerungszahl nach Haushalten zu bestimmen versucht, indem er sich auf eine 1574 vom Rat angeordnete Zählung bezieht, die Auskunft über die zahlreichen Wiedertäufer, Fremden und Flüchtlinge aus den Niederlanden geben sollte. Dabei wurden nur vereinzelt alle Hausbewohner erfaßt, weshalb Banck – ohne Geistlichkeit und Studenten – pro Haus mit dem Faktor 5 operierte. Auch für ihn war damals bereits der Begriff »Haushalt« problematisch: »...denn der Begriff der Haushal-

---

28 J. JASTROW, Die Volkszahl deutscher Städte am Ende des Mittelalters und zu Beginn der Neuzeit, Berlin 1886.
29 J. JAHN, Augsburgs Einwohnerzahl im 16. Jahrhundert. Ein statistischer Versuch, in: ZBayerLdG 39 (1976) S. 379–396, hier S. 382.
30 W. BUCHHOLZ, Bevölkerung und Bevölkerungsstruktur im Amt Gottorf um 1600. Eine demographische Auswertung frühneuzeitlicher Finanzakten, in: ZGesSchleswHolsteinG 109 (1984) S. 97–122.

tung ist ein so vager und schwer bestimmbarer, daß er selbst der modernen Statistik die größten Schwierigkeiten entgegenstellt«[31].

Ohne auf Vollständigkeit abzuheben, sollen in der Folge noch einige Untersuchungen kurz angesprochen werden, die ebenfalls den Haushalt als Grundlage der weitergehenden Überlegungen heranziehen. So haben Ingrid Bátori und Erdmann Weyrauch in ihrer groß angelegten prosopographischen Analyse der Elite der Stadt Kitzingen am Main das Verhältnis Bürgerhaushalt zu Gesamteinwohnerschaft »nach den gebräuchlichen Verhältnisfaktoren« durchschnittlich mit dem Faktor 4,51 berechnet. Allerdings merkt Weyrauch dazu an: »Das gewählte Verfahren ist, dies sei ausdrücklich betont, so lange nicht voll befriedigend, weil es die jeweils unterschiedlichen sozialen, ökonomischen und demographischen Bedingungen und Entwicklungen verschiedener Untersuchungsorte zu einem tertium comparationis verschleift«[32].

Für die Kleinstadt Leonberg hat Volker Trugenberger vermutet, daß die Einwohnerzahl das Vier- bis Fünffache der Zahl der Haushalte betragen haben könne, folgerichtig multipliziert er die Zahl der Steuerzahler mit 4 und bringt darüber hinaus noch das Gesinde, die Fremden und die Insassen des Spitals in Ansatz[33]. Für Goslar hat Peter Johannes Schuler die Schoß-Register ausgewertet und operiert mit dem Faktor 4,25, um von den Haushalten auf die Zahl der Bürger zu schließen. Da er die Nicht-Bürger, Juden und Fremden nicht schätzen will und kann, kommt er zu der nüchternen Feststellung: »Eine zuverlässige Gesamtbevölkerungszahl für die Stadt Goslar am Ende des 15. Jahrhunderts war nicht zu ermitteln. [...] es reicht also nicht, aus ermittelten Steuerbürgerzahlen mit Hilfe von Reduktionsfaktoren die Gesamtbevölkerung hochrechnen zu wollen. Aus den dargelegten Gründen wurde im vorliegenden Fall bewußt auf eine ›Berechnung‹ und zahlenmäßige Fixierung einer Gesamteinwohnerzahl verzichtet«[34]. So weit geht Hannelore Götz mit ihrer Untersuchung über Würzburg im 16. Jahrhundert nicht; sie begnügt sich mit der Hochrechnung der Steuerlisten »mit der üblichen Haushaltsziffer von 4,5«[35]. Vorsichtiger verhält sich Heinrich Rüthing in seiner fundierten Untersuchung der Stadt Höxter um 1500. Er geht von den städtischen Schoß-Registern aus, die von 1482 bis 1517 nicht nur lückenlos, sondern auch von einem einzigen Schreiber geschrieben vorhanden sind. Er betrachtet diese Schoß-Register durchaus als brauchbare Grundlage für die Erfassung der Haushaltsvorstände, will aber über diese Zähleinheit nicht hinausgehen: »Ein nicht zu lösendes Problem – das muß deutlich gesagt werden –

31 R. BANCK, Die Bevölkerungszahl der Stadt Köln in der zweiten Hälfte des 16. Jahrhunderts, in: Beiträge zur Geschichte vornehmlich Kölns und der Rheinlande. Festschrift für Ernst Mevissen, Köln 1895, S. 299–332, hier S. 308.

32 I. BÁTORI und E. WEYRAUCH, Die bürgerliche Elite der Stadt Kitzingen. Studien zur Sozial- und Wirtschaftsgeschichte einer landesherrlichen Stadt im 16. Jahrhundert (SpätMAFrüheNZt 11), Stuttgart 1982, S. 38.

33 V. TRUGENBERGER, Zwischen Schloß und Vorstadt. Sozialgeschichte der Stadt Leonberg im 16. Jahrhundert, Vaihingen 1984, S. 12.

34 P.-J. SCHULER, Goslar – Zur Bevölkerungsgröße einer mittelalterlichen Reichsstadt, in: Stadt im Wandel. Kunst und Kultur des Bürgertums in Norddeutschland 1150–1650, 3, Stuttgart 1985, S. 443–453, hier S. 450.

35 H. GÖTZ, Würzburg im 16. Jahrhundert. Bürgerliche Vermögen und städtische Führungsschichten zwischen Bauernkrieg und fürstbischöflichem Absolutismus (VeröffStadtarchWürzburg 2), Würzburg 1986, S. 54.

bilden die nichtselbständigen Personen, die in die Haushalte der Bürger und Einwohner integriert waren. Verwandte wie nicht verwandte Haushaltsangehörige, vor allem Lehrlinge, Gesellen, Knechte und Mägde, sind im Normalfall weder über das Schoß-Register noch über andere Quellen zu erfassen«[36]. Rüthing weigert sich, Werte aus anderen Städten auf Höxter zu übertragen und begnügt sich mit der Auflistung der Haushaltszahlen. Die Untersuchungen, die zur Sozialstruktur der Stadt Oldenburg für die Jahre 1630 und 1678 anhand von Steuerlisten durchgeführt worden sind, beschränken sich unter dem Aspekt der »historischen Finanzsoziologie« mit einem Reduktionsfaktor von 4,45 Personen pro Haushalt[37]. Einen ähnlichen Faktor von 4,5 hat Bärbel Asmus ihrer Berechnung der Bevölkerung Göttingens für die frühe Neuzeit zugrunde gelegt; ihre Vergleiche reichen dabei von der Nürnberger Zählung 1449, der Dresdener Zählung von 1454 bis zu der Calenbergischen Kopfsteuerbeschreibung von 1689[38].

In ihrer Studie über die Bevölkerung des Herzogtums Lothringen 1580 bis 1720 befaßt sich Marie-José Laperche-Fournel ausführlich mit der Aussagekraft der Register der Aide générale von 1585, die nach Haushalten erhoben wurde. Durch einen Vergleich der Zahl der Haushalte mit der Zahl der Kommunikanten und Nichtkommunikanten (für 1708) kann ein Reduktionsfaktor von 4,3 ermittelt werden. »Il apparaît, une nouvelle fois, que les multiplicateurs 4 et 5 ne sont pas si arbitraires, qu'on pourrait le croire, à première vue«[39].

Es gibt eine Reihe von Autoren, die sich mit einem unspezifizierten Reduktionsfaktor nicht begnügen wollen und versuchen, die einzelnen Steuerpflichtigen je nach ihrem Familienstatus mit einem speziellen Faktor zu belegen. So hat Karl-Otto Bull bei Bearbeitung der Türkensteuerlisten für das Herzogtum Württemberg von 1544/45 vorgeschlagen, die Zahl der steuerpflichtigen Männer mit 4, die der Frauen (wobei es sich nicht nur um Witwen, sondern auch um Ehefrauen mit eigenem Vermögen handeln kann) mit 3 und die der steuerpflichtigen Kinder und Erben mit 2 zu multiplizieren[40]. Gerd Wunder hat dieses Raster ebenfalls angewendet[41], hat sich aber in seinen Arbeiten über Leonberg[42], Schwäbisch Hall[43] und Windsheim[44] darauf

---

36 H. RÜTHING, Höxter um 1500. Analyse einer Stadtgesellschaft (StudQWestfälG 22), Paderborn 1986, S. 26.

37 K. KRÜGER (Hg.), Sozialstruktur der Stadt Oldenburg 1630 und 1678. Analysen in historischer Finanzsoziologie anhand staatlicher Steuerregister, Oldenburg 1986, S. 76.

38 B. ASMUS, Die Bevölkerung: Entwicklung und Sozialstruktur, in: D. DENECKE und H.M. KÜHN (Hgg.), Göttingen. Geschichte einer Universitätsstadt 1, Göttingen 1987, S. 161–198.

39 M.-J. LAPERCHE-FOURNEL, La population du Duché de Lorraine de 1580 à 1720, Nancy 1985, S. 38.

40 K.-O. BULL, Die württembergischen Türkensteuerlisten von 1544/45 und ihre Bedeutung für die Sozial- und Wirtschaftsgeschichte, in: EHBRECHT (wie Anm. 6) S. 101–110, hier S. 106; ebenso K.-O. BULL, Zur Wirtschafts- und Sozialgeschichte der württembergischen Amtsstadt Vaihingen an der Enz bis zum Dreißigjährigen Krieg, in: ZWürttLdG 38 (1979) S. 97–140.

41 G. WUNDER, Die Stuttgarter Steuerliste von 1545 (VeröffArchStadtStuttgart 26), Stuttgart 1974.

42 G. WUNDER, Die Leonberger Bevölkerung im späten Mittelalter, in: ZWürttLdG 26 (1967) S. 213–224.

43 G. WUNDER, Die Bürger von Hall. Sozialgeschichte einer Reichsstadt (ForschWürttfranken 16), Sigmaringen 1980.

44 G. WUNDER, Die Bevölkerung der Reichsstadt Windsheim im Jahr 1546, in: JbFränkLdForsch 40 (1980) S. 31–71.

beschränkt, nur die Anzahl der Bürger oder der Haushalte zu ermitteln. Diese anhand der verfügbaren Quellen getroffene Entscheidung hat er so begründet: »Eine Umrechnung von Haushalten auf Einwohner wagen wir ohnehin nicht, weil die dafür angegebenen Quotienten (meist zwischen 3 und 5) willkürlich angesetzt sind und nach Ort und Zeit schwanken dürften; weder für die Kinderzahl noch für die nicht Steuer zahlenden Dienstboten gibt es eine beweisbare Durchschnittszahl«[45].

Peter-Johannes Schuler, der im SFB 164 in Münster das Teilprojekt »Demographische und wirtschaftliche Untersuchungen zu Städten und Dörfern des Spätmittelalters und der frühen Neuzeit« leitet, warnt vor der Benutzung irgendwelcher Raster[46] und erteilt den Reduktionsfaktoren generell eine Absage: »Gerade diese ›Schlüsselzahlen‹ – häufig anhand von Bevölkerungsstatistiken des 18. und 19.Jahrhunderts errechnet – gehen von einer möglicherweise anders gearteten Gesellschafts- und Wirtschaftsstruktur aus und verfälschen damit das Gesamtbild. Bevor nicht die demographischen Strukturen für das Mittelalter an ausgesuchten Beispielen erforscht sind, dürfen die aufgrund von Multiplikatoren gewonnenen Bevölkerungszahlen nur mit größten Vorbehalten als historische Fakten verwendet werden«[47]. Am Beispiel der Gemeinen Pfennig-Listen für Freiburg i.Br. versucht Schuler einen gangbaren Weg aufzuzeigen. Dem größten methodischen Problem, der Feststellung der von der Reichssteuer befreiten Kinder unter 15 Jahren, versucht er mit der Heranziehung englischer Untersuchungen über die durchschnittliche Lebenserwartung im Spätmittelalter und der Zuhilfenahme von Ledermanns Modellsterbetafeln[48] Herr zu werden. Angesichts der errechneten Relation von 1,3 beziehungsweise 1,9 Kindern unter 15 Jahren pro Mann beziehungsweise pro Frau und der ermittelten Haushaltsgrößen kann Schuler die durchschnittliche Familiengröße mit 3,5 bis 5 Personen bestimmen[49]. Ob dies ein allgemein gangbarer Weg zur Ermittlung gesicherter Ergebnisse sein kann, müssen wohl noch weitere Untersuchungen unter Beweis stellen.

Auf die Speyerer »Volkszählung« und deren methodische Probleme möchte ich hier nicht näher eingehen; Kurt Andermann und Karl-Otto Bull haben sich bereits damit befaßt[50]. Es sei zum Abschluß dieser Übersicht nur noch auf zwei Studien verwiesen, die sich durch den Fund einer aussagekräftigen Quelle beziehungsweise durch besonderen Spürsinn bei der Analyse auszeichnen. Marian Biskup hat ein *Verzeichnus der statt Mergentheim vermög an hausseßigen burgern, witfrauen, kindern, ehehalten und frembden gesindt den 16.Julii Anno 1586* ausfindig gemacht, das für Steuerzwecke angelegt wurde und nur noch um die Angehörigen des Deutschen Ordens und der Geistlichkeit nebst deren Dienerschaft sowie um die Juden

---

45 WUNDER (wie Anm. 44) S. 32.
46 P.-J. SCHULER, Rezension von WUNDER (wie Anm. 41), in: ZWürttLdG 36 (1977) S. 423 f.
47 SCHULER (wie Anm. 6) S. 169, 171.
48 S. LEDERMANN, Nouvelles tables-types de mortalité (Travaux et documents d'Institut national d'études démographiques 53), Paris 1969.
49 SCHULER (wie Anm. 6) S. 157 f.
50 K. ANDERMANN, Die sogenannte »Speyerer Volkszählung« von 1530. Territorialpolitische und administrative Aspekte einer frühneuzeitlichen Bevölkerungsaufnahme, in: A. GERLICH (Hg.), Regionale Amts- und Verwaltungsstrukturen im rheinhessisch-pfälzischen Raum (Geschichtl LdKde 25), Stuttgart 1984, S. 107–130; K.-O. BULL, Die erste »Volkszählung« des deutschen Südwestens. Die Bevölkerung des Bistums Speyer um 1530, in: ZGORh 133 (1985) S. 337–362.

ergänzt zu werden braucht, um eine wirklich brauchbare Gesamtbevölkerungszahl zu erzielen[51].

Aus einer Liste von 1447, die alle steuerpflichtigen Haushalte Marburgs für Geschoß und Feuerschilling enthält, konnte Franz-Josef Verscharen[52] über die gestaffelten Steuerbeträge die Personenzahl der einzelnen Haushalte ermitteln, obwohl nur die Namen der Haushaltsvorstände genannt sind. Auch in diesem Fall waren dann nur noch die städtischen und landgräflichen Bediensteten, die Geistlichen, der Adel und die Spitalinsassen (Juden gab es damals keine in Marburg) aus anderen Quellen zu eruieren, um eine zutreffende Gesamtbevölkerungszahl zu erhalten.

IV

Der Überblick über die hier vorgestellten Untersuchungen belegt, daß von unterschiedlichen Ansätzen aus Bestrebungen zur Klärung dieser überaus problematischen Frage nach der Größe spätmittelalterlicher und frühneuzeitlicher Populationen unternommen worden sind. Man ist dabei von groben Verallgemeinerungen und der Übernahme statistischer Vergleichswerte aus dem 19. Jahrhundert abgekommen, man hat gestaffelte Reduktionsfaktoren in Anwendung gebracht oder andere Formen der Berechnung erprobt. Es sind also manche Fortschritte erzielt worden. Manche Forscher haben allerdings angesichts der vielfältigen Probleme resigniert und wollen sich, wie zum Beispiel Rolf Sprandel[53] oder Gerd Wunder, mit den Meßeinheiten »Steuerzahler« oder »Haushalt« begnügen. Bei diesem Erkenntnisstand wird man auch immer dann verharren müssen, wenn den vorhandenen Quellen nicht mehr zu entlocken ist. Vollständigen Verzicht zu üben auf jegliche Angaben zur Bevölkerungsgröße, wäre sicher ebenso verfehlt wie der Ehrgeiz, aus den Quellen Ergebnisse im Sinne der modernen Statistik gewinnen zu wollen. »Die aufgrund einer solchen Quelle erzielten ›Fakten‹ müssen so lange als relative Größe bewertet werden, bis sie durch andere Quellenaussagen eine Bestätigung erfahren haben«[54]. Diese Forderung Schulers kann den Ausgangspunkt für ein weiteres Vorgehen bilden, denn man ist bis jetzt wohl noch zu sehr auf bestimmte Quellen fixiert gewesen, die man isoliert betrachtet hat. Vor allem die manchmal bereits im 16. Jahrhundert einsetzenden Kirchenbücher sollten stärker mit einbezogen werden. Lassen sich doch damit Aussagen zur Bevölkerungsbewegung, zu Verlusten in Krisenzeiten und zum Wachstum machen, die Erkenntnisse aus Zählungen erweitern können. In der Kombination von querschnittartiger, auf einen bestimmten Termin fixierter Zählung und der die langfristigen Entwicklungen aufzeigenden historisch-demographischen Methode sehe ich gute Chancen für ein Vorantreiben der Forschung. Das von Zählungen ausgehende, rückschreitende Schätzungsverfahren, das Wrigley und Schofield bei ihrer Rekonstruktion der englischen Bevölke-

---

51 M. Biskup, Die Einwohnerverzeichnisse der Stadt Mergentheim aus dem 16. Jahrhundert, in: ZWürttLdG 44 (1985) S. 143–163.

52 F.-J. Verscharen, Gesellschaft und Verfassung der Stadt Marburg beim Übergang vom Mittelalter zur Neuzeit (UntersMaterialienVerfLdG 9), Marburg 1985, S. 22–33.

53 R. Sprandel, Grundlinien einer mittelalterlichen Bevölkerungsentwicklung, in: B. Herrmann und R. Sprandel (Hgg.), Determinanten der Bevölkerungsentwicklung im Mittelalter, Weinheim 1987, S. 25–35.

54 Schuler (wie Anm. 6) S. 176.

rungsentwicklung von 1541 bis 1871 angewandt haben[55], birgt ebenso wie die von Fridolin Kurmann diskutierte Fortschreibungsmethode[56] mit ihren Interpolationen von Zählung zu Zählung eine Reihe von neuen Möglichkeiten.

Für die Zeit des Spätmittelalters sollte man versuchen, die vorhandenen Quellen erneut und mit geschärftem methodischem Bewußtsein zu befragen, wie dies zum Beispiel Verscharen für Marburg mit schönem Ergebnis durchgeführt hat. Eine umfassende Auswertung der Listen des Gemeinen Pfennigs nach gleichförmigen Kriterien wird Vergleichsmöglichkeiten eröffnen, die städtische oder regionale Quellen wegen ihrer unterschiedlichen Ansätze nicht aufweisen können. Der Einsatz der EDV wird den Umgang mit diesen Datenmassen erleichtern und ihre Auswertung beschleunigen. Teamarbeit, vor allem interdisziplinärer Art, wird wohl in Zukunft einen höheren Stellenwert beanspruchen.

Es liegt auf der Hand, daß wir kein komplettes Bild der Bevölkerung an der Wende vom Mittelalter zur Neuzeit zeichnen können. An dieser Sachlage läßt sich auch durch verfeinerte und noch zu verfeinernde Methoden wenig ändern. Wenn wir aber die Quellen aus ihrer Entstehungszeit heraus und für ihre Entstehungszeit mit unseren modernen Mitteln und Möglichkeiten auswerten und interpretieren, so können wir den Schemen des bisher Bekannten schärfere Konturen verleihen. Dies ist eine schwere, aber auch reizvolle Aufgabe, die ich mit dem Ausspruch Galileo Galileis umschreiben möchte: »Messe, was zu messen ist, und mache das Unmeßbare meßbar«.

55 E. A. WRIGLEY und R. SCHOFIELD, The Population History of England 1541–1871. A Reconstruction, London 1981.
56 F. KURMANN, Die Fortschreibungsmethode, in: MATTMÜLLER (wie Anm. 4) 2, S. 557f.

Quellen zur bevölkerungsstatistischen Regionalstruktur des schwäbisch-fränkischen Raumes im späten Mittelalter und der frühen Neuzeit (bis 1648)

VON VOLKER TRUGENBERGER

Unter dem Oberbegriff »Bevölkerungsstatistik« werden in der modernen Statistikwissenschaft zwei verschiedene statistische Beschreibungen menschlicher Populationen zusammengefaßt, nämlich zum einen die Beschreibung der Bevölkerungsstruktur, das heißt der Anzahl und Zusammensetzung der Bevölkerung nach Geschlecht, Alter und Familienstand zu einem gewissen Zeitpunkt, und zum anderen die Beschreibung demographischer Prozesse wie Geburten, Todesfälle oder Heiraten innerhalb eines bestimmten Zeitraumes, mit anderen Worten: zum einen die Statistik des Bevölkerungsstandes, zum anderen die Statistik der Bevölkerungsbewegung[1].

Einzigartige und beinahe einzige Quellen für die Analyse demographischer Prozesse in der frühen Neuzeit sind die Kirchenbücher, die an dieser Stelle jedoch nicht näher behandelt werden müssen, da es ausschließlich um Quellen zur bevölkerungsstatistischen Regionalstruktur geht. Die Regionalstruktur, worunter die räumliche Bevölkerungsverteilung zu verstehen ist, ist neben der Vitalstruktur, das heißt der Gliederung der Bevölkerung nach dem Alter und dem Geschlecht, und der Sozialstruktur, das heißt der Gliederung der Bevölkerung nach dem Familienstand und den sozio-ökonomischen Verhältnissen, eine der drei Strukturkomponenten, in die in der modernen wissenschaftlichen Demographie die Bevölkerungsstruktur untergliedert wird[2].

Bei dem zentralen Begriff »Bevölkerung« wird in der Statistikwissenschaft unterschieden zwischen ständiger Wohnbevölkerung, wohnberechtigter Bevölkerung, ortsanwesender Bevölkerung und Stammsitzbevölkerung. Unter Wohnbevölkerung werden diejenigen Personen zusammengefaßt, die in der Beobachtungsgemeinde ihren ständigen Wohnsitz haben. Unter dem Begriff wohnberechtigte Bevölkerung werden zusätzlich diejenigen Personen hinzugerechnet, die in der Beobachtungsgemeinde einen zweiten Wohnsitz haben, jedoch zur Wohnbevölkerung einer anderen Gemeinde gehören, auf den historischen Bereich übertragen also Personen, die in einem bestimmten Ort zwar ihr Bürgerrecht haben, aber in einem anderen wohnen. Ortsanwesende Bevölkerung umfaßt alle Personen, die zum Zeitpunkt der Zählung in einem bestimmten Ort anwesend sind. Unter Stammsitzbevölkerung schließlich versteht man diejenigen Personen aus einem Ort, deren Familien ihren Wohnsitz in diesem Ort haben, gleich ob die Personen zur Wohnbevölkerung des Ortes gehören oder nicht[3].

Zur Untersuchung der Bevölkerungsstruktur bedient man sich heute eigens zu diesem

---

1 G. FEICHTINGER, Bevölkerungsstatistik, Berlin und New York 1973, S. 7, 17.
2 I. ESENWEIN-ROTHE, Einführung in die Demographie. Bevölkerungsstruktur und Bevölkerungsprozeß aus der Sicht der Statistik (StatistStudd 10), Wiesbaden 1982, S. 25.
3 ESENWEIN-ROTHE (wie Anm. 2) S. 9–11.

Zweck durchgeführter statistischer Erhebungen, nämlich der Volkszählungen, die durch sogenannte Surveys, das heißt stichtagsbezogene Stichproben wie etwa Nacherhebungen oder Mikrozensuserhebungen, sowie durch Bestandsfortschreibungen aktualisiert werden. Der Bevölkerungshistoriker hingegen muß sich anderer Quellen bedienen. Solche Quellen können numerische Angaben sein, etwa die Zahl der Kommunikanten in den kirchlichen Visitationsprotokollen, aber auch Namenszusammenstellungen, wie sie in Steuerlisten begegnen, sowie Urkunden, Amtsbücher und Akten, aus denen sich die benötigten Informationen mit mehr oder weniger großem Aufwand gewinnen lassen. Allen diesen Quellen ist gemeinsam, daß sie, sieht man von den Anfängen der amtlichen Statistik im ehemaligen Herzogtum Württemberg am Ende des 16. Jahrhunderts ab[4], nicht aus statistischem Interesse heraus angelegt wurden, schon gar nicht unter dem Gesichtspunkt von Fragestellungen der modernen Statistik. Sie wurden vielmehr aus anderen Gründen und für andere Zwecke niedergeschrieben, die fiskalischer, militärischer oder rechtlicher Natur sein können. Die meisten entstanden im Rahmen von Herrschaftsausübung, sei es Landes-, Grund- oder Leibherrschaft.

   Diese Quellen sind deshalb allermeistens nicht auf räumlich-geographische Gebietseinheiten bezogen, sondern auf territoriale und administrative Gebietseinheiten, gelegentlich sogar auf reine Personenverbände. Es sind darin also nicht die Einwohner eines Ortes erwähnt, weil und wenn sie Einwohner dieses Ortes waren, sondern weil und wenn sie Untertanen, Zinspflichtige oder Leibeigene einer bestimmten Herrschaft waren. Da es im schwäbischfränkischen Raum (unter dem im folgenden Württemberg, Hohenzollern und BayerischSchwaben verstanden werden soll) im Spätmittelalter und der frühen Neuzeit eine Vielzahl unterschiedlichster Herrschaftsträger gab, ja es in manchen Gegenden, etwa Oberschwaben, sogar beinahe die Regel war, daß Landeshoheit, Steuerhoheit, Gerichtshoheit, Militärhoheit, grundherrliche und leibherrliche Rechte in verschiedenen Händen lagen, bedeutet dies, daß bevölkerungsstatistische Quellen zu einzelnen Gebieten oder Orten oft in den unterschiedlichsten Überlieferungen gesucht werden müssen, ohne daß man sicher sein kann, ein flächendeckendes Zahlenmaterial zu erhalten. Für die Ermittlung von Bevölkerungszahlen kommt als weitere Schwierigkeit hinzu, daß die Quellen in der Regel nicht Zahlen zur Gesamtbevölkerung eines Ortes oder einer größeren Verwaltungseinheit aufführen, sondern andere Angaben wie die Anzahl der Häuser, der Herdstätten, der Haushalte, der Bürger, der Musterungspflichtigen oder Kommunikanten, aus denen man auf die Bevölkerungszahl schließen muß.

   Nach diesen allgemeinen Vorbemerkungen sollen nun einzelne für die bevölkerungsstatistische Regionalstruktur wichtige Quellengattungen in grober chronologischer Reihung vorgestellt werden, und zwar schwerpunktmäßig solche Quellen, die ortsübergreifende Aussagen ermöglichen. Im einzelnen handelt es sich dabei um den *Liber taxationis* des Bistums Konstanz 1353 (I), Masseneide gegen Abwanderung im 14. Jahrhundert (II), Steuerlisten und Steuerbücher (III), Herdstättenlisten (IV), Musterungslisten (V), Huldigungslisten (VI), Lagerbücher (VII), Leibeigenen- und Untertanenverzeichnisse (VIII), Verzeichnisse der Gesamteinwohnerschaft einzelner Orte (IX), Rechnungen (X), Visitationsprotokolle (XI) sowie um die Anfänge einer Landesstatistik (XII).

---

4 M. SCHAAB, Die Anfänge einer Landesstatistik im Herzogtum Württemberg, in den Badischen Markgrafschaften und in der Kurpfalz, in: ZWürttLdG 26 (1967) S. 89–112.

I

Für den oberschwäbischen Raum mit seiner territorialen Zersplitterung besitzen wir eine noch aus dem 14. Jahrhundert stammende bevölkerungsstatistische Quelle, die um so interessanter ist, als sie unabhängig von der territorialherrschaftlichen Zugehörigkeit der einzelnen Orte aufgebaut ist. Gemeint ist der *Liber taxationis quarundam ecclesiarum et beneficiorum* der Diözese Konstanz vom Jahre 1353, der aus der Konstanzer Bistumsüberlieferung stammt. Wendelin Haid hat diese Quelle bereits 1870 veröffentlicht[5]. Es handelt sich dabei um den ersten Teil einer vierteiligen Papierhandschrift, der Pfarrbeschreibungen der Pfarreien in elf Dekanaten des nördlichen Bodenseeraumes, nämlich Friesenhofen, Grünenbach, Sigmarszell, Ravensburg, Ailingen, Leutkirch bei Überlingen, Saulgau, Haisterkirch, Sulmetingen, Rieden und Dietenheim zum Inhalt hat. Neben den Einkommen und Lasten der Pfründen werden in der Regel auch die Patronatsherren genannt, die Entfernung von Konstanz und, was die Quelle bevölkerungsgeschichtlich so wertvoll macht, die Anzahl der *domicilia* der einzelnen Pfarreien. Unter *domicilia* sind wohl die zu einer Pfarrei gehörenden Häuser, vielleicht auch die Haushalte, zu verstehen. Wie viele Personen durchschnittlich ein *domicilium* umfaßte, geht aus der Quelle nicht hervor. Aufgrund des großen räumlichen Bereichs, den der *Liber taxationis* abdeckt, ist er dennoch eine hervorragende Quelle zur räumlichen Bevölkerungsstruktur. Hinzu kommt, daß vereinzelt nicht nur die Zahl der *domicilia* im Jahre 1353 angegeben wird, als, wie es in der Vorbemerkung der Quelle heißt, eigens eine *inquisicio de valore et redditibus omnium ecclesiarum parochialium, capellarum et altarium* gemacht wurde, sondern auch die Zahl der *domicilia* vor der großen Pest von 1348. So heißt es zum Beispiel in dem Eintrag über Herlazhofen, daß die Pfarrei vor der Pest 40 *domicilia* gehabt habe, nun aber seien dort kaum 22. Einschränkend dürfen allerdings zwei Gesichtspunkte nicht verschwiegen werden: erstens die Tatsache, daß nicht bei allen Pfarreien die Zahl der zugehörigen *domicilia* genannt wird, und zweitens, daß sich die Zahl der *domicilia* immer auf Pfarreien bezieht, nicht auf Siedlungsplätze. Da eine Pfarrei mit ihren Filialkapellen mehrere Orte und Weiler umfassen konnte, können sich auch die zu der Pfarrei gehörenden *domicilia* durchaus auf verschiedene Siedlungsplätze verteilen. So sind zum Beispiel in den 150 *domicilia* der Pfarrei Oberteuringen bei Friedrichshafen auch die fünf Filialorte Schnetzenhausen, Bavendorf, Hepbach, Bergheim und Ettmannsschmid mitgerechnet, wobei die Zahl hier wie auch in anderen Fällen gerundet, vielleicht sogar geschätzt sein dürfte.

II

Im gesamten südwestdeutschen Raum gab es im 14. und zu Beginn des 15. Jahrhunderts Versuche der Herrschaften, die Mobilität der Untertanen einzudämmen, das heißt ihre Abwanderung zu verhindern. Die Einwohner ganzer Orte mußten in regelrechten Schwurveranstaltungen schwören, nicht aus der Herrschaft wegzuziehen und auch nicht ihre Güter in den Bereich und die Gewalt anderer Herrschaften zu verbringen[6]. Die Ursachen für

---

5 W. Haid, Liber taxationis ecclesiarum et beneficiorum in Diocesi Constantiensi de anno 1353, in: FreibDiözArch 5 (1870) S. 1–118, hier S. 5–65.
6 Dazu grundlegend: H.-M. Maurer, Masseneide gegen Abwanderung im 14. Jahrhundert. Quellen zur territorialen Rechts- und Bevölkerungsgeschichte, in: ZWürttLdG 39 (1980) S. 30–99; zu

diese drastische Einschränkung der räumlichen Mobilität sind vor allem in dem durch die
Pestwellen von 1347–1350, 1357–1362, 1370–1376 und 1380–1383 verursachten großen Bevöl-
kerungsrückgang und in der dadurch ausgelösten sogenannten spätmittelalterlichen Agrar-
krise zu sehen. Rechtliche Handhabe für die Eide war in der Regel die Leibeigenschaft, bei
Stadtbürgern, die hinsichtlich der Leibeigenschaft privilegiert waren, stützte man sich offensichtlich auf andere Rechtstitel.

Erhalten sind Urkunden über Schwurveranstaltungen gegen die Abwanderung aus dem
Herrschaftsgebiet der Markgrafen von Baden-Hachberg (Achkarren und Rimsingen), der
Markgrafen von Baden (Pforzheim, Durlach, Steinbach, Ettlingen, Baden-Baden), der
Deutschordenskommende Freiburg (Wasenweiler), der Herren von Hohenlohe (Öhringen),
des Klosters Schussenried und nicht zuletzt der Grafen von Württemberg. Die meisten dieser
Urkunden führen die Eidleistenden namentlich auf und stellen damit eine bevölkerungsgeschichtliche Quelle erster Ordnung dar. Es ist das Verdienst von Hans-Martin Maurer, darauf
aufmerksam gemacht und diese Quellengattung für den Bereich der Grafschaft Württemberg
erstmals bevölkerungsstatistisch ausgewertet zu haben.

Unter den südwestdeutschen Schwurveranstaltungen sind die der württembergischen
Grafen aufgrund der Planmäßigkeit und der regionalen Breite der Durchführung mit ihren
insgesamt 2425 in den Urkunden genannten Personen sicher die bevölkerungsstatistisch
bedeutendsten, da sie nicht nur auf einzelne Orte beschränkt sind, sondern die Bevölkerung
eines großen Teils eines Territoriums dokumentieren. Überliefert sind Urkunden von insgesamt 15 Schwurveranstaltungen: 1382/83 schworen 1451 Personen aus sieben Städten und
43 Dörfern, sich nicht der Herrschaft Württemberg zu entfremden, 1396/97 waren es noch
einmal 974 Personen aus drei Städten und zehn Dörfern. Während 1382/83 offensichtlich nur
die Wohlhabenden zur Eidesleistung erscheinen mußten, ist davon auszugehen, daß 1396/97
alle Männer zumindest der Orte, in denen Schwurveranstaltungen stattfanden, schwören
mußten und somit in den darüber ausgestellten Urkunden erfaßt wurden.

Solche Urkunden aus den Jahren 1396 und 1397 sind über Schwurveranstaltungen in
Markgröningen, Brackenheim, Münsingen und Pfullingen überliefert, auf denen sich nicht nur
die Einwohnerschaft der genannten Orte der Herrschaft verpflichteten, sondern auch die
Einwohner der umliegenden Dörfer oder zumindest Vertreter der Einwohnerschaft dieser
Dörfer. Die Geistlichen wurden nicht vereidigt, auch die landesherrlichen Beamten wie Vögte
und Keller erscheinen im Unterschied zu den Schultheißen nicht in den Namenslisten. Ferner
sind in den Urkunden von 1396/97 nur sieben Knechte als solche genannt. Es sind dies
sicherlich nicht alle Knechte in den einzelnen Orten, sondern es ist meines Erachtens
wahrscheinlich davon auszugehen, daß es sich dabei um Knechte handelt, die Vermögenswerte
besaßen. Maurer schließt allerdings nicht aus, daß die übrigen Knechte zwar namentlich
aufgeführt, aber nicht ausdrücklich als Knechte bezeichnet werden. Frauen (wohl Witwen)
erscheinen nur im Pfullinger Schwörbrief, während in den übrigen nur Männer als Eidleistende aufgeführt sind, die – soweit sie Familie hatten – für ihren gesamten Haushalt, also auch
für ihre Ehefrauen und Kinder, schworen. Markgröninger Ausbürger, also Leute, die in

den Eiden im Bereich der badischen Markgrafschaften und des Klosters Schussenried vgl. auch
C. ULBRICH, Leibherrschaft am Oberrhein im Spätmittelalter (VeröffMaxPlanckInstG 58), Göttingen 1979, S. 220–221, 266.

Markgröningen zwar Besitz hatten, aber nicht dort wohnten, kommen in dem in dieser Stadt ausgestellten Schwörbrief vor, in den übrigen Urkunden werden keine Ausbürger genannt. Es ist deshalb zu fragen, ob es nur in Markgröningen Ausbürger gab oder ob auch unter den Schwörenden der anderen Orte Ausbürger dabei waren, aber nicht ausdrücklich als solche aufgeführt sind. Eine weitere offene Frage ist, ob wirklich alle männlichen Einwohner beziehungsweise württembergischen Untertanen der auf den Schwurveranstaltungen vertretenen Orte den Eid leisteten. Im Pfullinger Schwörbrief zumindest könnte es sich bei den aufgeführten Bewohnern der beiden Nachbarorte Pliezhausen und Unterhausen auch um eine Delegation gehandelt haben, nicht um die gesamte männliche Einwohnerschaft, da jeweils nur fünf Namen in der Urkunde stehen.

III

Als bevölkerungsstatistische Quellen allererster Ordnung sind Steuerlisten und Steuerbücher jeglicher Art anzusehen – in der Forschung schon lange bekannt und häufig ausgewertet. Während Steuerbücher Zusammenstellungen der steuerbaren Güter der einzelnen Steuerpflichtigen enthalten, sind in den Steuerlisten in den meisten Fällen die Steuerbeträge der jeweiligen Steuerzahler aufgeführt. Zur Steuer veranlagt wurden im Spätmittelalter und in der frühen Neuzeit in der Regel die einzelnen Haushalte, nicht Personen. Grundlage der Besteuerung war das Vermögen, gelegentlich mußten auch Löhne und Besoldungen versteuert werden. Die Haushalte ohne Vermögen hatten oft einen bestimmten, wenn auch geringen Mindeststeuerbetrag zu entrichten.

Von den Vermögenssteuern dieser Art unterscheidet sich grundsätzlich die Reichssteuer des Gemeinen Pfennigs, die auf dem Wormser Reichstag von 1495 zur militärischen Sicherung des Reiches, in erster Linie aber zum Unterhalt des neugeschaffenen Reichskammergerichts beschlossen wurde. Bei dem Gemeinen Pfennig handelt es sich nämlich um eine Kopfsteuer, zu der nicht die Haushalte herangezogen wurden, sondern alle Personen über 15 Jahre, also alle Männer und Frauen einschließlich des Gesindes. Jeder Steuerzahler hatte mindestens ½4 fl zu bezahlen. Wer über 500 fl besaß, zahlte ½ fl, wer über 1000 fl besaß, 1 fl; Juden hatten ohne Rücksicht auf das Alter 1 fl sowie eine Vermögenssteuer zu entrichten[7]. Nach Jürgen Sydow sind Einzugslisten des Gemeinen Pfennigs nicht allzu zahlreich in den deutschen Archiven überliefert[8]. Für den schwäbischen Raum sei auf die von Sydow edierten Listen des Klosters Bebenhausen von 1496/97 hingewiesen, in denen ortsweise die Steuerzahler aus dem Herrschaftsgebiet des Klosters namentlich genannt sind[9].

Bei den Vermögenssteuern gab es zwei verschiedene Arten der Steuererhebung: die Repartitions- und die Quotitätssteuern[10]. Bei Repartitionssteuern stand der Betrag fest, den

---

7 P.-J. SCHULER, Die Einzugsliste des Gemeinen Pfennigs von 1497 im Herzogtum Württemberg, in: Beiträge zur Süddeutschen Münzgeschichte. Festschrift zum 75jährigen Bestehen des Württembergischen Vereins für Münzkunde e. V., Stuttgart 1976, S. 101–122, hier S. 103–104.
8 J. SYDOW, Einzugslisten des Gemeinen Pfennigs aus den Dörfern des Klosters Bebenhausen, in: Der Sülchgau 1969, S. 35–49, hier S. 35.
9 HStA Stuttgart A 474 Bü 6 fol. 30–95.
10 V. ERNST, Die direkten Staatssteuern in der Grafschaft Wirtemberg, in: WürttJbbStatLdKde 1904, I, S. 55–90; II, S. 78–119, hier II, S. 82–95.

die Steuer erbringen sollte, und wurde unter den Steuerzahlern gemäß deren Vermögen umgelegt. Repartitionssteuern sind zum Beispiel die sogenannten gewöhnlichen Steuern, die die württembergischen Städte und Dörfer dem Landesherrn jährlich seit dem Spätmittelalter zu entrichten hatten, die Gemeindeumlagen, aber auch die meisten außerordentlichen Steuern (Schatzungen) wie etwa die vorderösterreichischen Steuern des 16., 17. und 18. Jahrhunderts[11]. Bei landesweit erhobenen Repartitionssteuern wurde die Steuersumme zunächst auf die Ämter umgelegt, dann die Teilsumme der einzelnen Ämter auf die jeweiligen Amtsorte und schließlich der Betrag, den der Ort aufzubringen hatte, auf die Steuerpflichtigen. Repartitionssteuern waren gerade bei außerordentlichen, von den Ständen zu bewilligenden Steuern sehr beliebt. Bei den Verhandlungen zwischen Landesherrn und Ständen konnte man nämlich in diesem Fall über feste Summen sprechen. Außerdem ermöglichten sie den für den Steuereinzug zuständigen Ständen, den Landesherrn weitgehend über die Vermögensverhältnisse und damit über die finanzielle Leistungsfähigkeit seiner Untertanen im unklaren zu lassen.

Bei Quotitätssteuern hingegen war der Steuerertrag nicht von vornherein bekannt. Die Steuerpflichtigen hatten einen bestimmten Prozentsatz ihres Vermögens (gelegentlich auch ihrer Einkünfte aus nichtselbständiger Arbeit) als Steuer abzuführen, etwa bei einer 1470 durchgeführten Schatzung im Uracher Landesteil der Grafschaft Württemberg 5 %[12] oder bei den auf den Speyerer Reichstagen von 1542 und 1544 beschlossenen Türkensteuern 0,5 % des Vermögens und 1,67 % von Löhnen und Besoldungen[13]. Es kommt aber auch vor, daß für bestimmte Besitzarten feste Beträge als Steuersatz festgelegt wurden. So stellte das Kloster Weingarten 1607 für die Höfe, für die ihm seitens der Landvogtei Schwaben die Steuerhoheit überlassen worden war, einen Steueransatz auf, nach dem für jede Jauchert Acker und jede Mannsmahd Wiesen 3 Kreuzer zu entrichten waren, während Eigengüter und Vieh für je 10 fl ihres Schätzwertes mit 2 Kreuzern veranschlagt wurden[14].

Da die Umlegung der Repartitionssteuern auf die einzelnen Steuerzahler gemeindeweise erfolgte, sind Repartitionssteuerlisten ebenso wie die Steuerbücher, die der Steuerveranlagung zugrunde lagen, praktisch nur von einzelnen Orten überliefert, nicht von größeren zusammenhängenden Territorialeinheiten. Die Umlegung auf Gemeindeebene hatte zur Folge, daß auch Personen zur Steuer veranlagt wurden, die zwar nicht in der betreffenden Gemeinde wohnten, aber hier Besitz hatten, bei einer bevölkerungsstatistischen Auswertung also nicht unter die Wohnbevölkerung gerechnet werden dürfen. Diese Personen wurden häufig unter einer eigenen Rubrik »Aussteuer« oder »Ausleute« geführt, doch muß dies nicht der Fall sein. Umgekehrt können unter dieser Rubrik auch Steuerzahler geführt worden sein, die zwar in der betreffenden Gemeinde ihren Haushalt hatten, aber über keinen eigenen Hausbesitz verfügten, also *hausgenossen* in der zeitgenössischen Ausdrucksweise. In Leonberger Steuerlisten aus dem Beginn des 17. Jahrhunderts werden die Steuerzahler, die über keinen Hausbesitz in Leonberg verfügten, 1613 unter der Rubrik Hausgenossen genannt, 1614 unter der Rubrik

---

11 F. QUARTHAL, Landstände und landständisches Steuerwesen in Schwäbisch-Österreich (SchrrSüdwestdtLdKde 16), Stuttgart 1980, S. 110.

12 ERNST (wie Anm. 10) II, S. 114.

13 J. Chr. LÜNIG, Das Teutsche Reichs-Archiv, 2, Leipzig 1713, S. 675–685, 726–733.

14 G. WIELAND, Eine Steuerliste als Zeugnis aus dem Dreißigjährigen Krieg. Kriegsbedingte Veränderungen in vier Ämtern der Landvogtei Schwaben (Fischbach, Dürnast, Wolketsweiler und Ringgenweiler), in: SchrrVGBodensee 98 (1980) S. 13–110, hier S. 36.

Aussteuer, gleichgültig ob sie in Leonberg wohnten oder nicht[15]. Wir haben also das bevölkerungsstatistische Problem, die Steuerzahler, die zur Wohnbevölkerung zu rechnen sind, nicht oder nur schwer von den Steuerzahlern unterscheiden zu können, die nicht zur Wohnbevölkerung gehören.

Bei Quotitätssteuern dagegen, soweit sie landesweit erhoben wurden, gibt es die Tendenz, die einzelnen Steuerzahler nur einmal, in ihrem Hauptwohnsitz, zu veranlagen. Bei der Schatzung, die 1470 im Uracher Landesteil der Grafschaft Württemberg erhoben wurde, wurde dies zumindest auf Ämterebene so gehalten. Immer wieder begegnet hier deshalb der Vermerk *ist verschätzt zu...* Ausleute gibt es dennoch, es handelt sich dabei offensichtlich um Steuerpflichtige, die ihren Hauptwohnsitz außerhalb des jeweiligen Amts hatten. Noch konsequenter war die Erhebung der Türkensteuer 1544/45 im Herzogtum Württemberg, hier gibt es keine Rubrik Aussteuer oder Ausleute mehr.

Die Türkensteuerlisten von 1542 und 1544/45, in denen im Unterschied zu den meisten anderen Steuerlisten auch das Gesinde (allerdings ohne die Lehrjungen) aufgeführt ist, sind sicher die sozial- und bevölkerungsgeschichtlich bedeutendste Quelle des 16. Jahrhunderts für den schwäbisch-fränkischen Raum, da sie nicht nur für das Herzogtum Württemberg beinahe geschlossen erhalten sind (die Listen von 1544/45), sondern auch für andere Territorien wie etwa das der Reichsstadt Ulm[16]. Dennoch soll hier nicht weiter darauf eingegangen werden, sind sie doch von Karl-Otto Bull bereits mehrfach ausführlich vorgestellt worden[17].

Hier behandelt werden muß allerdings die Methode, mit der Bull von der in den Steuerlisten überlieferten Zahl der Steuerzahler auf die Zahl der Gesamtbevölkerung schließt. Bull multipliziert die Anzahl der männlichen Haushaltsvorstände mit dem Faktor 4, die der weiblichen Haushaltsvorstände mit 3 und die der Vormundschaften mit 2, während er die Anzahl der Knechte und Mägde direkt aus der Steuerliste übernimmt. Er nimmt also an, daß bei den männlichen Steuerpflichtigen die Familie durchschnittlich aus Mann, Frau und zwei Kindern bestand, bei den weiblichen aus einer Witwe mit zwei Kindern und daß Vormundschaften durchschnittlich auch zwei Kinder umfaßten. Dieselbe Endzahl für die Gesamtbevölkerung erhält man auch, wenn man die Anzahl der selbständigen Haushalte (also ohne das Gesinde) mit dem Faktor 4 multipliziert. Andere Multiplikationsfaktoren, mit denen man schon versucht hat, anhand unterschiedlichster Steuerlisten von der Zahl der Steuerpflichtigen

15 StadtA Leonberg, Steuerlisten 1613 und 1614.
16 Vgl. H. GREES, Ländliche Unterschichten und ländliche Siedlung in Ostschwaben (Tübinger-GeographStudd 58), Tübingen 1975, S. 162–163; hier auch der Hinweis auf zwei weitere Ulmer Land- und Türkensteuerbücher aus der Zeit um 1600, das eine von 1600 für die Untere Herrschaft, das andere, angelegt 1604, für die Herrschaft Werdenberg, Leipheim, Riedheim und Wain.
17 K.-O. BULL, Die Türkensteuerlisten als Geschichtsquelle. Aufschlüsse über die wirtschaftliche und soziale Struktur des Herzogtums Württemberg im 16. Jahrhundert, in: BeitrrLdKde (Beil-StaatsanzeigerBadWürtt) 1974/2 S. 5–11; K.-O. BULL, Die durchschnittlichen Vermögen in den altwürttembergischen Städten und Dörfern um 1545 nach den Türkensteuerlisten, in: HistAtlas-BadWürtt XII,1, 1975; K.-O. BULL, Die württembergischen Türkensteuerlisten von 1544/45 und ihre Bedeutung für die Sozial- und Wirtschaftsgeschichte, in: W. EHRBRECHT (Hg.), Voraussetzungen und Methoden geschichtlicher Städteforschung (Städteforsch A 7), Köln und Wien 1979, S. 101–110.

auf die Gesamtbevölkerung zu schließen, liegen zwischen 3,5 und 5,6[18], ohne daß allerdings jeweils angegeben wird, was unter Gesamtbevölkerung zu verstehen ist: die Wohnbevölkerung, die ortsanwesende Bevölkerung, die wohnberechtigte Bevölkerung oder die Stammsitzbevölkerung. Für Gerd Wunder sind Umrechnungen von Haushaltszahlen auf Einwohnerzahlen »nur sehr ungenau und grob möglich«. Er begründet seine Ansicht damit, daß »nicht nur die Zahl der Kinder und Dienstboten in einem Haushalt, sondern auch die Praxis der Schreiber mit Zeit und Ort wechselt. Ob Stiefkinder gesondert aufgeführt werden oder im Haushalt des Stiefvaters mitgezählt sind, ist nicht ersichtlich. Witwen werden als solche genannt, ohne daß wir wissen, ob Kinder bei ihnen wohnen, aber Witwer sind nicht von den verheirateten Bürgern unterschieden«[19].

Abgesehen von den Schwierigkeiten mit dem Multiplikationsfaktor gibt es zwei weitere Unsicherheitsfaktoren bei der bevölkerungsstatistischen Auswertung von Steuerlisten, sei es von Repartitions-, sei es von Quotitätssteuerlisten. Zum einen geht aus den Steuerlisten in aller Regel nicht hervor, wie viele Personen sich hinter steuerzahlenden Körperschaften wie etwa den Spitälern oder Beginenhäusern verbergen, und zum anderen gab es ja auch steuerfreie Personen und Institutionen, die erst gar nicht in den Listen erscheinen[20]. Dies trifft vor allem für die Geistlichkeit zu, aber es ist zum Beispiel aus dem 15. Jahrhundert auch eine Vielzahl von Steuerbefreiungen der Grafen von Württemberg für landesherrliche Beamte überliefert[21].

IV

Relativ häufig begegnet man Quellen, die die Zahl der Herdstätten (Feuerstellen) angeben. Als Beispiele sei auf zwei Erhebungen über die Herdstätten in Württemberg näher eingegangen – die eine aus den siebziger oder achtziger Jahren des 15. Jahrhunderts, die andere aus dem Jahre 1525. Bei der letzteren[22] ging es eindeutig um ein fiskalisches Interesse. Erhoben wurde nämlich ortsweise der Wert der Häuser (Herdstätten) mit dem Namen ihrer Besitzer, das Vermögen der Personen ohne Hausbesitz sowie die Anzahl der Habenichtse; Gesinde nennen die Listen nicht. Damit sind die Herdstättenlisten von 1525 als bevölkerungsgeschichtliche Quellen mit Quotitätssteuerlisten zu vergleichen.

Anders verhält es sich bei der 40 Jahre zuvor durchgeführten Umfrage. Ihre Datierung ist nicht ganz klar. Ein Registraturvermerk datiert sie zwar in das Jahr 1477, wohl aufgrund einer zusammen mit ihr überlieferten Musterungsliste der Stadt Wildberg aus diesem Jahr. Da jedoch sowohl Orte des Stuttgarter als auch des Uracher Landesteils erfaßt wurden, dürfte sie mit Fritz Ernst eher aus der Zeit nach der Wiedervereinigung Württembergs, also aus den

---

18 Vgl. die Zusammenstellung von Erdmann Weyrauch, in: I. Bátori und E. Weyrauch, Die bürgerliche Elite der Stadt Kitzingen. Studien zur Sozial- und Wirtschaftsgeschichte einer landesherrlichen Stadt im 16. Jahrhundert (SpätMAFrüheNZt 11), Stuttgart 1982, S. 38.

19 G. Wunder, Gesellschaft und Bürgerschaft, in: W. Bernhardt (Hg.), Acht Jahrhunderte Stadtgeschichte. Vergangenheit und Gegenwart im Spiegel der Kommunalarchive in Baden-Württemberg, Sigmaringen 1981, S. 149–155, hier S. 152.

20 Vgl. das Beispiel der Augsburger Steuerbücher: C. P. Clasen, Die Augsburger Steuerbücher um 1600, Augsburg 1976, S. 36–38.

21 Vgl. Ernst (wie Anm. 10) I, S. 66–68.

22 HStA Stuttgart A 54a St 19–63.

Jahren nach 1482, stammen[23]. Bei dieser Umfrage wurden – abgesehen von der Wildberger Liste (die möglicherweise nicht in diesen Zusammenhang gehört) – keine Namen erhoben, sondern die Städte und Ämter meldeten nur die Zahlen der Herdstätten in den einzelnen Orten. Erhalten sind Berichte von 22 Städten und Ämtern, nämlich Stuttgart (nur das Amt), Tübingen, Urach, Schorndorf, Backnang und Reichenberg, Waiblingen, Cannstatt, Vaihingen, Markgröningen, Bietigheim, Brackenheim, Marbach, Balingen, Herrenberg, Böblingen, Leonberg, Rosenfeld, Wildberg, Hornberg mit St. Georgen, Nagold mit Dornstetten und Dornhan sowie Neuenbürg und Calw[24]. Die Erhebung wurde also sicher landesweit aufgrund eines heute allerdings nicht mehr erhaltenen Ausschreibens des Grafen Eberhard im Bart durchgeführt. Wie aus den erhaltenen Berichten geschlossen werden kann, ging es dem Grafen dabei nicht um die Zahl der Herdstätten oder Häuser in seinem Herrschaftsbereich, sondern um die wehrhaften oder, wie es im Bericht des Amtes Tübingen heißt, *werlichen* Männer, die darin wohnten. Gemeldet wurde nämlich meistens nur die Anzahl derjenigen Herdstätten, *da mann innen sind,* außerdem die Anzahl der ledigen und deshalb über keine eigene Herdstatt verfügenden Männer über 18 Jahre sowie die der Knechte.

Interessant sind nun diejenigen Meldungen, die darüber hinausgehende Zahlen nach Stuttgart berichteten. In Backnang und Schorndorf wurden zum Beispiel neben den Feuerstätten und den ledigen Gesellen auch Hausgenossen aufgeführt, also Haushalte ohne eigenen Hausbesitz. In Backnang kommen ebenso wie in Markgröningen, Bietigheim, Balingen, Nagold und Rosenfeld die Herdstätten der Witwen hinzu. In Waiblingen wurden Knechte und Mägde gezählt. Wenn hier das weibliche Gesinde mitaufgeführt wurde, schließt die Zahl der Haushalte vielleicht auch die Witwenhaushalte ein. In Nagold wurde bei den Männerhaushalten unterschieden zwischen Herdstätten *vechtbarer* Männer und solcher *alter mann, die nitt fechtbar sind,* immerhin 41 von 259. In der Balinger Zusammenstellung sind auch sieben Häuser genannt, die in der Stadt *dann oede stand.* Hier differenzierte man außerdem bei den Knechten sehr stark, man unterschied nämlich 1. Knechte, *die sich verendert und verwibent habend;* 2. ledige Knechte, *die minß herren sind;* 3. ledige Knechte, *die nicht minß herren sind;* und 4. Ackerknechte. Die Nennung von Knechten, *die nicht minß herren sind,* knapp 20 % aller ledigen Knechte im Amt, legt natürlich die Frage nahe, ob diese in den anderen Ämtern mitgezählt wurden oder nicht.

An der Umfrage über die Zahl der Herdstätten in der Grafschaft Württemberg sieht man sehr deutlich, mit wie vielen unterschiedlichen Angaben und offenen Fragen für die Auswertung man selbst bei landesweiten bevölkerungsstatistischen Quellen des Spätmittelalters zu rechnen hat.

V

Neben den Steuerlisten sind die Musterungslisten oder Musterregister sicher die verbreitetsten Quellen für die Bevölkerungsstatistik des schwäbisch-fränkischen Raumes im Spätmittelalter und der frühen Neuzeit. Allein aus dem Herzogtum Württemberg sind aus der Zeit bis 1618 498 dieser Register im Hauptstaatsarchiv Stuttgart erhalten[25]. Jeder waffenfähige Bürger

---

23 F. ERNST, Eberhard im Bart. Die Politik eines deutschen Landesherrn am Ende des Mittelalters, Stuttgart 1933, S. 78 Anm. 254.
24 HStA Stuttgart A 602 WR 4326.
25 HStA Stuttgart A 28a.

mußte damals eine Bewaffnung besitzen, eine Hellebarde, einen Spieß, eine Büchse oder einen Harnisch. Die Art der Bewaffnung wurde ihm, so im Württembergischen, bei der Bürgerannahme vorgeschrieben[26]. Wie wir bei den Herdstättenlisten gesehen haben, gab es im 15. Jahrhundert erste Versuche der Landesherren, sich einen Überblick über die Zahl und Ausrüstung ihrer wehrfähigen Untertanen zu verschaffen, im 16. Jahrhundert wurden dann regelmäßig Musterungen durchgeführt, von denen häufig Musterregister erhalten sind. Diese führen in der Regel nach Orten gegliedert die Gemusterten namentlich mit ihrer Waffe auf. Meist sind sie nach Waffengattungen und Einsatzfähigkeit (Wahlen) untergliedert.

Noch umfangreichere Angaben sind in vier Musterregisterbänden enthalten, die eine 1614/15 in der Grafschaft Hohenberg durchgeführte Musterung dokumentieren und die Karl Otto Müller 1916 in den Württembergischen Jahrbüchern ausführlich vorgestellt und bevölkerungsstatistisch ausgewertet hat[27]. Darin finden sich nämlich zusätzlich noch Angaben zur Vital- und Sozialstruktur, da bei den Gemusterten zwar nicht immer, aber meistens ihr Alter vermerkt ist und Angaben zum Vermögen, Acker- und Pferdebesitz gemacht werden. Außerdem werden teilweise die Witwen und Männer über 60 Jahre aufgeführt sowie die Bürgersöhne, deren Eltern gestorben waren, beziehungsweise die Witwen, die erwachsene Söhne und Vermögen hatten. Vereinzelt werden erwachsene ledige Söhne jedoch auch selbst unter den Gemusterten genannt.

Müller hat die Zahl der Wehrfähigen gleichgesetzt mit der Zahl der Familien, also mit der Zahl der Haushalte, indem er postuliert hat, daß die Zahl der gemusterten Ledigen ohne eigenen Haushalt in etwa der Zahl der Haushalte entspreche, die niemanden zur Musterung entsandten, also der Zahl der Witwenhaushalte und der Haushalte der über 60jährigen[28]. Diese Annahme läßt sich mit gleichzeitigem altwürttembergischem Material überprüfen, beispielsweise mit Unterlagen über das Amt Leonberg. Hier wurde am 15. Februar 1603 eine Musterung abgehalten, deren Zahlen sich mit der im gesamten Herzogtum 1598 durchgeführten statistischen Erhebung der Haushalte vergleichen lassen[29]. Da bei der Erhebung von 1598 nicht in allen Orten die Witwenhaushalte mitgezählt wurden, können nur 14 der 17 Amtsorte für den Vergleich herangezogen werden. Aus diesen 14 Orten wurden im Jahre 1603 1523 Personen gemustert bei 1643 Haushalten im Jahr 1598, es besteht also, bezogen auf die Haushaltszahl, eine Differenz von 7,3 %. Bei größeren Orten mit mehr als 140 Haushalten kann die prozentuale Differenz noch geringer sein, bei kleineren Orten, wo bei der Ermittlung der prozentualen Differenz selbst kleine Abweichungen von ein oder zwei Personen beziehungsweise Haushalten natürlich viel stärker ins Gewicht fallen als bei den größeren Orten, können

---

26 V. TRUGENBERGER, Zwischen Schloß und Vorstadt. Sozialgeschichte der Stadt Leonberg im 16. Jahrhundert, Vaihingen/Enz 1984, S. 165.
27 K. O. MÜLLER, Die Musterregister der Grafschaft Hohenberg. Ein Beitrag zur Bevölkerungs-, Wirtschafts- und Kriegsgeschichte, Familien- und Namenkunde, in: WürttJbbStatLdKde 1915, S. 136–179.
28 MÜLLER (wie Anm. 27) S. 140.
29 HStA Stuttgart A 28a M 444; A 4 Bü 4. Die Haushaltszahlen von 1598 sind veröffentlicht in der Beschreibung des Oberamts Leonberg, hg. vom Württ. Statistischen Landesamt, zweite Bearb. Stuttgart 1930, S. 397.

jedoch auch Differenzen von bis zu 40 % auftreten[30]. Eine Gleichsetzung der Zahl der Musterungspflichtigen mit der der Haushalte dürfte für größere Gebietseinheiten, ja sogar für größere Orte also insoweit zulässig sein, als man davon ausgehen muß, daß letztere in der Regel zwischen 5 % und 10 % höher liegt. Für kleinere Orte muß eine solche Gleichsetzung aber doch mit einem großen Fragezeichen versehen werden.

Bei den Musterungen wurden die wehrfähigen Männer persönlich gemustert, doch zeigen einzelne Einträge sowohl in den hohenbergischen als auch in den württembergischen Registern, daß in den darüber angelegten Musterregistern gelegentlich auch Bürger aufgeführt sind, die in dem jeweiligen Ort aufgrund ihres Bürgerrechts zwar wohnberechtigt waren, aber nicht ortsanwesend. So heißt es zum Beispiel von Georg Ernst Schweikhard, einem Lautenisten, daß er *gleichwohl burger* zu Rottenburg-Ehingen sei, *aber nit allhier, sondern zu Prag*[31], und in Leonberg ist 1597 von einem Bürger vermerkt, er sei zwar zu Unteröwisheim wohnhaft, habe aber in Leonberg die Rüstung[32].

VI

In seiner Abhandlung über die Masseneide hat Hans-Martin Maurer gezeigt, wie sich im Herrschaftsbereich der Markgrafen von Baden aus den Eiden gegen die Abwanderung im Laufe des 15. Jahrhunderts Huldigungseide der Untertanen beim Regierungswechsel entwickelten[33]. Durch die Huldigung wurde von jedem einzelnen Untertanen das gegenseitige Treueverhältnis zwischen ihm und dem Landesherrn beschworen. Da es sich dabei um ein persönliches Verhältnis handelte, mußte der Eid bei jedem Regierungswechsel neu geleistet werden. Es wurden dazu richtiggehende Huldigungsveranstaltungen abgehalten, zu denen die Untertanen eines Ortes oder Amtes zusammengerufen wurden. Solche Huldigungsveranstaltungen scheinen allgemein im 15. und 16. Jahrhundert aufgekommen zu sein. Vereinzelt sind nun Namenslisten derjenigen überliefert, die Huldigung zu leisten hatten oder tatsächlich leisteten. Huldigungspflichtig waren je nach Herrschaft alle männlichen Untertanen einschließlich der Knechte, so etwa in der Deutschordenskomturei Altshausen[34], oder die Bürger

---

30 Beispiele:

Ort	Zahl der Haushalte 1598	Zahl der Gemusterten 1603	Differenz in %
Ditzingen	165	174	− 5,5
Eltingen	143	142	0,7
Gerlingen	233	221	5,2
Gebersheim	48	29	39,6
Münklingen	24	28	− 16,7
Warmbronn	50	39	22,0

31 MÜLLER (wie Anm. 27) S. 159.
32 HStA Stuttgart A 28a M 403 fol. 4v.
33 MAURER (wie Anm. 6) S. 40.
34 HStA Stuttgart B 347 Bü 86.

und Witwen, so etwa bei den Schenken von Limpurg[35]. Beispielhaft sei die dem Deutschor-
denskomtur Johann Kaspar von Stadion 1626 geleistete Huldigung der Herrschaft Altshausen
vorgestellt[36]. Es gab verschiedene Eidesformeln, und zwar 1. für gemeine Untertanen (wobei
die Untertanen in Pfrungen, wo der Deutsche Orden nur die niedergerichtliche Obrigkeit
hatte, eine eigene Eidesformel schwören mußten), 2. für Leibeigene, 3. für Ammänner und
Richter und 4. für die Dorfpfleger.

Die Huldigungspflichtigen wurden ortsweise in Listen erfaßt. Im einzelnen handelt es sich
dabei um die Orte Altshausen, Ebersbach, Hochberg, Luditsweiler, Kreenried, Mendelbeu-
ren, Fleischwangen und Pfrungen sowie um mehrere Weiler und Höfe. In den Listen sind, wie
bereits erwähnt, nur Männer genannt, und zwar sowohl Bürger als auch Beisitzer und
Knechte. Teilweise, wie etwa bei der Liste des Ortes Kreenried, sind nur die Namen
aufgeführt, ohne Angabe, ob es sich um Bürger oder Knechte handelt. Für Kreenried ist
allerdings die Zahl von Bürgern und Knechten aus einem Zusatz des Schreibers zu entnehmen,
der genau festgehalten hat, daß nach der Huldigung jeder der 33 *man* 1½ Maß Wein erhalten
habe, jeder der zehn Knechte 1 Maß und jeder der acht Buben ½ Maß. In anderen Orten
wurde die Bevölkerung nach Haushalten, genauer Häusern, erfaßt, denn Hausgenossen oder
(wie es in der Quelle heißt) *hauswirte*, also Mieter mit eigenem Haushalt[37], werden zusammen
mit dem Hausinhaber genannt.

Bevölkerungsstatistisch nicht ganz einfach zu interpretieren ist die Behandlung des Gesindes, und zwar aus zweifachem Grunde. Da weckt zum einen eine Bemerkung in der
Pfrungener Liste Mißtrauen, wo es heißt: *Welche jetz nachvolgende namen geschriben, seindt
solche nit underthonen.* Bei den Namen, die folgen, handelt es sich ausschließlich um Knechte
und den Roßhirt, wobei bei einem Knecht als Herkunftsangabe Kalkreute angegeben ist, das
zum Salemer Amt Ostrach gehörte. Es handelt sich dabei also offensichtlich um Knechte, die
aus anderen Herrschaften stammten. Damit stellt sich die Frage, wie sind diese Knechte in den
Listen der anderen Orte behandelt? Fehlen sie in diesen Listen, oder sind sie dort unter den
Huldigenden aufgeführt? Zum anderen werden unter den Bürgersöhnen auch Personen
aufgelistet, die in anderen Orten in Diensten standen. So heißt es zum Beispiel von einem
Burschen in Ebersbach: *dienet zue Freyburg.*

In den Huldigungslisten der Herrschaft Altshausen ist also die erwachsene männliche
wohnberechtigte Bevölkerung, um die Terminologie der modernen Demographie zu verwenden, erfaßt. Spätestens hier muß man sich überlegen, welche bevölkerungsstatistische Art von
Bevölkerung man untersuchen will. Die wohnberechtigte Bevölkerung? Dann sind alle
Namen in den Listen heranzuziehen. Die ständige Wohnbevölkerung? Dann dürfen Bürgersöhne, die sich als Knechte auswärts aufhielten, nicht mitgezählt werden. Die Stammsitzbevölkerung? In diesem Fall sind zwar die sich auswärts aufhaltenden Bürgersöhne mitzuzählen,
nicht jedoch die Knechte, die anderswo ihren Stammwohnsitz hatten.

35 StA Ludwigsburg B 113 Bü 649: Zwei Verzeichnisse enthaltend die Namen der Bürger und
Witwen zu Sommerhausen und Winterhausen, die am 26. Juni 1581 Erbhuldigung für Schenk
Eberhard leisteten.
36 HStA Stuttgart B 347 Bü 86.
37 Zum Begriff *hauswirt* grundlegend WIELAND (wie Anm. 14) S. 36.

VII

Lagerbücher, auch als Beraine oder Urbare bezeichnet, sind nach der Definition von Gregor Richter »nach Herrschaften bzw. deren Teilbereichen angelegte Amtsbücher, die von Zeit zu Zeit erneuert werden und Angaben über die verschiedensten herrschaftlichen und obrigkeitlichen Rechte enthalten, hauptsächlich aber die im Regelfall an Liegenschaften haftenden Leistungsansprüche«[38]. Im allgemeinen können aus dieser Quellengattung keine genauen bevölkerungsstatistischen Informationen gewonnen werden. Immerhin lassen sich über die in den Lagerbüchern aufgezählten zinspflichtigen Häuser der einzelnen Orte Anhaltspunkte über die Zahl der Häuser gewinnen. Ferner kann man durch Zusammenstellung der als Besitzer von Liegenschaften oder als Anrainer genannten Personen zumindest ungefähr die Zahl der Haushalte (einschließlich der Witwenhaushalte und der Pflegekinder) eines Ortes ermitteln, da davon auszugehen ist, daß nur Personen namentlich aufgeführt werden, bei denen es sich um Haushaltsvorstände, Witwen oder Pflegekinder handelt. Man erhält allerdings nur die Haushalte mit Grundbesitz.

Beachtet werden muß, daß die Lagerbücher in aller Regel nicht alle Häuser und sonstigen Liegenschaften in einem Ort aufführen, sondern nur die einer bestimmten Herrschaft zinspflichtigen. Die Gesamtzahlen der Häuser und Haushalte mit Grundbesitz können deshalb nur ermittelt werden, wenn es entweder nur eine einzige Grundherrschaft an dem jeweiligen Ort gab oder wenn alle Grundherrschaften ungefähr zur gleichen Zeit eine Renovation der Lagerbücher für den betreffenden Ort durchführten. Und auch dann bleibt der freieigene Besitz unberücksichtigt[39].

Gelegentlich enthalten Lagerbücher auch Leibeigenen-, ja sogar Untertanenverzeichnisse. Erwähnt werden müssen in diesem Zusammenhang die Untertanenverzeichnisse in den 13 Bänden des von Berthold Hagen angelegten Lagerbuchs für die Grafschaft Zollern von 1543/44[40]. Diese sogenannten Leibeigenenverzeichnisse nennen ortsweise die Leibeigenen der verschiedenen Leibherren und sogar die Freien. Auch die Zahl der Juden in den einzelnen Orten läßt sich aus den Bänden entnehmen, so daß hier zweifelsohne eine bevölkerungsstatistische Quelle erster Ordnung vorliegt. Eine erste bevölkerungsstatistische Zusammenstellung der Angaben dieser Quelle hat Karl-Friedrich Eisele in seinen im Rahmen der Arbeiten zum Historischen Atlas von Südwestdeutschland erschienenen Studien zur Geschichte der Grafschaft Zollern und ihrer Nachbarn vorgelegt[41].

Falls die Herdstätten eines Ortes der Herrschaft zur Abgabe von sogenannten Rauchhennen verpflichtet waren, so ist in den Lagerbüchern manchmal diese Verpflichtung nicht nur

---

38 G. Richter, Lagerbücher- oder Urbarlehre. Hilfswissenschaftliche Grundzüge nach württembergischen Quellen (VeröffStaatlArchVerwBadWürtt 36), Stuttgart 1979, S. 81.

39 Sogenannte Gemeindelagerbücher oder Ortsurbare, in denen der gesamte immobile Besitz verschiedener Herrschaften sowie das Eigengut der Bevölkerung in einem Ort und nicht nur der Anteil, der einer bestimmten Herrschaft gehört, verzeichnet ist, kommen erst nach dem Dreißigjährigen Krieg auf; vgl. dazu Chr. Schrenk, Agrarstruktur im Hegau des 18. Jahrhunderts. Auswertungen neuzeitlicher Urbare mit Hilfe des Computers (KonstanzDiss 159/HegauBibl 52), Konstanz 1987, S. 7.

40 StA Sigmaringen Dep. 39 DH, Neuer Zuwachs, Rubrik 137 Nr. 1–13.

41 K.-F. Eisele, Studien zur Geschichte der Grafschaft Zollern und ihrer Nachbarn (ArbbHistAtlasSüdwestdtld 2), Stuttgart 1956, besonders S. 35–36 und S. 67–68.

generell festgehalten, sondern es kann auch die Zahl der ablieferungspflichtigen Herdstätten zur Zeit der Anlage des Lagerbuchs genannt sein. Da in der Regel auch Angaben über die von dieser Abgabe befreiten Haushalte gemacht werden, läßt sich daraus ohne weiteres die Gesamtzahl der Haushalte erschließen[42].

VIII

Leibeigenenverzeichnisse und Leibbücher wurden seit dem Spätmittelalter von den Herrschaften aus politischen, administrativen und fiskalischen Gründen angelegt. Im Zuge der Herausbildung des modernen Territorialstaates mit der Intensivierung der Herrschaft auf allen Gebieten kam auch dem eigentlich personenverbandsstaatlichen Herrschaftsverhältnis der Leibeigenschaft ein neues Gewicht zu, wie etwa die planmäßige Anlegung von Leibbüchern im Herzogtum Württemberg zeigt[43]. In den Leibeigenenregistern sind die Leibeigenen eines Leibherrn ortsweise namentlich aufgeführt. Aus den Registern geht allerdings meist nicht hervor, ob und wie viele Freie und Leibeigene anderer Leibherren in dem betreffenden Ort außerdem ansässig waren. Damit sind sie, so Kurt Andermann, als Quellen für bevölkerungs-statistische Untersuchungen kaum geeignet[44]. Dies trifft zweifelsohne für die Untersuchung der Regionalstruktur zu. Für die Untersuchung der Vitalstruktur stellen sie jedoch neben den Kirchenbüchern die wichtigste Quelle dar, da häufig auch Zahl und Alter der Kinder angegeben ist.

Und gelegentlich gibt es Leibeigenenverzeichnisse, die eben doch auch eine hervorragende Quelle für die Regionalstruktur sind. Einzelne Territorialherren begnügten sich nämlich nicht damit, in Leibbüchern nur ihre Leibeigenen erfassen zu lassen, sondern ließen ihre Beamten sämtliche Untertanen aufnehmen. So heißt es etwa in einer *instructio pro renovature der leibeignen leuthen* in der waldburgischen Grafschaft Friedberg-Scheer aus den Jahren um 1610, daß der zuständige Renovator an jedem Ort vier unterschiedliche *register oder verzeich-nisse aller mann- und weibspersonen und der kinder in der wiegen* anlegen solle, nämlich 1. ein Verzeichnis der am Ort wohnhaften Leibeigenen; 2. eine Liste der Ausleute, das heißt aller Leibeigenen, die vom Erhebungsort weggezogen waren; 3. eine Übersicht über alle Leibeige-nen fremder Herren am Ort und 4. eine Zusammenstellung aller ortsansässigen Freien[45].

---

42 Als Beispiel sei hier der entsprechende Eintrag über Eberstadt im Lagerbuch des württembergi-schen Amtes Weinsberg von 1523 angeführt: *Usser yedem hus zu Eberstatt, darin man roch hellt, gevellt jars der herschafft Wirtemperg ain vaßthenna und ist des nyemands gefryt, ußgenomen der schulthais, die zwelff richter, der pfarrer, der schütz und der meßner seind bißher diser henna unangevordert und fry gelassen, und seind der herdstätten über die obgenanten gefryten diser zeit 55* (HStA Stuttgart H 101 Bd. 2029 fol. 120).
43 O. HERDING, Leibbuch, Leibrecht, Leibeigenschaft im Herzogtum Wirtemberg, in: ZWürttLdG 11 (1952) S. 157–188.
44 K. ANDERMANN, Die sogenannte »Speyerer Volkszählung« von 1530. Territorialpolitische und administrative Aspekte einer frühneuzeitlichen Bevölkerungsaufnahme, in: A. GERLICH (Hg.), Regionale Amts- und Verwaltungsstrukturen im rheinhessisch-pfälzischen Raum (14. bis 18. Jahr-hundert) (GeschichtlLdKde 25), Wiesbaden und Stuttgart 1984, S. 107–130, hier S. 108 Anm. 5.
45 R. KRETZSCHMAR, Leibeigenschaft und Schriftlichkeit der Verwaltung in einem kleinen Territo-rium: Die Leibbücher der waldburgischen Grafschaft Friedberg-Scheer im 16. und 17. Jahrhundert, in: ZHohenzollerG 22 (1986) S. 45–92, hier S. 57–58.

Komplette Verzeichnisse sind leider von keinem Ort der Grafschaft Friedberg-Scheer erhalten, aber von anderen Territorien. Richard Dertsch hat ein solches Verzeichnis des Ottobeurer Klosterstaates aus dem Jahre 1564 ediert[46], zwei weitere, ebenfalls die Gesamtbevölkerung umfassende Leibeigenschaftsbücher des Klosters Ottobeuren liegen im Staatsarchiv Neuburg, das eine von 1548, das andere undatiert[47]. In der Grafschaft Zollern wurde 1548 ebenfalls ein solches Verzeichnis unter Heranziehung der Angaben der erwähnten Lagerbücher von 1543/44 erstellt[48]. Die daraus zu ermittelnden bevölkerungsstatistischen Informationen über die Zahl der Familien und Einwohner in den einzelnen Orten hat Johann Adam Kraus 1935 veröffentlicht[49]. Erfaßt werden in diesen Verzeichnissen die Familien, nicht die Haushalte, das heißt, es fehlt das Gesinde.

Der Multiplikationsfaktor, mit dem man die Zahl der Haushalte multiplizieren muß, um die Zahl der Gesamtbevölkerung (ohne Gesinde) zu erhalten, beträgt bei dem zollerischen Verzeichnis von 1548 unter Verwendung der Zahlenangaben von Kraus für alle Orte 4,5[50], bei dem Ottobeurer von 1564 unter Verwendung der Zahlenangaben von Dertsch 4,3, ebenfalls für alle Orte[51]. Der Faktor schwankt allerdings beträchtlich bei den einzelnen Orten und Siedlungsplätzen, nämlich zwischen 3,4 und 6,0 in der Grafschaft Zollern und zwischen 2,3 und 11,0 im Gebiet von Ottobeuren. In beiden Territorien treten die Extremwerte jeweils bei Weilern oder sogar Einzelhöfen auf[52].

Unklar ist, ob und wie die Personen gezählt wurden, die sich in einem anderen Ort als ihrem Heimatort aufhielten. Galten diese sämtlich als Ausleute? Oder sind unter diesem Begriff nur diejenigen zu verstehen, die auswärts einen selbständigen Haushalt führten? Sind

---

46 R. Dertsch, Das Einwohnerbuch des Ottobeurer Klosterstaates vom Jahre 1564 (Alte Allgäuer Geschlechter 34), Kempten 1955.

47 P. Blickle, Leibherrschaft als Instrument der Territorialpolitik im Allgäu. Grundlagen der Landeshoheit der Klöster Kempten und Ottobeuren, in: H. Haushofer und W. A. Boelcke (Hgg.), Wege und Forschungen der Agrargeschichte. Festschrift zum 65. Geburtstag von Günther Franz, Frankfurt/Main 1967, S. 51–66, hier S. 57 Anm. 31.

48 StA Sigmaringen Dep. 39 DH Rubrik 103 Nr. 9; zu nennen sind in diesem Zusammenhang auch die Leibeigenenverzeichnisse von Stetten (1543), Empfingen (1561) und der Herrschaft Wehrstein (1591) (StA Sigmaringen Dep. 39 DS Hft. Haigerloch Rubrik 103 Nr. 1); bei der Erneuerung der leibeigenen Leute in der Herrschaft Haigerloch (StA Sigmaringen Dep. 39 DS Hft. Haigerloch Rubrik 103 Nr. 2), bei der einzelne Einträge (z. B. Weildorf, fol. 41) eine Datierung in das Jahr 1548 nahelegen, handelt es sich offensichtlich um eine spätere Abschrift aus dem Leibeigenenverzeichnis von 1548, da aus diesem Verzeichnis auch Nachträge übernommen wurden, die in die sechziger Jahre des 16. Jahrhunderts zu datieren sind.

49 J. A. Kraus, Zollerisches Leibeigenenverzeichnis 1548, in: HohenzollerJHefte 2 (1935) S. 113–129.

50 6715 Personen in 1495 Familien. Aus der Veröffentlichung von Kraus geht nicht hervor, ob er bei seinen Zahlenangaben jeweils nur die aus den Hagenschen Lagerbüchern übernommenen Einträge berücksichtigt hat oder alle, also auch Nachträge und Ergänzungen, die meistens nicht sicher zu datieren und die teilweise sogar nur schwierig als solche zu erkennen sind. Eine stichprobenweise Überprüfung bei den Orten Wessingen (fol. 158) und Zimmern (fol. 161) legt nahe, daß er spätere Einträge nicht gezählt hat.

51 7597 Personen in 1768 Familien.

52 Hohenzollern: Hospach 27 Personen in 8 Familien; Bietenhausen 54 Personen in 9 Familien. – Ottobeuren: Hörlins 9 Personen in 4 Familien; Wetzlins 22 Personen in 2 Familien.

also diejenigen Personen ohne eigenen Haushalt, die als Handwerksgesellen auf Wanderschaft waren oder als Knechte und Mägde in anderen Gemeinden sich verdingt hatten, jeweils bei den Familien ihrer Eltern aufgeführt oder nicht? Mit anderen Worten: Handelt es sich um Verzeichnisse der ständigen Wohnbevölkerung, das heißt derjenigen Personen, die in den betreffenden Gemeinden ihren ständigen Wohnsitz hatten (allerdings ohne Knechte und Mägde, die von auswärts stammten), oder – was wahrscheinlicher ist – um Verzeichnisse der Stammsitzbevölkerung, das heißt derjenigen Personen, deren Familie ihren Wohnsitz in der betreffenden Gemeinde hatte (einschließlich derjenigen Personen, die sich auswärts in fremden Diensten befanden), wie es Karl-Otto Bull auch für die Bevölkerungsaufnahme im Hochstift Speyer von 1530 annimmt[53]?

IX

Während bei den zollerischen und Ottobeurer Verzeichnissen das Gesinde und andere vorübergehend in den einzelnen Orten sich aufhaltende Personen nicht erfaßt sind, ist eine Zusammenstellung der ortsanwesenden Bevölkerung aus der Reichsstadt Nördlingen überliefert, die aus dem Jahre 1459 stammt. Das Verzeichnis mit der Aufschrift *angeschriben von hawss ze hawss, wie viel lewt hie sind anno 59*, enthält straßenweise die Namen der Haushaltsvorstände, die Zahl ihrer im Haushalt wohnenden Familienangehörigen, Knechte und Mägde. Die Anzahl der Geistlichen ist bei den jeweiligen geistlichen Institutionen summarisch angegeben. Insgesamt werden 5305 Personen als Einwohner Nördlingens aufgeführt[54]. Da aus dem Jahr 1459 auch ein Steuerbuch in Nördlingen erhalten ist, das 1306 Einträge enthält, kann auch hier ein Verhältnisfaktor zwischen Bevölkerungszahl und Zahl der Steuerhaushalte ermittelt werden. Dieser beträgt 4,1[55].

Eine weitere Zusammenstellung der ortsanwesenden Bevölkerung (einschließlich von Fremden, etwa Tagelöhnern oder einem Spielmann, die sich in der Stadt aufhielten) ist aus dem Jahr 1586 für die Stadt Mergentheim erhalten[56]. Die Angehörigen des Deutschen Ordens sind darin nicht erfaßt. Der Verhältnisfaktor zwischen der Bevölkerungszahl von 1903 Personen und der Zahl der 372 Haushalte beträgt 5,1.

Nicht die gesamte Einwohnerschaft, sondern nur die Bürgerschaft ist in einem Verzeichnis aus der Schwarzwaldstadt Wildberg von 1626 zusammengestellt, einer *consignation unndt verzaichnuß aller jeniger burger allhie zu Wildberg, so uff ervolgten fürstlichen bevellch denn 4. Julii anno etc. 26 sampt weib und kindern auch jedes aller inventiert unnd uffgeschriben worden*[57]. Das Gesinde ist darin nicht aufgeführt. Der Verhältnisfaktor zwischen den 1319

53 K.-O. BULL, Die erste »Volkszählung« des deutschen Südwestens. Die Bevölkerung des Bistums Speyer um 1530, in: ZGORh 133 (1985) S. 337–362, hier S. 340, ND in diesem Band, S. 109–135, hier S. 113f.

54 F. DORNER, Die Steuern Nördlingens zu Ausgang des Mittelalters, Programm der k. Kreisrealschule Nürnberg II für das Schuljahr 1904/1905, Nürnberg 1905, S. 94.

55 Freundliche Mitteilung von Frau Dr. Ingrid Bátori, Vallendar.

56 M. BISKUP, Die Einwohnerverzeichnisse der Stadt Mergentheim aus dem 16. Jahrhundert, in: ZWürttLdG 44 (1985) S. 143–163, hier S. 153–163.

57 HStA Stuttgart A 573 Bü 7126.

aufgelisteten Einwohnern und den 336 Haushalten beträgt deshalb auch nur 3,9[58]. Auf dem Titelblatt steht die Bemerkung, viele junge Leute seien im Krieg, eine Bemerkung, die leider nicht eindeutig ist: Soll sie bedeuten, daß die Leute, die im Krieg sind, in der Zusammenstellung nicht erfaßt sind, daß diese also die ortsanwesende Bevölkerung ohne das Gesinde enthält, oder soll die Bemerkung – was wahrscheinlicher ist – bedeuten, daß ein Verzeichnis der Wohnbevölkerung (ohne Gesinde) oder der Stammsitzbevölkerung vorliegt, wozu bei der Wohnbevölkerung auch die Bürger gehören, die vorübergehend abwesend waren, und bei der Stammsitzbevölkerung zusätzlich die ortsabwesenden Bürgersöhne?

X

Rechnungen sind als bevölkerungsstatistische Quellen vor allem für die Untersuchung von Wanderungsbewegungen, also demographischer Prozesse, wichtig. So ermöglichen die Einträge in städtischen Rechnungen über die Zahlung des Bürgergeldes durch Neubürger beziehungsweise die des Abzugsgeldes durch Wegziehende, die Zu- und Abwanderung zu quantifizieren. Für die Untersuchung der Regionalstruktur können Rechnungen dann herangezogen werden, wenn darin Abgaben aufgeführt sind, die jede Person, jeder Haushalt oder jede Herdstätte einer Gemeinde zu entrichten hatte. In diesem Zusammenhang sind vor allem die sogenannten Rauchhennen zu nennen, die in vielen Orten der Herrschaft zu entrichten waren[59]. Bei der Auswertung der herrschaftlichen Einkünfte an Rauchhennen muß allerdings berücksichtigt werden, daß der Kreis der Abgabepflichtigen von Ort zu Ort anders definiert sein kann. Angaben hierzu finden sich häufig in den Rechnungen selbst, sonst ist man gezwungen, auf die Lagerbücher zurückzugreifen. Im württembergischen Amt Urach hatte beispielsweise in den meisten Orten, bei denen Rauchhennen erwähnt werden, *ain jedes haus, darinnen roch* (Rauch) *gehalten*, eine Rauchhenne zu geben, in Donnstetten jedoch *ain jedes haus, es werde darinnen roch gehalten oder nit*, in Gomadingen dagegen nur die *manns- und frawenpersonen, so nit leibaigen seinnd unnd roch halten*[60]. Hinzu kommt, daß einzelne Bevölkerungsgruppen von dieser Abgabe befreit sein konnten, im Amt Urach die *amptleuth unnd kinndtbetterna*, in Eberstadt, das zum württembergischen Amt Weinsberg gehörte, war *der schulltheiß sambt 12 richtern, meßnern und schitzen deren frei*[61].

XI

Bereits 1897 schrieb Walter Troeltsch in seinem Werk über die Calwer Zeughandelskompagnie und ihre Arbeiter: »Württemberg besitzt in seinen über den dreissigjährigen Krieg zurückreichenden jährlichen Berichten der geistlichen Visitationsbehörden ein bevölkerungsstatistisches Material wie kaum ein anderes Land zur gleichen Zeit. Während die staatlichen

---

58 J. MANTEL, Wildberg. Eine Studie zur wirtschaftlichen und sozialen Entwicklung der Stadt von der Mitte des sechzehnten bis zur Mitte des achtzehnten Jahrhunderts (VeröffKommGeschtlLdKdeBadWürtt B 80), Stuttgart 1974, S. 9.
59 Freundlicher Hinweis von Herrn Hanspeter Müller, Empfingen.
60 HStA Stuttgart A 302, Bd. 12999 (Amtsrechnung Urach 1573/74).
61 HStA Stuttgart A 302 Bd. 12999 S. 329; A 302 Bd. 13856 (Kellereirechnung Weinsberg 1609/10) fol. 163.

Seelenregister erst mit dem Jahr 1758 beginnen, enthalten die Relationen der Spezialsuperintendenten über den Zustand der einzelnen Diözesen schon seit 1585 Angaben über die Kommunikanten, d.h. die konfirmierte evangelische Bevölkerung, dann seit 1601 auch über die Katechumenen, d.h. die im Katechismus unterrichtete, also die Schule besuchende Jugend in den einzelnen Pfarreien und Diözesen, meist freilich in runden unsicheren Schätzungen, mit vielfachen Irrtümern, die eine Verwendung derselben noch sehr erschweren. Seit dem Ende des 30jährigen Kriegs mit wiederbeginnender Sesshaftigkeit der Bevölkerung werden die Daten genauer, sie umfassen seit 1653 auch die Infantes, d.h. die noch nicht zur Schule gehende Bevölkerung, so dass sich jetzt bereits unmittelbar die ganze evangelische Bevölkerung ersehen lässt«[62].

Visitationsprotokolle gibt es seit der zweiten Hälfte des 16. Jahrhunderts nicht nur in Württemberg, sondern sie sind auch für eine ganze Reihe weiterer südwestdeutscher Territorien überliefert, zumeist mit Angaben über die Zahl der Kommunikanten. Seit neuestem gibt es sogar Inventare über die erhaltenen südwestdeutschen Kirchenvisitationsakten[63].

Peter Thaddäus Lang hat jüngst noch einmal auf die Schwierigkeiten bei der Benutzung der in den Visitationsprotokollen genannten Kommunikantenzahlen für demographische Fragestellungen hingewiesen[64]. Zum einen werde nicht immer deutlich, ob der Pfarrer nur die Kommunikanten der Pfarrkirche oder auch noch diejenigen der Filialorte meine, zum anderen seien die Zahlen, wie schon Troeltsch festgestellt hat, häufig nur grob geschätzt, außerdem würden manche Pfarrer die Zahl derjenigen verschweigen, die nicht zum Abendmahl gingen. Die Zahl der Kinder macht nach Lang, der württembergische Beispiele aus der Zeit nach dem Dreißigjährigen Krieg herangezogen hat, ungefähr 15–20 % der Gesamteinwohnerschaft aus, die Zahl der Kommunikanten ist also mit dem Faktor 1,18–1,25 zu multiplizieren, um zumindest eine ungefähre Zahl der jeweiligen ortsanwesenden Bevölkerung zu erhalten. Dabei sind allerdings Juden und andersgläubige Christen nicht berücksichtigt.

XII

Am 13. Juni 1598 befahl Herzog Friedrich I. von Württemberg seinen Amtleuten, ihm zu berichten, *wievil dorffer, flecken, weiler, höff und mühlinen inn ewer amptsverwaltung gehörig, wie selbige und deren jedes insonderheit mit nammen heyße, wievil auch burger und inwohner jetziger zeit in den amptstatt und jedem darein gehorigen dorff, flecken, weiler, hoff und mühlin won- und seßhaft seyen*[65]. Diese erste württembergische Landesstatistik hat Meinrad Schaab bereits ausführlich vorgestellt, so daß an dieser Stelle eine Zusammenfassung von Schaabs Ergebnissen genügt: Die Amtleute berichteten keine absoluten Bevölkerungszahlen, sondern lediglich die Zahlen der Haushalte. Außerdem war offensichtlich vielen nicht

62 W. TROELTSCH, Die Calwer Zeughandelskompagnie und ihre Arbeiter. Studien zur Gewerbe- und Sozialgeschichte Altwürttembergs, Jena 1897, S. 394–395.

63 Repertorium der Kirchenvisitationsakten aus dem 16. und 17. Jahrhundert in Archiven der Bundesrepublik Deutschland, hg. von E. W. ZEEDEN in Verbindung mit P. Th. LANG, Chr. REINHARDT, H. SCHNABEL-SCHÜLE, 2: Baden-Württemberg, 2 Teilbände, Stuttgart 1984 und 1987.

64 P. Th. LANG, Die Kirchenvisitationsakten des 16. Jahrhunderts und ihr Quellenwert, in: RottenbJbKirchenG 6 (1987) S. 133–153, hier S. 138–139.

65 HStA Stuttgart A 4 Bü 4.

klar, was unter *burger und inwohner* gemeint war. In den Berichten ist, so Schaab, »in wirrem Durcheinander« von Bürgern, Einwohnern und Mannschaft die Rede, Witwen und erwachsene Söhne sind manchmal miteingerechnet, fehlen aber auch gelegentlich, dafür kann dann die Zahl der Knechte noch mitangegeben worden sein. Mit Schaab bleibt festzuhalten, daß trotz aller Kritik der Wert der Zählung von 1598 darin besteht, »daß für jeden Ort des Herzogtums eine Zahl genannt ist und daß es theoretisch möglich sein müßte, bei einer Aufarbeitung nach Ämtern dahinter zu kommen, was jeweils gemeint war«[66].

Die Zahlen der Bevölkerungserhebung von 1598 fanden im übrigen Aufnahme in das Landbuch des Renovators Johannes Öttinger von 1623/24[67]. Auch in anderen Territorien wurden offensichtlich um 1600 solche Landbücher, das heißt statistische Beschreibungen eines Territoriums, angelegt. Das Staatsarchiv Ludwigsburg verwahrt eine solche Beschreibung des Deutschordensmeistertums Mergentheim aus dem Jahre 1604[68]. Diese Beschreibung wurde von dem Mergentheimer Statthalter Johann Ulrich von Raitenau verfaßt, und zwar, wie der Eintrag über Neckarsulm nahelegt[69], als Protokoll über eine Visitationsreise. Sie enthält zu den einzelnen Orten zumindest teilweise bevölkerungsstatistische Angaben, genauer: Zahl der Mannschaft, der Häuser, der Leibeigenen, der Juden oder der Untertanen.

XIII

Nach dieser Vorstellung einzelner Quellengattungen zur bevölkerungsstatistischen Regionalstruktur des schwäbisch-fränkischen Raums im Spätmittelalter und der frühen Neuzeit seien abschließend noch einige zusammenfassende Thesen aufgestellt:

1. Es gibt eine Vielzahl von Quellen, die jedoch nur in den seltensten Fällen Angaben zur Gesamtbevölkerung bieten, sondern meistens lediglich Angaben zur Haushaltszahl.

2. Diese Quellen erlauben in der Regel Rückschlüsse auf die Zahl folgender Bevölkerungsarten, zwischen denen die moderne Statistikwissenschaft unterscheidet:
- ortsanwesende Bevölkerung, das heißt die Personen, die sich zu einem bestimmten Zeitpunkt in einem bestimmten Ort aufhielten;
- Wohnbevölkerung, das heißt die Bevölkerung, die sich dauernd in dem betreffenden Ort aufhielt, also Bürger, Beisitzer, Gesinde;
- wohnberechtigte Bevölkerung, das heißt die Wohnbevölkerung und zusätzlich diejenigen Familien und Personen, die zwar ihr Bürgerrecht in der betreffenden Gemeinde hatten, aber in einer anderen Gemeinde wohnten;

---

66 Schaab (wie Anm. 4) S. 91–93; vgl. G. Mehring, Württembergische Volkszählungen im 17. Jahrhundert, in: WürttJbbStatLdKde 1919/20, S. 313–318, hier S. 316.
67 Mehring (wie Anm. 66) S. 315.
68 StA Ludwigsburg B 324 Bü 275: *Description deß hauses Mergentheim und aller anderer cammerheuser mit iren zugehorungen de anno 1604 durch den hochehrwürdigen undt wolgebornen herren Johann Ulrichen edlen herren uff Raytenaw, der hochfürstlichen durchlaucht ertzherzogen Maximiliani zu Österreich administratoris und meisterß teutsch-ordens rath, cammerern und statthaltern zu Mergentheimb, teutsch-ordens rittern, colligiert und zusamengetragen.*
69 StA Ludwigsburg B 324 Bü 275 fol. 110.

– Stammsitzbevölkerung, das heißt diejenigen Personen, deren Familien in der betreffenden Gemeinde wohnten. Eingeschlossen sind dabei diejenigen Bürgersöhne, die sich zum Beispiel als Knechte in anderen Gemeinden aufhielten.

3. Die aus der modernen Statistikwissenschaft übernommene Differenzierung der Bevölkerungsarten sollte auch in der historischen Demographie stärker beachtet und angewandt werden als bisher, nicht zuletzt bei Vergleichen von Angaben aus unterschiedlichen Quellen.

4. Zusätzlich sollte, da Angaben über das Gesinde in den Quellen relativ selten sind, der Begriff »verbürgerte Wohnbevölkerung« eingeführt werden, unter der die Wohnbevölkerung (einschließlich der Beisitzer) ohne das Gesinde verstanden werden soll.

5. Um auch Angaben von Quellen vergleichen zu können, die nicht dieselben Bezugsgrößen haben, müssen die Zahlen dieser Quellen auf einen gemeinsamen Nenner gebracht werden. Hier bietet sich die Zahl der jeweiligen Gesamtbevölkerung an, wobei man sich wiederum Rechenschaft geben muß, welche Art von Bevölkerung zugrunde gelegt werden soll. In Frage kommen insbesondere die ortsanwesende Bevölkerung, die Wohnbevölkerung, die verbürgerte Wohnbevölkerung und die Stammsitzbevölkerung.

6. Eine Hochrechnung von der Zahl der Haushalte, Musterungspflichtigen oder Feuerstätten auf die Gesamtbevölkerungszahl erscheint allerdings für einzelne Orte angesichts der breiten Streuung empirisch festgestellter Multiplikationsfaktoren fragwürdig. Wie die zollerischen Zahlen von 1548 (Faktor 4,5), die Ottobeurer Zahlen von 1564 (Faktor 4,3) sowie, außerhalb des hier behandelten Raums, die Zahlen der speyerischen »Volkszählung« von 1530 (Faktor 4,2[70]) und Salemer Zahlen von 1578 und 1594 (Faktor 4,3 beziehungsweise 4,5[71]) zeigen, kann bei größeren Gebietseinheiten wohl von einem Faktor zwischen 4,2 und 4,5 ausgegangen werden, um aus der Zahl der Haushalte die der Stammsitzbevölkerung zu erhalten. Für die ortsanwesende Bevölkerung gibt es zu wenig Quellen, um einen für größere Gebietseinheiten gültigen Multiplikationsfaktor ermitteln zu können. Die für die Städte Mergentheim und Nördlingen gefundenen Werte sind zu verschieden, als daß man sie verallgemeinern dürfte.

7. Eine Gruppe von Personen, die im Spätmittelalter und der frühen Neuzeit auch zahlenmäßig eine gewisse Rolle spielten, ist in den Quellen praktisch überhaupt nicht quantifizierbar festzustellen: die fahrenden Leute, die Bettler, Gaukler, Spielleute, die von Ort zu Ort zogen.

---

70 BULL (wie Anm. 53) S. 342, 349 (ND S. 114); M. SCHAAB und K. ANDERMANN, Leibeigenschaft der Einwohner des Hochstifts Speyer 1530, in: HistAtlasBadWürtt IX,4, 1978, S. 8, haben ausgehend von den nach Bull fehlerhaften Summen der Quelle einen Faktor von 4,4 ermittelt.
71 P. BOHL, Quellen zur Bevölkerungsgeschichte des ländlichen Raumes am Bodensee im 16. Jahrhundert, in: diesem Band, S. 47–63.

Quellen zur Bevölkerungsgeschichte des ländlichen Raumes am Bodensee im 16. Jahrhundert

VON PETER BOHL

Das hier zu behandelnde Thema greift Probleme und Forschungsansätze der modernen Geschichtswissenschaft auf, die in den letzten Jahren bei Sozial- und Wirtschaftshistorikern großes Interesse gefunden und für das 17. und 18. Jahrhundert beachtliche Resultate hervorgebracht haben[1]. Für die Erforschung der Bevölkerungsgeschichte Mitteleuropas kristallisieren sich zwei zeitliche und räumliche Schwerpunkte heraus: zum einen die von den Mediävisten schon im 19. Jahrhundert begonnene und heute durch die spätmittelalterliche Stadtgeschichtsforschung fortgesetzte Untersuchung von städtischen Populationen im 14. und 15. Jahrhundert[2], zum anderen die durch französische[3] und englische[4] Vorbilder initiierten Projekte zur Untersu-

---

1 An dieser Stelle kann nur eine kleine Auswahl der in den letzten Jahren erschienenen demographischen Arbeiten genannt werden: A. E. IMHOF, Historische Demographie als Sozialgeschichte. Gießen und Umgebung vom 17. zum 18. Jahrhundert (QForschHessG 31), 2 Bde., Darmstadt und Marburg 1975; S. BUCHER, Bevölkerung und Wirtschaft des Amtes Entlebuch im 18. Jahrhundert. Eine Regionalstudie als Beitrag zur Sozial- und Wirtschaftsgeschichte der Schweiz im Ancien Régime (LuzernHistVeröff 1), Luzern 1974; H. R. BURRI, Die Bevölkerung Luzerns im 18. und frühen 19. Jahrhundert. Demographie und Schichtung einer Schweizer Stadt im Ancien Régime (LuzernHistVeröff 3), Luzern 1975; Th. KOHL, Familie und soziale Schichtung. Zur historischen Demographie Triers 1730–1860 (IndustrWelt 39), Stuttgart 1985; W. NORDEN, Eine Bevölkerung in der Krise. Historisch-demographische Untersuchungen zur Biographie einer norddeutschen Küstenregion, Butjadingen 1600–1850 (VeröffHistKommNiedersachsenBremen 11), Hildesheim 1984; W. G. RÖDEL, Mainz und seine Bevölkerung im 17. und 18. Jahrhundert. Demographische Entwicklung, Lebensverhältnisse und soziale Schichtung in einer geistlichen Residenzstadt (GeschichtlLdKde 28), Wiesbaden 1985; P. ZSCHUNKE, Konfession und Alltag in Oppenheim. Beiträge zur Geschichte von Bevölkerung und Gesellschaft einer gemischtkonfessionellen Kleinstadt in der frühen Neuzeit (VeröffInstEuropG 115), Wiesbaden 1984.
2 Ende des 19. Jahrhunderts: K. BÜCHER, Die Bevölkerung von Frankfurt am Main im XIV. und XV. Jahrhundert, Tübingen 1886; I. JASTROW, Die Volkszahl deutscher Städte zu Ende des Mittelalters und zu Beginn der Neuzeit. Ein Überblick über Stand und Mittel der Forschung, Berlin 1886. Für die moderne Stadtgeschichtsforschung: I. BÁTORI und E. WEYRAUCH, Die bürgerliche Elite der Stadt Kitzingen. Studien zur Sozial- und Wirtschaftsgeschichte einer landesherrlichen Stadt im 16. Jahrhundert (SpätMAFrüheNZt 11), Stuttgart 1982; P. J. SCHULER, Die Bevölkerungsstruktur der Stadt Freiburg i. Br. im Spätmittelalter, in: W. EHBRECHT (Hg.), Voraussetzungen und Methoden geschichtlicher Städteforschung (Städteforsch A 7), Köln und Wien 1979, S. 139–176.
3 Vgl. u. a. M. FLEURY et L. HENRY, Nouveau manuel de dépouillement et d'exploitation de l'état civil ancien, Paris 1965; E. GAUTIER et L. HENRY, La population de Crulai paroisse normande. Etude historique (Institut National d'Etudes Démographiques, Travaux et Documents 33), Paris 1958.
4 Vgl. u. a. D. V. GLASS, Population policies and movements in Europe, London 1940; D. V. GLASS and D. E. C. EVERSLEY, Population in History. Essays in Historical Demography, London 1965;

chung der demographischen Verhältnisse in Stadt und Land im 17. und 18. Jahrhundert. Ging es bei den Arbeiten zur mittelalterlichen Bevölkerungsgeschichte zuerst darum, die Einwohnerzahlen von Städten zu verschiedenen Zeiten und ihre Entwicklung zu ermitteln, so stehen bei der frühneuzeitlichen Demographie nicht so sehr die Bevölkerungsgröße als vielmehr die Determinanten ihrer Entwicklung im Vordergrund. Beide Forschungsrichtungen können oder müssen gezwungenermaßen in der Regel in ihrem Aussagewert und ihrer Aussagefähigkeit unterschiedliches Quellenmaterial zugrunde legen, das wiederum in seiner Handhabung differierende methodische Vorgehensweisen erfordert[5].

Im Titel dieses Beitrags wurde bewußt auf Begriffe wie »Bevölkerungsstatistik« und »bevölkerungsstatistisch« verzichtet, da diese implizit eine Einengung auf bestimmte Quellengruppen, nämlich auf solche, die quantifizierbar scheinen, bedeutet hätte. Zudem ist fragwürdig, inwieweit Erhebungen aus vorstatistischer Zeit, die nicht nach theoretischen und methodischen Grundsätzen der Statistik angelegt worden sind, als statistisch bezeichnet werden dürfen. Denn erst nach eingehender Quellenkritik und zum Teil erst nach einschneidenden Manipulationen an ihren Informationen können sie als statistische Quellen verwendet werden. Das statistische Zeitalter beginnt in Europa mit wenigen Ausnahmen erst im 19. Jahrhundert[6]. Diese Prämisse für die Bearbeitung mittelalterlicher und frühneuzeitlicher quantifizierbarer Quellen ist meines Erachtens wichtig, um einen diesen Quellen adäquaten methodischen Zugang zu gewährleisten und um die aus der Analyse und Interpretation gewonnenen Ergebnisse mit der notwendigen kritischen Distanz darzulegen. Stets muß man sich der Gefahr bewußt sein, die von der Entdeckerfreude ausgeht, und darf die Skepsis gegenüber dem, was die Quellen ermöglichen – und was sie nicht ermöglichen – nicht verlieren.

Die Formulierung »Quellen zur Bevölkerungsgeschichte« wurde gewählt, um auch nicht quantifizierbare Quellen, wie Chroniken, Berichte, bäuerliche Klagen und anderes, was über bevölkerungsgeschichtlich relevante Verhältnisse und Ereignisse Auskunft gibt, einbringen zu können. Grundsätzlich ist festzuhalten, daß die alleinige Angabe von Zahlen zur Bevölkerungsgröße und ihrer zeitlichen Entwicklung ein schiefes, unvollständiges, widersprüchliches und nur

E. A. WRIGLEY, An indroduction to English historical demography from the sixteenth to the nineteenth century, London 1966. Zur Geschichte der historischen Demographie vgl. A. E. IMHOF, Einführung in die historische Demographie, München 1977, S. 9–35.

5 Vgl. für die mittelalterliche Bevölkerungsgeschichte: D. HERLIHY, Outline of Population Developments in the Middle Ages, in: B. HERMANN und R. SPRANDEL (Hgg.), Determinanten der Bevölkerungsentwicklung im Mittelalter, Weinheim 1987, S. 1–23; R. SPRANDEL, Grundlinien einer mittelalterlichen Bevölkerungsentwicklung. Anmerkungen zu den »Outlines of Population Developments in the Middle Ages« von David Herlihy aus mitteleuropäischer Sicht, in: ebenda S. 25–35. Zur Demographie der frühen Neuzeit vor allem IMHOF, Historische Demographie als Sozialgeschichte (wie Anm. 1); A. E. IMHOF, Bevölkerungsgeschichte und historische Demographie, in: R. RÜRUP (Hg.), Historische Sozialwissenschaft. Beiträge zur Einführung in die Forschungspraxis, Göttingen 1977, S. 16–58.

6 H. RÜSCH, Lebensverhältnisse in einem frühen schweizerischen Industriegebiet. Sozialgeschichtliche Studie über die Gemeinden Trogen, Rehetobel, Wald, Geis, Speicher und Wolfhalden des Kantons Appenzell Außerrhoden im 18. und 19. Jahrhundert, 2 Bde., Basel 1979, S. 206. Nicht mit rein statistischen Zielsetzungen, sondern eher aus verwaltungstechnischen Gründen wurden auch im Ancien Régime Bevölkerungserhebungen vorgenommen. Für die Scheu, Volkszählungen durchführen zu lassen, kann ein religiöses Tabu ausschlaggebend gewesen sein: Nach 2. Samuel 24 strafte Gott die Zählung der Wehrfähigen Israels durch König David mit einer Plage.

schwer verständliches Bild der demographischen Verhältnisse vermittelt; erst das Aufeinander-
beziehen der verschiedenen Quellengruppen – bei allen damit auftretenden methodischen
Problemen – läßt mehr Licht auf das demographische Gefüge vergangener Zeiten fallen.

Der behandelte Raum umfaßt Landschaften und Territorien, die rund um den Bodensee
liegen, sowohl deutsches als auch schweizerisches Gebiet; Vorarlberg mußte aufgrund fehlender
einschlägiger Publikationen ausgeklammert bleiben. Eine weitere räumliche Einschränkung
bedeutet die Vernachlässigung bevölkerungsgeschichtlicher Quellen aus den hier besonders dicht
beieinanderliegenden Reichsstädten; für sie liegen unter anderem in den jeweiligen Städtebü-
chern[7] Zahlen zur Bevölkerungsentwicklung vor. Im Vordergrund stehen Quellen, die Angaben
zu den ländlichen, dörflichen Verhältnissen liefern, daneben sollen gelegentlich auch Klein- und
Ackerbürgerstädte wie Stockach und Engen einbezogen werden. Diese Auswahl wurde vor
allem unter dem Gesichtspunkt getroffen, daß im Spätmittelalter und in der Frühneuzeit noch
über 80 % der Bevölkerung auf dem Land lebte[8]. Aber gerade die ländliche Bevölkerung läßt
sich quantitativ häufig nur schwer fassen. Aufgrund der territorialen Zersplitterung des Bodenseeraumes fehlen Zählungen und Erhebungen für größere, geschlossene Gebiete, und nur für
wenige sind bevölkerungsgeschichtliche Daten über mehrere Jahrzehnte hinweg überliefert.

Der zeitliche Rahmen wird bestimmt durch die vorhandenen Quellen, die nur in Ausnahmefällen bis ins 15. Jahrhundert zurückreichen, so daß qualifizierte Aussagen zu den demographischen Verhältnissen am Ausgang des Mittelalters im Bodenseeraum nur vereinzelt gemacht
werden können. Das Schwergewicht wird im 16. Jahrhundert liegen, wobei zum Teil auch
Quellen bis zum Beginn des Dreißigjährigen Krieges vorgestellt werden, da erst mit ihm und
seinen Folgen ein tiefgreifender Einschnitt in die Bevölkerungsgeschichte erfolgte.

Welche Quellen und Territorien kommen hier in Betracht? Die wohl dichteste Überlieferung
an quantifizierbarem Material zur Bevölkerungsgeschichte aus der Zeit vom Ende des 15. bis
zum Anfang des 17. Jahrhunderts steht für das Gebiet des Zisterzienserklosters Salem zur
Verfügung[9]. An dieser Überlieferung wird das Spektrum der Quellen sichtbar. Aber ebenso
wird deutlich, welche methodischen Probleme mit der Auswertung dieser Quellen verbunden
sein können[10]. Anhand des Hofjüngerverzeichnisses[11] (Leibeigenenverzeichnis) der Dompropstei Konstanz für das nordwestlich des Bodensees gelegene Dorf Raithaslach, anhand des
Singener Urbars von 1555 und des Lagerbuchs für Hohentwiel–Singen–Worblingen von 1562[12]

---

7 E. KEYSER (Hg.), Badisches Städtebuch (DtStädtebuch 4,2), Stuttgart 1959; E. KEYSER (Hg.),
Württembergisches Städtebuch (DtStädtebuch 4,2), Stuttgart 1962.
8 Vgl. C. M. CIPOLLA und K. BORCHARDT (Hgg.), Bevölkerungsgeschichte Europas, München
1971, S. 82.
9 Zum Teil ausgewertet von H. BAIER, Zur Bevölkerungs- und Vermögensstatistik des Salemer
Gebiets im 16. und 17. Jahrhundert, in: ZGORh 68 (1914) S. 196–216; die Akten befinden sich im
GLA Karlsruhe, Abt. 98 (Salemer Akten).
10 Vgl. BAIER (wie Anm. 9) S. 196ff.; D. W. SABEAN, Landbesitz und Gesellschaft am Vorabend
des Bauernkriegs. Eine Studie der sozialen Verhältnisse im südlichen Oberschwaben in den Jahren
vor 1525 (QForschAgrarg 26), Stuttgart 1972, S. 37f. und S. 128 Anm. 12.
11 GLA Karlsruhe 229/84039.
12 M. MILLER (Bearb.), Das Hohentwiel-Lagerbuch von 1562 und weitere Quellen über die
Grundherrschaft und das Dorf Singen (VeröffKommGeschichtlLdKdeBadWürtt A 20), Stuttgart
1968.

wird auf den Informationsgehalt und die methodischen Eigenheiten dieser Quellengruppen eingegangen. Um zu verdeutlichen, daß mit Hilfe der Verbindung von quantifizierbaren und erzählenden Quellen die demographischen Verhältnisse genauer beschrieben werden können, wird kurz auf Passagen der Zimmerischen Chronik[13] und auf die Artikel der Stühlinger Bauern von 1525[14] eingegangen. Eine Quellenart, die kurz vor Beginn des Dreißigjährigen Krieges angefertigt wurde und für ein größeres Gebiet Auskunft zu bevölkerungsgeschichtlichen Fragen gibt, sind die Musterungslisten[15]. Für Oberschwaben sollen exemplarisch die Quellen zur Bevölkerungsgeschichte der kleinen Herrschaft Montfort-Tettnang, nördlich des Bodensees, aus dem Spätmittelalter und aus dem 16. Jahrhundert[16] vorgestellt werden. Anmerkungen zu schweizerischen Quellen und ihren methodischen Problemen wurden den Arbeiten von Hanspeter Rüsch zu Appenzell Außerrhoden[17], Markus Schürmann zu Appenzell Innerrhoden[18] und Ernest Menolfi zu Toggenburg im Kanton Thurgau[19] entnommen.

Die umfangreichsten quantifizierbaren Quellen zur Bevölkerungsgeschichte einer Herrschaft im Bodenseeraum stammen für das 16. Jahrhundert von der Reichsabtei Salem[20]. Berücksichtigt werden darin aber nur Dörfer und Weiler, die in nächster Nähe des Klosters im Linzgau liegen und verwaltungsmäßig zum »Pfisteramt«[21] beziehungsweise – diese Bezeichnung findet synonym Verwendung – zu den »Gerichten unter den Bergen« gehörten. Dieser Verwaltungsbezirk umfaßte je nach den Kriterien der Erhebung zwischen 25 und 42 Orte – Einzelhöfe, Weiler und Dörfer – von unterschiedlicher Größe[22]. Die Abweichungen ergeben sich durch die Subsumtion einzelner Höfe oder kleiner Weiler unter die benachbarten größeren Gemeinden. Die bedeutendsten Gemeinden des Salemer Gebiets waren: Bermatin-

13 Zimmerische Chronik, nach der von K. BARACK besorgten 2. Ausgabe hg. von P. HERRMANN, 4 Bde., Meersburg und Leipzig 1932.
14 G. FRANZ (Hg.), Quellen zur Geschichte des Bauernkrieges (AusgewQDtGNZt 2), Darmstadt 1963.
15 Für die Landgrafschaft Nellenburg: Musterungsregister 1615/16 HStA Stuttgart B 51, Bü 37, und für Salem: Musterung aller Untertanen des Klosters Salem 1618, GLA Karlsruhe 98/1618.
16 Vgl. V. ERNST, Geschichte des Oberamts Tettnang, in: Oberamtsbeschreibung Tettnang, Stuttgart 1915.
17 RÜSCH (wie Anm. 6).
18 M. SCHÜRMANN, Bevölkerung, Wirtschaft und Gesellschaft in Appenzell Innerrhoden im 18. und frühen 19. Jahrhundert, Appenzell 1974.
19 E. MENOLFI, Sanktgallische Untertanen im Thurgau. Eine sozialgeschichtliche Untersuchung über die Herrschaft Bürgeln (TG) im 17. und 18. Jahrhundert (StGallenKulturG 9), St. Gallen 1980.
20 An neueren Arbeiten zur Geschichte des Klosters Salem in Auswahl: W. RÖSENER, Reichsabtei Salem. Verfassungs- und Wirtschaftsgeschichte des Zisterzienserklosters von der Gründung bis zur Mitte des 14. Jahrhunderts (VortrrForsch Sonderband 13), Sigmaringen 1974; W. RÖSENER, Die Entwicklung des Zisterzienserklosters Salem im Spannungsfeld von normativer Zielsetzung und gesellschaftlicher Anpassung während des 12. bis 14. Jahrhunderts, in: ZGORh 133 (1985) S. 43–65; H. AMMANN, Das Kloster Salem in der Wirtschaft des ausgehenden Mittelalters, in: ZGORh 110 (1962) S. 370–404; C. SCHOTT, Armenfürsorge, Bettelwesen und Vagantenbekämpfung in der Reichsabtei Salem (VeröffAlemannInstFreiburg i.Br. 41), Bühl/Baden 1978; R. SCHNEIDER (Hg.), Salem 850 Jahre Reichsabtei und Schloß, Konstanz 1984.
21 Vgl. RÖSENER, Reichsabtei Salem (wie Anm. 20) S. 154f.
22 Vgl. BAIER (wie Anm. 9) S. 197ff.

gen, Mimmenhausen, Neufrach, Oberuhldingen, Owingen, Tüfingen und Weildorf, die Ende des 16. Jahrhunderts über 200 Einwohner zählten[23].

Die erste Quelle, aus der Zahlen zur Bevölkerungsgröße einzelner Orte gewonnen werden können, ist eine Steuerliste von 1488[24], in der die nach Salem Reissteuerpflichtigen für jede Gemeinde namentlich aufgeführt werden. Weitere Verzeichnisse der Reissteuerpflichtigen, um zuerst einmal nur von dieser Quellengruppe zu reden, sind für die Jahre 1493, 1501, 1505, 1506[25] und 1516 bis 1520[26] angelegt worden. Für 1557 und 1566 sind Türkensteuerregister[27] erhalten. Betrachtet man jedes Verzeichnis für sich, erscheint sein Informationsgehalt sehr begrenzt: Es werden nur die Namen, Wohnorte und die Steuerbeträge der Steuerpflichtigen genannt. Zählt man nun einfach numerisch aus, wie viele Steuerpflichtige pro Ort aufgeführt werden, so würde das dem Vorgehen von Hermann Baier in seinem Beitrag zur Bevölkerungs- und Vermögensstatistik des Salemer Gebiets im 16. und 17. Jahrhundert[28] entsprechen. Daraus entsteht dann ein sprödes Zahlengerüst der Steuerpflichtigen pro Ort und Jahr[29], das keine weiterreichende und erklärende Interpretation der Bevölkerungsgeschichte zuläßt. Der von Baier vorgenommene Vergleich der Entwicklung der Steuerpflichtigenzahlen pro Ort für die Jahre 1488, 1505, 1557 und 1566 und seine daraus gewonnenen Einschätzungen und Schlußfolgerungen können auf dem Hintergrund des heutigen methodischen Standards nicht mehr befriedigen.

Voraussetzung für eine genauere Auswertung solcher Quellen ist, daß der Bearbeiter sich klarmacht, worin sein Erkenntnisinteresse liegt, welche Fragestellungen er hat und wie er methodisch und arbeitstechnisch an das Material herangehen will. Um keine bösen Überraschungen zu erleben, ist es dabei notwendig, Entstehungszweck und Informationsgehalt der Quelle zu ermitteln. Für die Salemer Reissteuer- und Türkensteuerverzeichnisse heißt das, sich nicht nur die quantifizierbaren Aktenstücke vorzunehmen, sondern auch diejenigen, welche die rechtlichen Voraussetzungen und die Grundsätze der Erhebung enthalten und den erfaßten Personenkreis erläutern[30]. Obgleich es an sich eine Selbstverständlichkeit sein sollte, daß man angibt, welcher Personenkreis in ein Verzeichnis aufgenommen wurde und welcher nicht, soll dies hier nochmals betont werden. So ist es wichtig zu wissen, daß in den Reisgeldregistern des Klosters nicht nur die Salemer Eigenleute aufgeführt werden, sondern auch Leute anderer Herrschaften, sofern sie in Gemeinden lebten, in denen Salem Niedergerichtsherr war[31]. Hätte Baier sich darüber kundig gemacht, welche Veranlagungskriterien den

---

23 Zur Erwerbungsgeschichte der Salemer Dörfer und zu den Formen des Besitzes und ihrer Verwaltung Rösener, Reichsabtei Salem (wie Anm. 20) S. 92–128 und 188–241.
24 GLA Karlsruhe 98/2006–2007.
25 GLA Karlsruhe 98/2007.
26 GLA Karlsruhe 98/2011.
27 GLA Karlsruhe 98/2018–2020.
28 Baier (wie Anm. 9).
29 Baier (wie Anm. 9) S. 197.
30 Für das Kloster Salem sind dies vor allem im GLA Karlsruhe 98/2003: Steuerwesen der Abtei Salem (1457–1764) und 98/2006: Veranlagung der Salemer Untertanen (1488–18. Jahrhundert).
31 Vgl. G. Goetz, Niedere Gerichtsherrschaft und Grafengewalt im badischen Linzgau während des ausgehenden Mittelalters (UntersDtStaatsRG 121), Breslau 1913, S. 40ff.; Rösener, Reichsabtei Salem (wie Anm. 20) S. 100f.: »Im Laufe des 14. und 15. Jahrhunderts wurde es im Linzgau zum feststehenden Grundsatz, daß jeder Niedergerichtsherr berechtigt war, seine Gerichtsuntertanen zu

verschiedenen Erhebungen zugrunde lagen, wären seine Zweifel an der Zuverlässigkeit und Vollständigkeit verschiedener Verzeichnisse weniger zwingend gewesen[32]. Aufgrund der schwierigen und sich vielfach überlagernden rechtlichen und herrschaftlichen Verhältnisse in diesem Raum ist es unabdingbar, zu ermitteln, in welcher Funktion und zu welchem Zweck eine Herrschaft ein Register anfertigen ließ. Das Urteil, eine Erhebung sei unzuverlässig und unvollständig, kann erst nach eingehender Quellenkritik gefällt werden, wobei sowohl immanente als auch externe Elemente berücksichtigt werden müssen. In Zweifelsfällen scheint es daher bis zum Beweis des Gegenteils angebracht, von der Zuverlässigkeit der Quelle auszugehen.

Um beispielsweise die Vollständigkeit der Salemer Reisgeldregister von 1488 bis 1520 zu überprüfen, muß auch auf andere Überlieferungen zurückgegriffen werden. Dazu können Güterleiheurkunden für die einzelnen Orte[33], Beraine[34] und Verzeichnisse der huldigenden Einwohner[35] herangezogen werden. Ein weiteres Problem, die Einwohnerschaft zu ermitteln, ergibt sich aus der Möglichkeit, daß außer Salem noch andere Herrschaften Rechte in einem Ort hatten, so daß auch die jeweiligen Rechts- und Herrschaftsverhältnisse zu klären sind. So läßt sich zum Beispiel die Zahl der Steuerpflichtigen beziehungsweise Einwohner des Dorfes Urnau im Deggenhausertal nicht allein mit Hilfe der Salemer Quellen bestimmen, denn ein Teil des Dorfes gehörte hoch- und niedergerichtlich zur Landvogtei Weingarten, grundherr- lich unterstanden zwei Güter Weingarten, zwei St. Stephan in Konstanz und ein Hof einem Junker von Ravensburg, die Hälfte des Zehnten bezog das Domkapitel Konstanz[36]. Alle diese Faktoren müssen miteinbezogen werden, wenn man einen synchronen Vergleich der Bevölke- rung verschiedener Gemeinden vornimmt. Die aufgezeigten Probleme werden vermehrt, wenn bevölkerungsgeschichtliche Daten, die in verschiedenen Jahren erhoben wurden, mitein- ander verglichen werden sollen. Einige dieser Schwierigkeiten seien hier genannt: Werden in den Quellen der gleiche Personenkreis und die gleichen Orte erfaßt, so haben sich möglicher- weise die herrschaftlichen beziehungsweise rechtlichen, sozialen und wirtschaftlichen Verhält- nisse im Gebiet geändert, haben vielleicht in einzelnen Orten von einer Zählung zur anderen hohe Mortalitätsraten infolge Seuchen und Krieg oder eine größere Mobilität der Bewohner für Schwankungen bei den Einwohnerzahlen gesorgt. Um die Veränderung oder Kontinuität einer Population zwischen zwei Stichjahren feststellen und ihre Ursachen und Gründe erklären zu können, reicht es nicht aus, zwei wenig besagende Zahlen nebeneinander zu stellen. Die numerische Auszählung der Angaben kann nur die Basis sein und einen ersten, sehr groben Überblick über die Bevölkerungsentwicklung geben.

Fronden, zur Kriegsfolge und zu Kriegssteuern heranzuziehen. Jeder Niedergerichtsherr veranlaßte zu diesen Leistungen auch solche Einwohner seines Gerichtsbezirks, die einer fremden Herrschaft hörig waren.« 1469 kam es zwischen der Reichsstadt Überlingen und der Abtei Salem zu einem Schiedsspruch in dieser Angelegenheit, 1470 erlaubte König Friedrich dem Kloster, »alle ihm zustehenden Personen, Eigenleute und Hintersassen in Steuern und Auflagen zu nehmen«.

32 BAIER (wie Anm. 9) S. 196 f.
33 GLA Karlsruhe Abt. 4 (Urkunden des Klosters Salem).
34 GLA Karlsruhe Abt. 66 (Beraine).
35 GLA Karlsruhe 98/1547.
36 *Beschreibung der sallmanschweylischen dörffer, weyler und höff* [...] *1630*, GLA Karlsruhe 98/2309.

Qualifizierte Informationen erhält man, wenn man verschiedene Quellen einer nominativen Auswertung unterzieht. Diese sollte vor allem dann erfolgen, wenn Erhebungen, die quantifizierbare und ähnlich strukturierte Angaben enthalten, etwa zeitgleich sind oder in nicht zu großen zeitlichen Abständen, in nicht mehr als 20 Jahren, angefertigt wurden. Sicher können namentliche Auswertungen auch für eine einzelne Quelle vorgenommen werden, um beispielsweise den Namensbestand, die Häufigkeit von Vor- und Familiennamen, ihre räumliche Verteilung in einem Gebiet zu ermitteln oder – falls die Entstehungsjahre der Register zeitlich weiter auseinanderliegen – Veränderungen im Namensbestand zu erforschen.

Die namentliche Auswertung ist zwar zeitaufwendig und bringt auch weitere methodische Schwierigkeiten mit sich, insbesondere die Identifizierung und Zuweisung einzelner Personen zu bestimmten Familien wird durch die nicht normalisierte Schreibung der Namen, aber auch durch Namensgleichheit erschwert. Diese Probleme können erheblich gemindert werden durch den Einsatz der EDV. Textverarbeitungssysteme, Datenbanksysteme und Statistikprogramme[37] erleichtern die Aufnahme und Analyse umfangreicher Datenmengen.

Gerade die dichte Folge der Reisgeldpflichtigenregister zwischen 1488 und 1520 böte die Möglichkeit, unter Anwendung der nominativen Auswertungsmethode, die Entwicklung der Salemer Bevölkerung genauer zu fassen, indem die in den einzelnen Listen auftauchenden Personen mit allen auf sie bezogenen Angaben, Vor- und Familiennamen, Namenszusätzen (zum Beispiel: jung, alt), Wohnort und Steuerbetrag aufgenommen werden. Durch eine laufende Nummer muß kenntlich gemacht werden, an welcher Stelle der Eintrag im Verzeichnis für den behandelten Ort zu finden ist, da möglicherweise anhand eines Vergleichs mit anderen Erhebungen ein System, nach dem die Aufnahme erfolgt und die Reihenfolge der Eintragungen entstanden ist, erschlossen werden kann. Sollte ein solches System vorhanden sein, können Lücken in der Quelle deutlich werden. Es sollte bei der Erfassung der Quelle darauf geachtet werden, daß alle in ihr gegebenen Informationen Berücksichtigung finden, denn es ist lästig, ärgerlich und zeitraubend, wenn bei der Auswertung nochmals auf die Quelle zurückgegriffen werden muß, um fehlende Angaben zu ergänzen.

Daß es notwendig ist, auch erzählende Quellen zur Auswertung und Interpretation heranzuziehen, belegt wiederum der Aufsatz von Hermann Baier. Er vergleicht die Angaben aus der Steuerliste von 1488 mit der von 1493, was er zwar nicht explizit sagt, doch redet er von einer Steuerliste, »die nur wenige Jahre nach der von 1488 entstanden sein kann«[38]. Die jüngere Liste weist für einige Orte, so für Mimmenhausen, Neufrach-Leutkirch, Owingen-Pfaffenhofen und Nußdorf, auffallend weniger Steuerzahler aus als die ältere. Daraus schließt er, daß das jüngere Register unvollständig sei; zur Bekräftigung dieser Aussage vergleicht er die Zahlen von 1488 mit denen von 1505 und stellt dabei eine Zunahme der Steuerpflichtigen in diesem Zeitraum fest, was wahrscheinlich seiner Vorstellung eines »ununterbrochenen Wachstums der Zahl der Steuerpflichtigen«[39] eher entsprach. Bei der Suche nach möglichen anderen Gründen für die Abnahme der Steuerpflichtigen innerhalb von fünf Jahren stößt man auf die ganz Europa erfassende Getreidesteuerung des Jahres 1491. Aufgrund der vorangegan-

---

37 Es seien an dieser Stelle von der inzwischen reichlich auf dem Markt angebotenen Software genannt: TUSTEP, CLIO, SIR, d-Base III, SPSS und SAS, die zum Teil bereits auch auf den modernen, mit ausreichender Speicherkapazität ausgestatteten PCs laufen.
38 BAIER (wie Anm. 9) S. 196.
39 BAIER (wie Anm. 9) S. 196.

genen nassen Sommer und der extrem kalten Winter waren die Getreideerträge sehr stark zurückgegangen, und viele Städte hatten sich gezwungen gesehen, Notstandsmaßnahmen zur Sicherung der Ernährung der Bevölkerung zu ergreifen[40]. Dieses Notjahr könnte durchaus zu den Verlusten an Steuerzahlern beigetragen haben. Das soll aber nicht heißen, daß alle, die in der Steuerliste von 1493 fehlen, verstorben waren. Für die Abnahme können auch andere Faktoren von Bedeutung sein. Aus den Schatzungsregistern von 1578 und 1593[41] geht hervor, daß die Orte, in denen die Zahl der Reissteuerpflichtigen besonders drastisch zurückgegangen ist, überdurchschnittlich viele Arme, Seldner, Taglöhner und Leibeigene fremder Herrschaften aufweisen. Auf dem Hintergrund dieses Befundes ist zu überlegen, ob nicht auch die Sozial- und Wirtschaftsstruktur der Gemeinden für den Rückgang der Zahl der Steuerpflichtigen in den Notjahren verantwortlich sein kann, denn gerade die besondere Mobilität dieser Bevölkerungskreise in Krisenzeiten ist ein Phänomen, das immer wieder festzustellen, aber schwer zu quantifizieren ist[42].

Als ein Teilaspekt der Migration kann auch die Abwanderung vieler junger Männer in den Landsknechtsdienst gesehen werden. Gerade das Gebiet rund um den Bodensee diente als Rekrutierungsbasis für die bekanntesten Söldnerführer dieser Zeit. Die Mitglieder des Schwäbischen Bundes, allen voran die Reichsstadt Überlingen, in nächster Nähe zu den Salemer Gemeinden gelegen, haben hier große Truppenkontingente für die Reichskriege am Ende des 15. Jahrhunderts geworben[43]. Der aus dem Oberschwäbischen stammende Sebastian Franck, mit den Verhältnissen wohl vertraut, stellte um 1530 erstaunt fest: *Und wie vor zeiten ein jedes geschlecht ein pfaffen haben wolt, yetzt muss jedes nitt einen landsknecht sunder vil haben*[44]. Was nun tatsächlich ausschlaggebend war für die geringere Zahl der Steuerpflichtigen im Reisgeldregister von 1493 – Lückenhaftigkeit der Quelle, Folgen der Agrardepression, erhöhte Mortalität, vermehrte Abwanderung –, kann hier nicht entschieden werden. Das Quellenmaterial harrt noch einer genaueren Untersuchung. Das oben Gesagte sollte nur methodische Anstöße zu einer sicher lohnenswerten Auswertung dieser Register geben.

Der zweite Komplex Salemer Quellen zur Bevölkerungsgeschichte umfaßt Material, das tiefere Einblicke in die Bevölkerungsstruktur der klösterlichen Gemeinden gewährt. Es handelt sich bei ihm um Schatzungsregister, die etwa in den Jahren 1578 und 1593 angelegt

40 Vgl. W. ABEL, Strukturen und Krisen der spätmittelalterlichen Wirtschaft (QForschAgrar 32), Stuttgart 1980, S. 118f.
41 GLA Karlsruhe 98/2024: Schatzungsregister von 1578, 98/2050: Schatzungsregister von 1593, sowie 98/2025: Leibeigenenverzeichnis von 1578.
42 Vgl. IMHOF, Einführung (wie Anm. 4) S. 47 und 66f., der auf den Zusammenhang von Perioden schlechter Ernten, »sozio-professio-ökonomischer Stellung« und Mobilität hinweist. W. MÜLLER, Entwicklung und Spätformen der Leibeigenschaft am Beispiel der Heiratsbeschränkungen. Die Ehegenoßsame im alemannisch-schweizerischen Raum, (VortrrForsch Sonderband 14), Sigmaringen 1974, S. 42, der die zunehmende Mobilität im Spätmittelalter für die Ausweitung der ungenoßsamen Ehen mit verantwortlich macht.
43 Vgl. M. NELL, Die Landsknechte. Die Entstehung der ersten deutschen Infanterie, Berlin 1914, S. 34ff.; R. BAUMANN, Das Söldnerwesen im 16. Jahrhundert im bayrischen und süddeutschen Beispiel. Eine gesellschaftsgeschichtliche Untersuchung (MiscBavarMonacensia 79), München 1978, S. 37ff.; SABEAN (wie Anm. 10) S. 46ff.
44 S. FRANCK, Chronika Zeytbuch und geschychtbibel..., Straßburg 1531, S. CCXVII.

wurden[45]. In ihnen sind für die einzelnen Gemeinden die Namen der Steuerzahler, die Namen der Ehepartner und ihr Zivilstand, die Kinder, die Dienstboten, das steuerbare Vermögen, zum Teil das Rohvermögen vor Abzug der Belastungen und bei wenigen Steuerzahlern auch der Eigenbesitz und Geldbesitz[46] genannt. Diese Überlieferung mit ihren reichhaltigen Informationen kann als Basis für eine bevölkerungsgeschichtliche Auswertung dienen. Um sie gruppiert sich ergänzendes Material, das zu anderen Zwecken konzipiert worden ist, darunter Verzeichnisse von Salemer Leibeigenen aus den Jahren 1576 bis 1599[47], von 1578[48], 1594[49] und um 1600[50], ein Verzeichnis der im Pfisteramt gesessenen, aber nicht Salem leibeigenen Leute von 1578[51], ein Verzeichnis der Ungenossen im Salemer Gebiet[52], Verzeichnisse von Personen, die noch nicht geledigt waren[53]. Weiteres Namensmaterial kann Huldigungsregistern[54] und Musterungslisten[55] entnommen werden. Zur Komplettierung kämen darüber hinaus noch die Akten, die sich jeweils auf einen Ort beziehen[56], in Frage.

Es würde hier zu weit führen, auf alle oben genannten Quellen im einzelnen einzugehen. Generell gilt aber auch für sie, was schon zu den älteren Steuerlisten gesagt wurde, nur daß hier aufgrund der größeren Informationsdichte weiterreichende Analysen der Bevölkerungsstruktur möglich sind. Im Schatzungsregister von 1578 zum Beispiel werden immerhin 3808 Einzelpersonen, 784 Familien beziehungsweise Haushalte, mit 1455 Erwachsenen genannt. In 615 Familien waren 1912 Kinder vorhanden, insgesamt wurden 426 Dienstboten, 29 Witwer und 99 Witwen gezählt[57]. Mit der etwa 15 Jahre später erstellten Steuerliste steht eine in ihrer Datenstruktur gleich verfaßte Quelle zur Verfügung, in der 3976 Personen aufgeführt werden[58]. Anhand der in beiden Registern enthaltenen Angaben sind unter anderem Untersuchungen zur Sexualproportion (Frauen- oder Männerüberschuß), zum Familienstand (Verheiratetenrate, Witwen- und Witwerrate, Ledigenrate), Untersuchungen zum Verhältnis zwischen Erwachsenen und Kindern, zur Verteilung der Kinderzahl pro Familie sowie der Familien- und Haushaltsgröße möglich. Nachdrücklich sei auf die notwendige Unterscheidung dieser beiden letztgenannten Gemeinschaftstypen hingewiesen[59]. Versteht man unter der Familie in der Regel die Gemeinschaft von Eltern und leiblichen Kindern – man spricht dabei von der Kernfamilie –, so zählen zum Haushalt auch die Dienstboten,

---

45   GLA Karlsruhe 98/2024 und 2050.
46   Vgl. BAIER (wie Anm. 9) S. 197–206.
47   GLA Karlsruhe 98/1568.
48   GLA Karlsruhe 98/2025.
49   GLA Karlsruhe 98/2303.
50   GLA Karlsruhe 98/1569.
51   GLA Karlsruhe 98/2300.
52   GLA Karlsruhe 98/1560.
53   GLA Karlsruhe 98/2301.
54   GLA Karlsruhe 98/1547.
55   GLA Karlsruhe 98/1598, 1599 und 1618.
56   GLA Karlsruhe Abtt. 98 und 229 Ortsbetreffe.
57   Vgl. BAIER (wie Anm. 9) S. 206.
58   BAIER (wie Anm. 9) S. 209.
59   Vgl. M. MITTERAUER, Familiengröße – Familientypen – Familienzyklus. Probleme quantitativer Auswertung von österreichischem Quellenmaterial, in: GGesellsch 1 (1975) S. 226–255; M. MITTERAUER und R. SIEDER (Hgg.), Historische Familienforschung, Frankfurt a. M. 1982.

Gesellen, Lehrlinge, Knechte, Mägde und die im Haus lebenden Verwandten. Daß zwischen beiden erhebliche Größenunterschiede bestehen können, zeigen die Zahlen zum Salemer Gebiet: 1578 lag die durchschnittliche Haushaltsgröße bei 4,9 Personen, die Familiengröße bei 4,3, 1594 bei 5 zu 4,5 Personen. Betrachtet man die Werte einzelner Orte, dann ergeben sich noch größere Diskrepanzen: 1578 belief sich die durchschnittliche Haushaltsgröße in Bermatingen bei einer Einwohnerzahl von 535 auf 4,8 Personen, die Familiengröße auf 3,9, in dem vor allem auf Weinbau ausgerichteten Dorf Nußdorf bei 160 Einwohnern auf 4,7 zu 4,3 und in dem rein landwirtschaftlich orientierten Weiler Tepfenhard mit 78 Einwohnern auf 11,1 Personen pro Haushalt und 8,4 Personen pro Familie.

Für beide Stichjahre kann eine weitere sozialgeschichtlich wichtige Dimension, nämlich der Zusammenhang und die Interdependenz von Sozialstruktur, Wirtschaftsstruktur, Vermögen und Familienzyklus, erschlossen werden. Es kann unter anderem analysiert werden, ob Kinderzahl und Vermögen, Dienstboten, Kinderzahl und Vermögen, Einwohnerzahl und Vermögen, Einwohnerzahl und Dienstboten sowie andere Faktoren miteinander korrelieren. Die moderne Statistik bietet inzwischen Methoden und Parameter an, mit denen verschiedene sozio-ökonomische Variablen aufeinander bezogen, Abhängigkeiten und Wechselwirkungen ermittelt und interpretiert werden können[60].

Mit Hilfe der EDV lassen sich die ansonsten sehr mühsamen und zeitraubenden Berechnungen sauber und relativ rasch durchführen, vorausgesetzt, der Bearbeiter weiß das Instrumentarium der für die elektronische Datenverarbeitung angebotenen Statistikprogramme zu handhaben und verfügt über genügend Phantasie und Kenntnisse, die vorhandenen Möglichkeiten zu nutzen. Zeitaufwendiger sind aber die Schritte, die der Auswertung vorangehen. Vor der Datenaufnahme sollte der Bearbeiter – der die Struktur seiner Quelle kennt und seine Fragestellung in groben Zügen festgelegt hat – sich bewußt machen, wie er die Informationen durch den Rechner verarbeiten lassen will. Das heißt, er muß vorab wissen, welche Rechnerprogramme auf den Datensatz angewendet werden sollen, denn diese bestimmen, inwieweit die Daten auf Spalten formatiert (so zum Beispiel bei SPSS), durch Anfangskennungen und »sprechende Schlüssel« kodiert (bei TUSTEP und SAS möglich) oder durch eine formatfreie, aber feste Reihenfolge gekennzeichnet (bei SAS), eingegeben werden müssen. Die meiste Zeit muß für die Dateneingabe und die in der Regel notwendigen Korrekturen aufgewandt werden. Liegen dann die vom Rechner ermittelten statistischen Kennzahlen vor, ist es die Aufgabe des Historikers, mit Hilfe seines Wissens und seiner Kreativität die Zahlen zu interpretieren und seine Schlüsse daraus zu ziehen.

Nach diesen eher methodischen und technischen Aspekten kehren wir nun wieder zurück zu den Salemer Quellen zur Bevölkerungsgeschichte. Eine Quelle, die als Ausgangspunkt für Untersuchungen der Familienstruktur, des Familienzyklus, der Ehedauer, des Wiederverheiratungsverhaltens, der Kinderzahl und des Wanderungsverhaltens verwendet werden kann, ist das *Verzaichnuß etlicher mann- und weibspersonen, so innerhalb vier jaren hochzeit ghalten und zum thail noch nit gledigt von andern herrn, auch nit gschworen oder inzug geben haben,*

---

60 Es gibt inzwischen genügend Literatur, anhand der sich der Historiker in die Methoden der Statistik einführen lassen kann; genannt seien hier nur zwei Werke: R. FLOUD, Einführung in quantitative Methoden für Historiker, Stuttgart 1980; N. OHLER, Quantitative Methoden für Historiker. Eine Einführung, München 1980.

von 1579[61]. In diesem Register werden die Personen aufgelistet nach ihrem Wohnort, ihrem Heiratsjahr (das in einzelnen Fällen zurückreicht bis 1572), nach den Namen der Ehepartner und nach der Herrschaft, der sie leibeigen sind. Anhand dieser Daten kann nun durch Heranziehen der Angaben in anderen, später entstandenen Quellen der Verlauf der Ehe nachvollzogen werden. Hierzu ist es aber notwendig, daß alle Namen aus den Überlieferungen, die zur Rekonstruktion der Entwicklung der familiären Verhältnisse beitragen können, aufgenommen werden. Diese Methode ist zwar sehr aufwendig und erfordert die Verarbeitung größerer Datenmengen, doch scheint sie der einzig gangbare Weg zu sein, die demographischen Verhältnisse im Gebiet des Klosters Salem im 16. Jahrhundert auch nur partiell zu erforschen. Das Salemer Material bietet sich für eine solche Untersuchung deshalb an, weil es für einen Zeitraum von mehr als fünf Jahrzehnten, von 1566 bis 1618, beginnend mit der Türkensteuerliste von 1566[62] bis zum Musterungsregister aller Untertanen von 1618[63], eine dichte Überlieferung und eine große Fülle von Namen und Daten bietet. Der Umfang der zu verarbeitenden Einzeleinträge dürfte schätzungsweise bei 6000 bis 7000 liegen. Die zu erwartenden Ergebnisse dürften aber den Arbeitsaufwand lohnen.

Eine ganz anders geartete Quelle ist das Raithaslacher Hofjüngerbuch der Dompropstei Konstanz von etwa 1580, mit Nachträgen bis 1619[64]. In diesem alphabetisch nach Orten angelegten Register handelt es sich, wie der Untertitel der Quelle sagt, um die *beschreibung der leibeigenen leuth der dompropstei Constanz in der landgrafschaft Nellenburg*. Um die Struktur der Einträge deutlich zu machen, werden im folgenden die ersten beiden Einträge von in Eigeltingen lebenden Familien im Wortlaut samt allen späteren Marginalien wiedergegeben: *Theyas Schuehmacher daselbst hat Ursula Rennerin, Marxen Renners und Lena Schwerzin von Raithaßlach tochter, wie hernacher am 36. blat; hand khaine kinder gehabt. Ist anno* [etcetera] [15]*81 ain wittib. Erfar, würdt vhal und laß werden, so sy stirbt.* – Oben am linken Rand ist vermerkt: *Sy hat* [15]*85 vaßnachthennen zahlt. Ir mann wonet nit bei ir.* – Ein späterer Eintrag berichtet: *Disse Ursula Rennerin ist durch irn mann Thyassen Zanbratten von Aigoltingen zu todt geschlagen worden. Hat der von Praßberg den fal genommen, der ime doch nit gehört, ist ain kue gewesen.* – Am linken Rand daneben heißt es dazu: *Der von Praßberg gibt mir, als er anno 1604 zue Costanz bey seinem herrn vettern geweßen, disen bericht, er hab nichts eingenommen, künde nichts heraußgeben. Das hat er hoch beteuert, darbey mueß mans bleiben lassen.*

Ein für die Quelle typischer Eintrag ist der folgende: *Hanß Lochmüller von Aigoltingen hat mit Appolonia Harschin von Aach, so er uß der Auw* [Reichenau] *geraubt, erzeugt khinder: 1 Hanß, 2 Brosi, 3 Margreth, 4 Jacob, 5 Matheis, 6 Marx, 7 Endlin.* – Am linken Rand steht: *im Ketenakherbuech am 10. blat,* und darunter: *Soll vor langem todt sein, sonst nichts zu erfarn.* – Danach folgen die einzelnen Kinder mit ihrem weiteren Lebensweg, so unter anderem: *1 Hanß, den hat vor langem ain baum zu todt geschlagen inn der ungnossami.* Am linken Rand: *Ist nichts mehr.* – *2 Brosi ist zu Wolmatingen oder Alenspach uff der mülen gesessen. Nota: Diser ist anno* [15]*82 beim Kellmayer von Raithaslach zu Zell* [Radolfzell] *gewesen, waiszt aber nit, wo er sich halt.* Am linken Rand heißt es dann: *Diser soll todt und*

61 GLA Karlsruhe 98/2301.
62 GLA Karlsruhe 98/2018–2020.
63 GLA Karlsruhe 98/1618.
64 GLA Karlsruhe 229/84039.

nichts vorhanden sein. – ... – 5 Matheis, ledig, todt. Später wurde der Eintrag gestrichen, am linken Rand steht lapidar: *»nichts«*. – *6 Marx Lochmüller hat ain weib zu Bol, soll bei seinem bruoder Brosi sein.* Am linken Rand wird vermerkt: *Ist vertriben, nit mehr bei lande, arm, im ellendt.*

Diese Eintragungen geben einen Eindruck vom Informationsspektrum der Quelle. Die zitierten Stellen machen deutlich, daß die sehr disparaten Angaben und der geringe Umfang der Quelle einer quantifizierenden Auswertung entgegenstehen. Die Art und Weise, wie das Hofjüngerbuch aufgebaut und geführt wurde, verursacht bei einer quantifizierenden Verarbeitung große methodische Probleme, da es keine Momentaufnahme der Leibeigenenzahl der Dompropstei in der Landgrafschaft Nellenburg für ein bestimmtes Jahr bietet. Einige Personen waren zum Zeitpunkt ihrer Eintragung in das Register bereits gestorben, andere wurden erst nachträglich aufgenommen. Das Verzeichnis bietet aber eine reiche Sammlung von Individual- und Familienschicksalen, gibt Hinweise zum Heiratsverhalten und zur Mobilität und spiegelt in einem kleinen Ausschnitt auch den Alltag der Menschen wider. Diese Quelle markiert demnach gewissermaßen den Grenzbereich zwischen quantifizierbarer und erzählender Überlieferung.

Eine andere Quellengattung, die mit den Steuerlisten eng verwandt ist, stellen die Urbare und Lagerbücher dar. Ihr Informationsgehalt zu bevölkerungsgeschichtlichen Verhältnissen ist weitgehend abhängig vom Zweck, zu dem sie angelegt wurden. Dabei ist stets zu unterscheiden, ob es sich um ein Herrschaftsurbar handelt, das nur die zu einer bestimmten Herrschaft gehörigen Rechte und Güter umfaßt, oder um ein Ortsurbar, in dem sämtliche auf einer Gemarkung bestehenden Gerechtsame erfaßt sind[65]. Ein weiteres Kriterium stellt das System der Aufnahme der Rechte und Güter dar. Zum einen können sie nach dem Realprinzip geordnet sein, das heißt nach den Nutzungsarten, zum anderen nach dem Personalprinzip, das heißt nach den Berechtigten. Bei den beiden Güterbüchern für die Gemarkung Singen aus der Mitte des 16. Jahrhunderts handelt es sich um Herrschaftsurbare, die nur Liegenschaften, Abgaben und Rechte der die Aufnahme veranlassenden Herrschaft verzeichnen. Das unter Herzog Christoph von Württemberg angelegte Hohentwieler Lagerbuch von 1562[66], das nach dem Realprinzip geordnet ist, umfaßt nur die württembergischen Besitzungen und Rechte auf der Gemarkung Hohentwiel und weniges auf der Gemarkung von Singen. Das Singener Urbar von 1555[67], nach dem Personalprinzip aufgebaut, wurde durch den neuen Ortsherrn Österreich, der die Ortsherrschaft im Jahr zuvor erworben hatte, angelegt[68]. Auch dieses enthält nur einen Teil der damals im Dorf bestehenden Höfe und Familien[69]. Eine dem Urbar von 1555 beigefügte Liste der österreichischen Leibeigenen hilft bei der Ermittlung der Bevölkerungszahl der Gemeinde nicht weiter, da naturgemäß nur Familienmitglieder mit österreichischer Leibeigenschaft aufgenommen wurden. Betrachtet man die Eintragungen nur oberflächlich, so entsteht der Eindruck, als würden in dieser Zeit in Singen nur unvollständige Familien, häufig

---

65 Vgl. zur Unterscheidung und Auswertung von Urbaren Chr. SCHRENK, Agrarstruktur im Hegau des 18. Jahrhunderts. Auswertungen neuzeitlicher Urbare mit Hilfe des Computers (KonstanzDiss 159/HegauBibl 52), Konstanz 1987, S. 6–32.
66 Vgl. MILLER (wie Anm. 12) S. 1*–31* und S. 1–121.
67 MILLER (wie Anm. 12) S. 154–194.
68 MILLER (wie Anm. 12) S. 154.
69 Vgl. SCHRENK (wie Anm. 65) S. 258 f.

mit fehlendem Vater, leben; tatsächlich dürften viele Väter fremder Leibszugehörigkeit gewesen sein. Eine eingehendere Analyse der Bevölkerungszahl der Hegaugemeinde könnte nur durch die namentliche Auswertung des Urbars und Lagerbuchs geschehen. Das würde voraussetzen, daß nicht nur die Parzelleninhaber aufgenommen werden müßten, sondern auch alle, die als Anstößer genannt werden. Nur mit diesem Verfahren wäre bei der starken Parzellierung der Gemarkung[70] zu gewährleisten, daß fast alle Familien erfaßt werden. Dieser Weg, die Familienzahl einer Gemeinde anhand eines Güterbuchs zu ermitteln, ist sehr aufwendig und bereitet große methodische Schwierigkeiten; er sollte nur beschritten werden, wenn aufgrund der Überlieferungssituation keine anderen Möglichkeiten bestehen.

Ganz anderer Art sind die Informationen, die aus erzählenden und berichtenden Quellen geschöpft werden können. Ein Beispiel dieser Quellengattung ist die Zimmerische Chronik[71], die aufgrund ihres Entstehungsorts häufig auf das Gebiet rund um den Bodensee Bezug nimmt. Schwierig ist dabei das Auffinden von Stellen, die bevölkerungsgeschichtlich interessante Nachrichten enthalten. Daß Mitteilungen der Chronik, obgleich sie auf den ersten Blick nichts zur Bevölkerungsgeschichte zu sagen scheinen, zur Bearbeitung dieses Themas herangezogen werden können, belegen folgende Ausschnitte:

Anno [1453] hat herr Wörnher Ablach das dorf sampt kirchensatz und aller zugehörde Ulrichen von Hertenstein abkauft, und ist der kauf umb sechsthalbhundert guldin in gold; in solchem unwert seind dozumal die ligende güter gwest[72]. Die Kaufsumme eines anderen Dorfes im Jahr 1466 kommentiert der Chronist ebenfalls mit dem Satz: *in solchem unwert domals die güeter gewest*[73]. Beide Äußerungen deuten darauf hin, daß sich seit der Mitte des 15.Jahrhunderts bis zur Abfassung der Chronik, Mitte des 16.Jahrhunderts, die Kaufpreise von Liegenschaften drastisch erhöht haben. Den Grund, weshalb *die guetter und herberg in ein sollich aufschlag kommen, daß kaum hoeher mag*, sieht Sebastian Franck um 1530 darin, daß Schwaben und Bayern *aller welt volck genuog geben, und ist dannocht allzeit mit solchem überfluß besetzt, daß doerfer und stett zerinnen wellen*[74]. Die Bevölkerungszunahme seit dem 15.Jahrhundert wird auch in der Zimmerischen Chronik konstatiert: *Nachdem bei unsern zeiten das volck in Schwaben als auch gar nach in allen landen, sich heftig gemert und zugenommen, dadurch dann die landtsart mer, dann in mentschen gedechtnus, ufgethonn und schier kein winkel, auch in den rewhesten welden und höchsten gepirgen, unaussgereut und unbewonet bliben*[75]. Der Verfasser berichtet auch über die Richtung der Wanderungsbewegung: *Die weil dan [...] das Algew mit vile volks gar übersetzt und sich in irer heimat nit wusten weiter zu betragen oder zu erneren, da kamen sie haufenweis herab in unser lantsart, begerten inen stockfelder usszumessen und darvon gewonliche zins und landtgarben zu raichen*[76]. Der Graf von Zimmern klagt also darüber, daß die in ihrer Allgäuer Heimat keinen Lebensunterhalt erlangenden Menschen in seine nordwestlich des Bodensees liegende Herrschaft einwandern und in seinen Dörfern landwirtschaftliche Flächen zugewiesen erhalten

---

70 Vgl. SCHRENK (wie Anm. 65) S. 266.
71 Zimmerische Chronik (wie Anm. 13).
72 Zimmerische Chronik (wie Anm. 13) 1 S. 412.
73 Zimmerische Chronik (wie Anm. 13) 1 S. 414.
74 S. FRANCK, Germaniae chronicon, Frankfurt a.M. 1539, Vorrede.
75 Zimmerische Chronik (wie Anm. 13) 4 S. 273.
76 Zimmerische Chronik (wie Anm. 13) 4 S. 273.

wollen. Die Zuwanderung aus dem Allgäu, Bregenzerwald und Tirol in das Bodenseegebiet fand auch in späteren Jahrhunderten noch ihre Fortsetzung[77].

Das Problem der Landzuweisung an Einheimische und Zuwanderer sowie die Verknappung der landwirtschaftlichen Nutzflächen aufgrund der Bevölkerungszunahme, bis hin zur Aufteilung der Allmende, spiegeln sich auch in den Artikeln der Bauern von 1525 wider. Die Stühlinger Bauern fordern unter anderem von ihrer Herrschaft, daß sie den *Schelmenacker, so vormals allmend gewesen,* [...] *wider zu der gemein handen komen laß, diesselbige wie von alter her gewesen, zu nutzen und zu prauchen, und furter inen nit mer entwende, noch jemandts fur eigen oder in andere weg hingebe*[78]. Hinweise auf Landverknappung, Sperrung der Fronwälder durch die Herrschaft und Behinderung der Waldnutzung durch die Bauern sind fast in allen Artikeln von 1525 zu finden[79].

Der in der ersten Hälfte des 16. Jahrhunderts zunehmende Bevölkerungsdruck im westlichen Bodenseegebiet dokumentiert sich auch in der Vergabe und Umwandlung der ehemals zu Verteidigungszwecken angelegten Stadtgräben. So wurde der Stadtgraben von Stühlingen bereits vor 1525 an einen Bürger zur landwirtschaftlichen Nutzung ausgegeben[80]. In Stockach bittet die Bürgerschaft die oberösterreichische Regierung in Innsbruck um Erlaubnis, den Stadtgraben an die *notturfftigen burger, damit sie steur und raißgeld geben* [...], *außzuthailen*[81]. Alle diese Vorkommnisse sind Indizien für Veränderungen der Lebensverhältnisse, die nicht zum geringsten Teil durch die Bevölkerungszunahme verursacht wurden.

Einen Eindruck von der Bevölkerungsgröße in diesem Gebiet kurz vor Ausbruch des Dreißigjährigen Krieges vermitteln die Musterungslisten, die sowohl für die Landgrafschaft Nellenburg als auch für das Salemer Gebiet erhalten sind[82]. Das Musterungsregister der Landgrafschaft enthält zwei Informationsblöcke: Zum einen wurden die Männer nach Waffengattung, Tauglichkeit und früherer Verwendung als Soldaten aufgenommen, zum anderen wurden die Kontribuenten mit ihrem Vermögen verzeichnet. Bei der Befragung nach der früheren Verwendung ist auffällig, wie viele angaben, daß sie bereits gedient hätten, einige in Kämpfen in Italien und Holland. Der Horizont und Erfahrungsbereich mancher Einwohner reichte demnach weit über die engen Grenzen des dörflichen Etters hinaus.

Als Ergänzung der Musterungslisten können die ersten Kirchenbücher aus dem Hegau herangezogen werden. Zu den ältesten erhalten gebliebenen zählen die von Engen; das Totenbuch beginnt bereits 1574[83]. Zu Beginn des 17. Jahrhunderts setzen auch die Kirchenbücher des Dorfes Steißlingen ein[84], das im Jahr 1625 über 1200 Einwohner zählte. Die Kirchenbücher beider Gemeinden wurden inzwischen demographisch ausgewertet: Engen

---

77 Vgl. P. BOHL, Die Stadt Stockach im 17. und 18. Jahrhundert. Strukturen und Funktionen einer Oberamtsstadt. Verwaltung – Wirtschaft – Gesellschaft – Bevölkerung (KonstanzDiss 177/Hegau-Bibl 54), Konstanz 1987, S. 362.
78 FRANZ (wie Anm. 14) S. 119.
79 Vgl. SABEAN (wie Anm. 10) S. 38 f.
80 Vgl. FRANZ (wie Anm. 14) S. 118.
81 StadtA Stockach C VI 1: Kopialbuch der Stadt Stockach (1547–1698).
82 HStA Stuttgart B 51 Bü 37: Musterungsregister für die Landgrafschaft Nellenburg 1615/16; GLA Karlsruhe 98/1618: Musterung aller Untertanen des Klosters Salem 1618.
83 Vgl. H. FRANZ, Die Kirchenbücher in Baden (InvvNichtstaatlArchBadWürtt 4), Karlsruhe ³1957, S. 95.
84 FRANZ (wie Anm. 83) S. 242.

durch Reinhard Brosig[85], Steißlingen durch Guido Fleischhauer[86]. Für Steißlingen sind überdies zwei Seelenbeschriebe von 1625 und 1636 überliefert, die es erlauben, die Bevölkerungsstruktur des Dorfes zu erfassen. Besonders aufschlußreich ist deren Untersuchung wegen der 1635 hier grassierenden Pestepidemie. Der Vergleich der beiden Seelenbeschriebe und das Heranziehen der Kirchenbücher erlaubt eine recht genaue Analyse der Auswirkungen der Pest auf die Bevölkerungsgröße, Bevölkerungsentwicklung und Bevölkerungsstruktur. Die Arbeiten von Brosig und Fleischhauer bieten auch eine wünschenswerte Ergänzung des Aufsatzes von Peter Eitel zur Geschichte der Pest im Bodenseeraum und der Konstanzer Pestepidemie von 1611[87].

Verlassen wir nun das nordwestliche Bodenseegebiet und wenden uns dem südlichen Oberschwaben mit der Herrschaft Montfort–Tettnang zu, einem kleinen reichsgräflichen Territorium, das im 16. Jahrhundert kaum mehr als 6000 Einwohner hatte. Die in diesem Abschnitt aufgeführten Details zur Bevölkerungsgeschichte sind der Beschreibung des Oberamts Tettnang von Viktor Ernst entnommen[88]. Die ersten Hinweise zur Größe der Gemeinden dieser Herrschaft können dem *Liber taxationis* des Bistums Konstanz von 1353, wenige Jahre nach dem ersten Auftreten der Pest in diesem Raum, entnommen werden[89]. Eine Berechnung der Einwohnerzahl auf der Basis der dort aufgeführten Wohnhäuser ist allerdings äußerst problematisch, da die Zahlen häufig gerundet scheinen und ein sicherer Multiplikationsfaktor nicht zur Verfügung steht. Die erste Beschreibung des montfortischen Gebiets erfolgte durch Arnsberg 1515, im Vergleich zu anderen Herrschaften am Bodensee also recht früh. In ihr wird unter anderem zu jedem Ort die Anzahl der Wohnhäuser angegeben. Die Angaben Arnsbergs scheinen vollständig zu sein, so daß die Berechnung von Einwohnerzahlen sowohl für die Herrschaft als auch für einzelne Orte möglich ist. Wie andere Zeitgenossen stellte auch Arnsberg für die Grafschaft eine Bevölkerungszunahme fest: Höfe seien geteilt worden, *nachdem sich die welt mehrt*[90]. Die erste wirkliche Volkszählung in diesem Gebiet fand 1571 statt, bei der *die häuser und einwohner, landsassen, leibeigenen leute, mann, weib, kinder, jung und alt*[91] gezählt wurden. Doch sind die Einzelergebnisse der Zählung leider nicht überliefert, sondern nur die akkumulierten Daten für die einzelnen Ämter. Der Zweck dieser Güter- und Bevölkerungsaufnahme darf in der Vorbereitung der Übergabe der Herrschaft, nach dem Aussterben der Linie Montfort–Rotenfels, an die Linie Montfort–Beckach gesehen werden. Eine Untersuchung der Bevölkerungsgeschichte dieses Territoriums böte sich an, da es zum einen klein und geschlossen war, zum anderen eine für die Zeit relativ gute Überlieferungssituation aufweist.

85 R. Brosig, Die Engener Bevölkerung und Familien vom 17. bis zur Mitte des 18. Jahrhunderts, Konstanzer Examensarbeit (masch.) 1986.
86 G. Fleischhauer, Untersuchungen zur Bevölkerungsgeschichte Steißlingens im 17. Jahrhundert, Konstanzer Examensarbeit (masch.) 1987.
87 P. Eitel, Studien zur Geschichte der Pest im Bodenseeraum unter besonderer Berücksichtigung der Konstanzer Pestepidemie von 1611, in: Hegau 29/30 (1972/73) S. 57–89.
88 Vgl. Ernst (wie Anm. 16) S. 369 ff.
89 W. Haid, Liber taxationis ecclesiarum et beneficiorum in Diocesi Constantinensi de anno 1353, in: FreibDiözArch 5 (1870) S. 1–118, hier S. 26–42; für die Stadt Tettnang, Langenargen und Hirschlatt fehlen die Angaben.
90 Vgl. Ernst (wie Anm. 16) S. 371.
91 Ernst (wie Anm. 16) S. 371.

Zum Schluß soll noch ein Sprung über den See gewagt werden: Das an den Bodensee angrenzende Gebiet wurde von Schweizer Historikern hinsichtlich der demographischen Verhältnisse in der frühen Neuzeit recht ausgiebig erforscht. Die Schwerpunkte dieser Arbeiten liegen aber doch im 17. bis 19. Jahrhundert; ausschlaggebend ist auch hier die Quellenlage[92]. Für das 15. und 16. Jahrhundert fließt der Überlieferungsstrom dünner, doch zumindest für die beiden Appenzeller Landesteile ist Material, das bis ins 15. Jahrhundert zurückreicht, vorhanden. Schürmann weist auf einen Waffenrodel hin, der in der Zeit des Abtes Kuno (1457 bis 1463) angefertigt wurde und »den Stand von um 1400 wiedergibt«[93]. Bis ins 16. Jahrhundert fehlen weitere quantifizierbare Quellen, für das Jahr 1535 ist dann aber eine *Schatzung der einwohner der innern Rhoden, Huntwil und Urnäsch* erhalten geblieben. Doch beide müßten vor der Auswertung noch kritisch bearbeitet werden[94]. Ebenfalls für 1535 und für 1554 liegen aus beiden Landesteilen Pensionsauszahlungslisten vor[95]. Beide enthalten die an Appenzeller Einwohner ausgezahlten Beträge französischer Gelder. Aus dem Jahr 1588 stammen eine Schätzung der Landsgemeinde-Teilnehmerschaft und zwei mit der Landesteilung zusammenhängende Listen. Das Problem der Auswertung des Materials besteht aber darin, daß weder der Auszahlungsmodus der Wartegelder noch der Aufnahmemodus der Teilungsrodel aus den Quellen eindeutig erschlossen werden kann[96]. Das Fehlen konkreter Hinweise führte zu Berechnungen von weit auseinandergehenden Bevölkerungszahlen. In älteren Arbeiten wurde zugrunde gelegt, daß nur die Waffenfähigen, die 16 bis 60jährigen Landleute, den Gulden Wartegeld erhielten. Durch Vergleich mit den Angaben im Steuerrodel von 1535 und in einem Herisauer Steuerrodel von 1576 konnte Rüsch allerdings nachweisen, daß die Zahlen, die unter der Prämisse der wehrfähigen Pensionsbezieher ermittelt wurden, nicht stimmen können. Den Anstoß für eine kritische Prüfung der bisher vertretenen Meinungen erhielt er durch die Lektüre der Chronik von Gabriel Walser. Dieser »erzählt das Beispiel eines Trogeners, der zur Zeit der Wartegeld-Austeilung zwar elf Töchter, aber keinen Sohn besaß, weshalb er nichts erhalten habe. Womit Walser sicher meinte, nichts, als den eigenen Anteil«[97]. Damit war klar, daß 1535 jeder männliche Appenzeller, vom Säugling bis zum Greis, seinen Gulden bekam. Diese Bemerkung Rüschs bekräftigt die oben geäußerte Ansicht, nicht nur quantifizierbare Quellen seien für bevölkerungsgeschichtliche Untersuchungen heranzuziehen, sondern auch erzählende und berichtende. Für das Jahr 1597 stehen für die Appenzeller Bevölkerungsgeschichte dann weitere Listen zur Verfügung, eine Mannschaftsliste und ein Verzeichnis der Kommunikanten. Diese beiden Quellen sind aber mit Vorsicht zu interpretieren, da sie viele Unsicherheiten enthalten. Um ihren Aussagewert zu überprüfen, konnte Rüsch auf lokale Daten aus dieser Zeit zurückgreifen. Hilfreich bei der Berechnung der Bevölkerungszahl einzelner Orte waren ihm dabei die Ende des 16. Jahrhunderts einsetzenden Kirchenbücher[98]. Rüsch kommt nach der Ermittlung der Bevölkerungs-

---

92 Vgl. die Arbeiten von SCHÜRMANN (wie Anm. 18), RÜSCH (wie Anm. 6) und MENOLFI (wie Anm. 19).
93 SCHÜRMANN (wie Anm. 18) S. 30 Anm. 3.
94 SCHÜRMANN (wie Anm. 18) S. 30 Anm. 3.
95 SCHÜRMANN (wie Anm. 18) S. 33; RÜSCH (wie Anm. 6) S. 207.
96 Vgl. RÜSCH (wie Anm. 6) S. 207.
97 RÜSCH (wie Anm. 6) S. 209.
98 RÜSCH (wie Anm. 6) S. 214 f.

zahlen zu dem Ergebnis, daß im katholischen Appenzell in der Periode zwischen 1535 und 1597 die Bevölkerung um rund 20 % zunahm[99].

Für das von Ernest Menolfi bearbeitete Gebiet Toggenburg im Thurgau standen keine Quellen zur Verfügung, die denen aus Appenzell vergleichbar wären. Seine Angaben zur Bevölkerungsgröße der Gemeinde Sulgen im 16. Jahrhundert beruhen auf Angaben in den Kirchenbüchern. Die früheste Zahl entstammt einem Pfarrbericht aus dem Jahre 1710, in dem die Größe der Kirchengemeinde für 1535 mit 1200 Seelen angegeben wird[100]. Wie Schürmann und Rüsch greift auch Menolfi zur Schätzung der Zahl der Kirchengemeindemitglieder auf anderwärts gewonnene Ergebnisse der historischen Demographie zurück. Als Berechnungsgrundlage dienen die in den Kirchenbüchern notierten Geburten beziehungsweise Taufen. Aus anderen demographischen Arbeiten ist bekannt, daß in katholischen ländlichen Gebieten, solange keine empfängnisverhütenden Praktiken angewandt wurden, auf 1000 Einwohner jährlich zwischen 35 und 45 Geburten kamen[101]. Anhand dieser Maßzahl, der Geburtenziffer, berechnete Menolfi auf der Basis eines neunjährigen Durchschnitts die Bevölkerungszahl Sulgens Ende des 16. Jahrhunderts[102]. Die so errechneten Einwohnerzahlen sind zwar ungenau, ergeben aber doch einen ersten Anhaltspunkt für weitere Untersuchungen.

Als Resümee kann festgehalten werden: Die von Sabean getroffene Feststellung, »eine befriedigende statistische Untersuchung der Bevölkerungszunahme in dieser Gegend ist unmöglich«[103], muß relativiert werden. Was fehlt, sind Bevölkerungsaufnahmen für größere geschlossene Gebiete in dieser Zeit. Diese waren aber in einem territorial so stark zersplitterten Raum auch nicht zu erwarten. Was geschehen könnte, ist die Untersuchung der Bevölkerungsentwicklung und zum Teil der Bevölkerungsstruktur einzelner Gemeinden und Herrschaften. Quellen sind vorhanden, sicher noch einige mehr, als an dieser Stelle vorgestellt werden konnten. Der Bearbeiter einer solchen Bevölkerungsgeschichte sollte aber mit besonders viel Phantasie, Kreativität, Findigkeit, methodischem Fingerspitzengefühl ausgestattet sein, und das wichtigste – er muß sehr viel Fleiß mitbringen.

---

99 RÜSCH (wie Anm. 6) S. 218.
100 Vgl. MENOLFI (wie Anm. 19) S. 163.
101 Vgl. L. HENRY, Manuel de démographie historique (Centre de recherches d'histoire et de philologie de la IVᵉ Section de l'Ecole pratique des Hautes Etudes 5,3), Genf ²1976, S. 53.
102 Vgl. MENOLFI (wie Anm. 19) S. 158.
103 SABEAN (wie Anm. 10) S. 37.

Locus in Insula

Lütkirch

Ecclesia oppidi Lütkirch uf der haid soluit communiter in decima maiori et minuta ac in censibus centum malta frumenti mense ibidem.

Item soluit in denarijs ij libr' et vij ß dn' constn'.

Item plebanus ecc'e de prouentibus oblationum dat ipso ... Annuatim xiiij libr' dn' constn'.

Item decima laycalis excedit decimam ecc'e.

Summa prouentus decem et nouem ...

Vicaria

Prebenda plebani cresc't in oblationibus anniuersarijs et remedijs que et ultra portionem ... notatam ... ad summam xxx lib' dn' constn'. Item et in quibusdam alijs ... ij lib' dn' constn' et quatuor malta frumenti mense prenotate.

Domialia sunt ibid' etc.

Item non est quartalis.

Item distan' a constn' est ad ... mil'.

Item ... spectat ad ... egenn' ...

Summa plebani xv mai'

Item ibidem est altare primissa q soluit vij lib' ...

Item ad huc sunt ibidem duo altaria noue structa et nondum dotata speram auté dotari.

Summa altaris primissa vij libr' constn'.

1 Eintragungen für die Stadt Leutkirch im Allgäu im Liber taxationis des Bistums Konstanz von 1353 (Erzbischöfl. Archiv Freiburg Ha 81 fol. 9r)

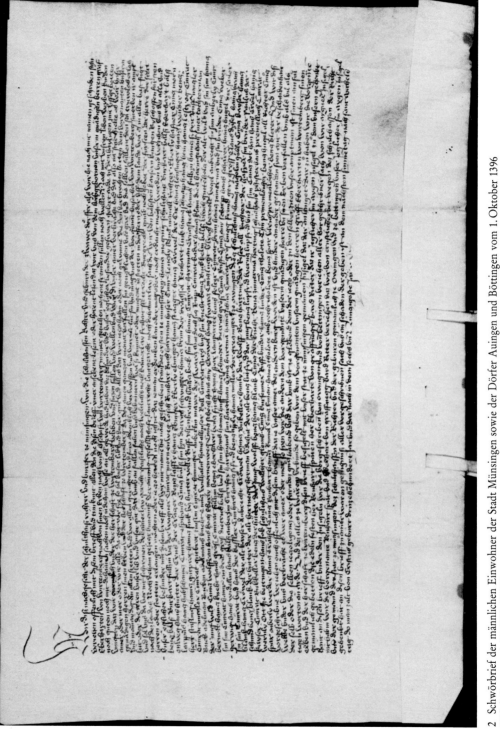

2 Schwörbrief der männlichen Einwohner der Stadt Münsingen sowie der Dörfer Auingen und Böttingen vom 1. Oktober 1396 (HStA Stuttgart A 602 WR 10880)

3 Eintragungen für Reichenbach an der Fils in der Musterungsliste des württembergischen Amts Göppingen von 1516 (HStA Stuttgart A 28a M 3)

Lonsingen herdstatten,

Valentin schmid
Jörg orgell
Jörg lotz der alt
Hanns lotz
Hanns orgäg
Hanns schwerer
Ludwig werner
Bläse lotz
Jörg lotz der jung
Simon krudel
kaspar krudel

Lonsingen personen die nit herd
stätten, aber sünst an güttern und
vermögen haben, wie nach stet;

Jacob krudel

Lonsingen personen
die nichts haben,

Hanns schmid
Conrat schwerer
Jacob häffner,

4 Eintragungen für Lonsingen in der Herdstättenliste des württembergischen Amts Urach von 1525
(HStA Stuttgart A 54a St 46)

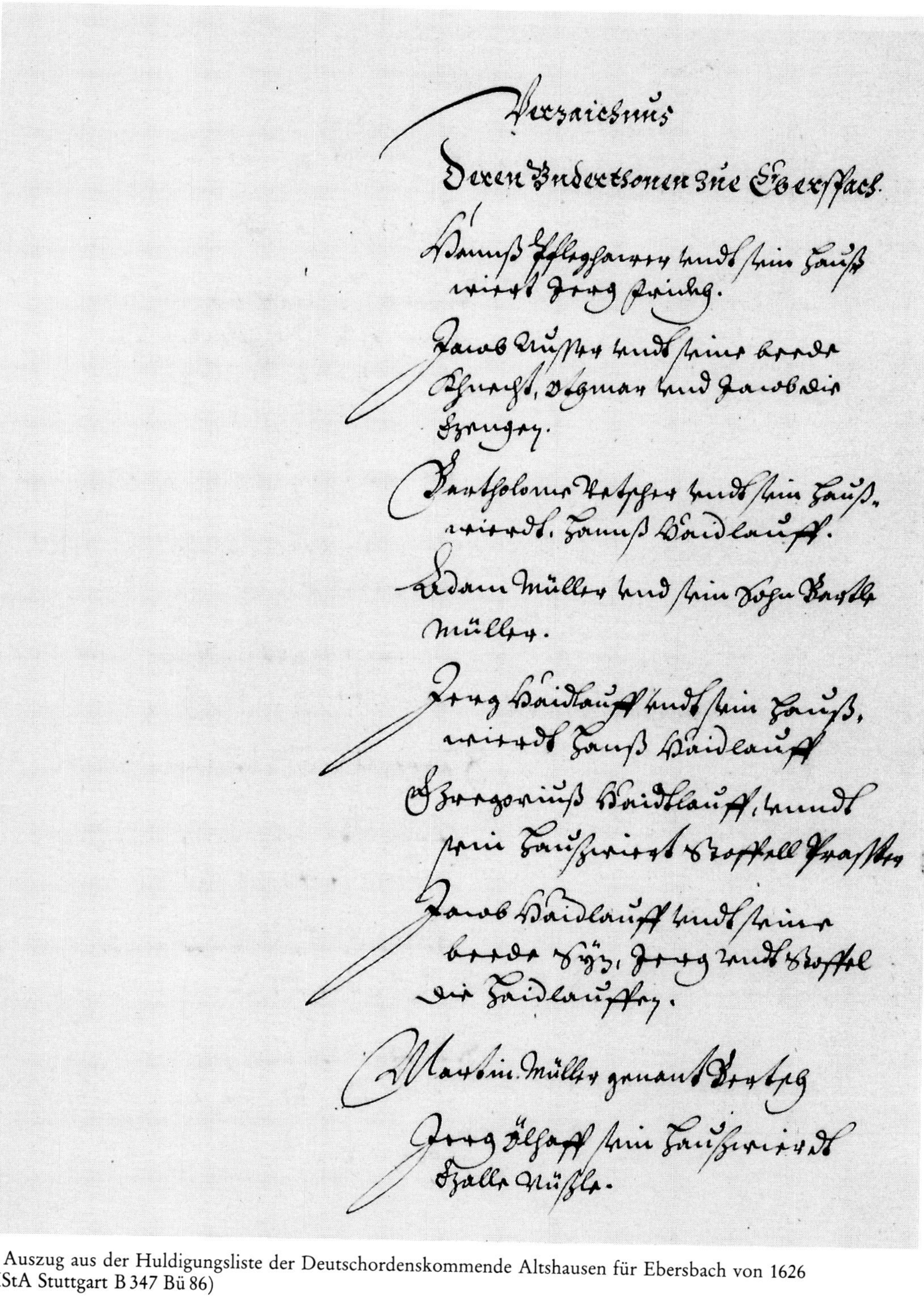

Verzaichnus
Deren Underthonen zue Ebersbach.
Hannß Schlegharter undt sein hauß
wirtt Jerg Steinh.
Jacob Küster undt seine beede
Söhn, Ottmar und Jacob die
Küster.
Bartholome Retzger undt sein hauß-
wirdt Hannß Haidlauff.
Adam Müller undt sein Sohn Bastle
Müller.
Jerg Haidlauff undt sein hauß-
wirdt Hanß Haidlauff
Gregoriuß Haidlauff, undt
sein haußwirt Christoff Prassler
Jacob Haidlauff undt seine
beede Söhn, Jerg undt Christoff
die Haidlauffen.
Martin Müller genant Bretzg
Jerg Ölhaff sein haußwirdt
Galle Nüßle.

5 Auszug aus der Huldigungsliste der Deutschordenskommende Altshausen für Ebersbach von 1626
(HStA Stuttgart B 347 Bü 86)

Stat onoltzbach

Heinrich venner vund erhart
Schmid vnterkaufler

Ein gulden Heinrich venner, sein hausfraw, ein knecht vnd
zwei maid
Ein halben gulden erhart schmid, sein hausfraw ein tochter
Ein gulden Dietz gerd sein hausfraw ein tochter vnd
zwen knecht
Hanns gehmendlein schneider, sein hausfraw vnd vier
knecht
Burckhart gertner sein hausfraw, vnd drey knecht
Heintz krafft tagwercker vnd sein weib
Nickolein Schwemer sein hausfraw, vnd sein maid
Cuntz Götz sein hausfraw ein tochter
Thoman baumann sein hausfraw vnd sein sun
Hanns thurlein sein hausfraw vnd sein sun
Ein gulden zinger Schweblein, sein weib, ein maid
hundmeyslein vnd sein weib
Ein halben gulden Wolf gerstel sein hausfraw zwen knecht
ein maid
Cuntz keblein sein hausfraw, ein knecht ein maid
Hanns gerebrant sein hausfraw
Hanns berger sein hausfraw
Steffen berd sein hausfraw ein knecht
Hanns knorlein sein hausfraw

42

6 Verzeichnis Ansbacher Haushalte im Register des Gemeinen Pfennigs 1495/97
(StA Nürnberg, Fürstentum Ansbach, Reichstagsakten Nr. 7 fol. 42 neu, fol. 234 alt)

Item sluͤer vͤbͤ dat j modͣ auͤ vñ hoͤu ꝫt
fur al ꝫ sint feodales

Item pastores dant j modͣ auͤ ꝫ sint feodales

Item omͤ anno die Sancti martini demane
so hat dasͤ gothausͤ dy gerechtikeyt dazen
her von wolͣtzpurg sͤhickt sein richter
gen holtzingͤ vñ vodert al dy von hoͤtingͤ
ysen des gothausͤ oder ander hi̅ vñ besetzt eyn recht vñ wer zu sprechen hat
zu̅ den sluͤer oder zu den hertͤh So muͤsen
sy do eynͤ rechten ꝛc

Item Seyfelprecht zu hohenstatt expresͤ dat j
vierdung vͤnchͣ

katzenhoenstatt

Item frantzlay de curia iͤ tͣ zinsͤ mithͤel
ij modͤ kornͤ j modͤ auͤ al weiset vͤj
rauͤ vñ j putt vasͤt

Item Stephan lay de vno feodo ꝫ arͤ ytͤ ij
ꝛc dͤ zinsͤ michael al weiset vͤj rauͤ ꝫ
j putt vasͤt ꝫ derͤ pey der kirchen j putt
vasͤt

Hintersassen des Benediktinerklosters Wülzburg in Kattenhochstatt im Sal- und Gültbuch 1493
(StA Nürnberg, Fürstentum Ansbach, Salbücher Nr. 123 fol. 45r)

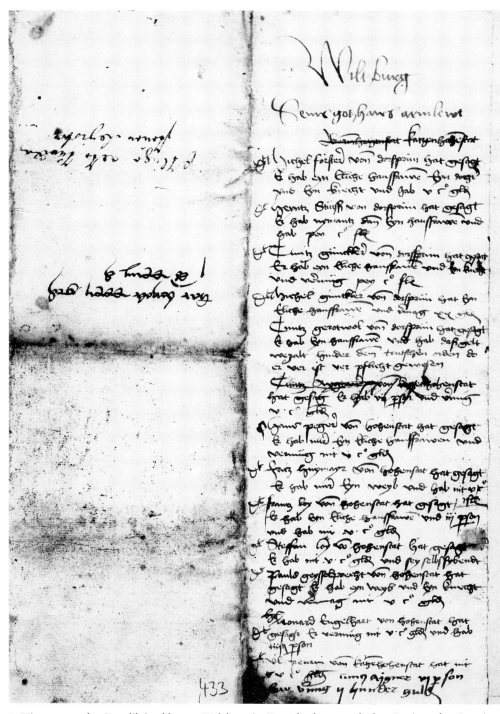

8 Hintersassen des Benediktinerklosters Wülzburg in Kattenhochstatt nach dem Register des Gemeinen Pfennigs 1495/97, Aufnahmeliste im Amt (StA Nürnberg, Fürstentum Ansbach, Literalien Nr. 323 fol. 433)

Wiltzburg seins
gotzhaus arm leut

Catzenhohenstatt

δ R Michel forster vom dorf zum sein hausfraw ein dochter ein knecht

Haintz druff vom dorf zum sein hausfraw

Cuntz gunckler von dorf zum sein hausfraw vnnd ein knecht

Michel gunckler von dorf zum sein hausfraw

Cuntz gerotnesl von dorf zum sein hausfraw hat gesagt er hab das gelt
behalt hunter dem teutzschen orden so er vor ist verpflicht gewesn

Hanns pager von hohenstatt sein hausfrawen

fritz bürymayr vom hohenstat sein hausfrawen

franntz loy von hohenstatt sein hausfrawen vnnd drey persön

Steffan loy von hohenstatt selb sibendt

paulus gasselprecht von hohenstatt sein weib ein knecht

lenhart engelhart von hohenstat selb viert

oll pewrin vom catzenhohenstatt

Cuntz aigner von catzenhohenstatt selb sechst

Holtzing

Hanns sürymayr von holtzing sein hausfraw

Cuntz offinner von holtzing sein hausfraw

Hanntz platner von holtzing selb sibendt

ollein pewrlein vom holtzing selb viert

volbort albrecht vom holtzing sein hausfraw ein sün

hans mainer vom holtzing sein weib

Steffan schneider vom holtzing sein hausfraw vnd fünff persön

michel könhelein vom holtzing selb sechst

hanns glatz von holtzing selb dritt

endres merkel vom holtzing selb fünfft

δ R hanns schneider von holtzing sein weib ein knecht ein magd

9 Hintersassen des Benediktinerklosters Wülzburg in Kattenhochstatt nach dem Register des Gemeinen Pfennigs 1495/97, Reinschrift der markgräflichen Kanzlei
(StA Nürnberg, Fürstentum Ansbach, Reichstagsakten Nr. 7 fol. 153 neu, fol. 345 alt)

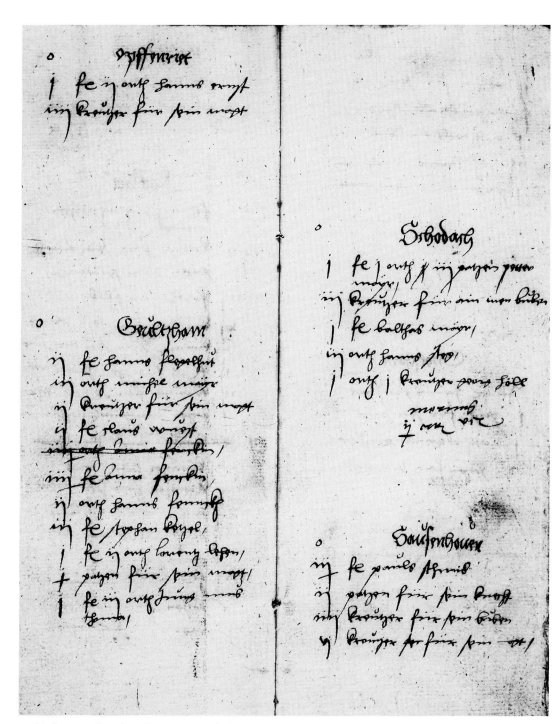

10 Türkensteuerliste des Klosteramts Heidenheim 1542
(StA Nürnberg, Fürstentum Ansbach, Oberamtsakten Nr. 710 Produkt 20 fol. 4v–5r)

11 Eintragungen für Mimmenhausen bei Salem im Salemer Reisgeldregister von 1488 (GLA Karlsruhe 98/2007 fol. 2r)

Mülingen

12 Eintragungen für Mühlingen bei Stockach im Raithaslacher Hofjüngerbuch der Konstanzer Dompropstei von um 1600 (GLA Karlsruhe 229/84039 fol. 21v)

13 Verzeichnis von Steuerpflichtigen der Grafschaft Wertheim in Kembach sowie von Ausleuten in Ober- bzw. Unterleinach um 1359/73 (StA Wertheim G 54 Nr. 93 fol. 25v)

Hy sunt pprij homines utuisqz sex[us]
ad eum epm spectantes yn villis
infrascriptis residentes pmo cum

Cwaldorf
Pmo tres filij dca Bünen
Heinr Lesser et conr fratres
It Duo filij dca Fritagin
Conr filius dca Swebin
It filius dca Boppin
Conr Sydel
Conr de anungoltzheim
Conr Schöning de Tuwelnheim
Dns Gerd et fr sius

Fere ibidem
Pmo dca Behirmin
It Dca Oslenhelm et soror ei
It Vxor Sifridi dca Oslochfuts et libi
ei utruisqz sex
It Elsa filia Drahier
It Metza dca Holtzappfelin
It Vxor dca Ochost et soror eius
It Metza vxor conr dca Sidel
It Vxor Drahier dca Osed et due filie
It Metza in inferiori fine villa Waldorf
It Metza Swebin filia dca Schüler
It Dca Boppin
It Dca Fritagin et filia eius
It Vxor conr dca Lesser
It Vxor conr dca Hartman

Nusseloch
Pmo Hermannus dns over-stelle
It Contze filius dca Lindemannin

de Balruck

Wizenloch
Pmo conr dns Werder
It Dns Cartman ibidm
It Dns Werg
It Hedela vxor dca Werd p dca
It Vxor Johis natus conr in curia

Frauwenwiler
Pmo Gerkelinus filius Sfridia
dca Enslinheim
It Drahinus filius dca Crutze de
Matchenbz
It Gerhusa nata Sfridia de enselnhein
It nata dca Heinr de Balruck vxor
Albtin dca Hunigman

Nusenbz
Pmo Dietzo Oratman
It Heinr Oralsel
It Hman Bierling
It Heinr filius dca Heintzelman
It Jacobus de Nusenbz
It Dns Orese de Nusenbz
It Vxor pem Oruli de Nusenbz fere
It nata dca Heintzelman et cognata
eius et dca Ellekint filit generis e
It Dca Orahelin et Thusa filia eius
It Demut legitia Heinr dca Sigel
It Agnes filia dca Nolin

Buercal
Pmo Sunherus filius dca Albrehtin

14 Verzeichnis speyerischer Leibeigener von um 1343/47 (LA Speyer F 1/63 fol. 25r)

15 Vorwort zur Bevölkerungsaufnahme im Hochstift Speyer 1469/70 und Anfang des Verzeichnisses für die Residenz Udenheim (GLA Karlsruhe 67/296 fol. 13r)

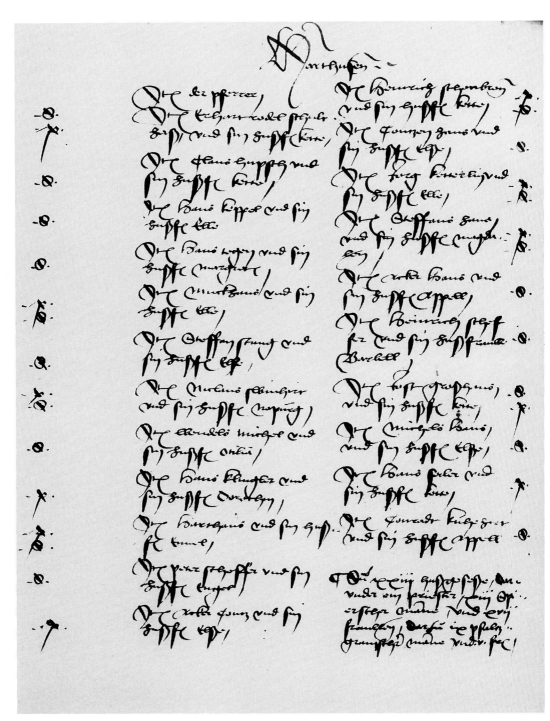

16 Eintragungen für Harthausen bei Speyer in der speyerischen Bevölkerungsaufnahme von 1469/70 (GLA Karlsruhe 67/296 fol. 95v)

17 Verzeichnis von Ausleuten des Amts Kislau in der speyerischen Bevölkerungsaufnahme von 1469/70 (GLA Karlsruhe 67/296 fol. 56r)

Es nach tödtlichem abgang weyland des Hoch-
wirdigen durchlauchtigen hochgebornen für-
sten und herren herren Georgen Bischowen zu Spyr
Pfaltzgraven bey dem Rhein hertzogen in Beyern ꝛc. hoch-
löbiger und löblicher gedechtnus, durch schickung
und nach dem willen des Allmechtigen Und ein
frey einhellige wale der Hochwirdig fürst und
herr herr Philips Bischow zu Spyer zu regierung und verwaltung desselbigen stiffts
khomen, haben ire fürstlich gnaden uß vielen
hochbewegklichen ursachen und sondern fürsich-
tigkeit alle ire fürstlichen gnaden hinder-
sassen underthanen angehörigen und verwanth
Edell und unedell geistlich und weltlich, jung
und alt, manlichs und frawlichs geschlechts,
undersidlich und mit sonder anzeige wann
und wie ein yede person mit erbeigenschaft
zugethan und verwanth sy, Auch daruber alle
ire fürstlichen gnaden und des stiffts
erbeigen so usserhalb desselbigen und hinder
andern herschafften gesessen, sampt andern
uffzeichnussen die kunftiglich dem stifft
zu gutem wole zu mercken nachzusuchen, der
massen von seiner fürstlichen gnaden selbs
person uns biß uff den wenigsten und sovil
möglich und dieser zyt den ersten beschriben
lassen, uff Sontag nach Trinitat
Anno ꝛc. Im funffzehenhundertsten und dreis-
sigsten Jare. Und Erstlich

15.30. Ð 13.

18 Vorwort zur Speyerer »Volkszählung« von 1530 (GLA Karlsruhe 67/314 fol. 56r)

Salmbach

Darher Henrel   *Arn Wendel*

ii ß g   Otilia sin huß   Anna sin huß   d pd iiij ß gerkrust

ij ß   Hünnann Hans   Arnolt Henlee

d pd   Anna sin huß   Otilia sin huß gerkrust

iiij ß Adam Schwap   Cöln Herlee ß

g Margreta sin huß   Jennagts sin huß Zißg

Zießg Bastian Zimmerman   Hinter Wendel

Zießg Barbara sin huß   Agnes sin huße Zießg ij ß

g Vere Frißberger   Crutteß Catherin g

d pd Otilia sin huß

g Rüdiger Henlee   Summarn zu Salmbach

ij ß   Adam

ferk Margret sin huß   127 persshonen

                    70 hußhaber darund

j ß d pd Hüner Margret   j priester

      witwe   11] Ergynißt] man

g Margret dürhanß   20]   ] frau

      witwe   6] Pfalßer] man

                    5]   ] frau

ferk Hans derk   40] man] knecht

ij ß g Margreta sin huß   37] frau] und adlmen

                    176 kinder

19   Eintragungen für Salmbach bei Lauterburg in der Speyerer »Volkszählung« von 1530
(GLA Karlsruhe 67/314 fol. 285v)

Dise lüt hoeiber so geyn
Kirwiler vt supra
vogtent

Speyer

Hannes Heinrich vō
gros dorghter v. grifffeßtat
Hanügs Woeffen gauß
Vaindor Vercres gauß

Jockheim

Koeßen Ann
Kuns Margret
Appree Vrettins gußhe
Anna Merk geren dorgh

Hatzbach

Catrmina Cützingers
dorghter
Margret gauhßter agat
truns dorghter
Peter gagens gauhße
Appree gauuar Verrchs
gauhße
Margan Vickn gußhe
Caßpres Appree von
grifffeßtat

Darstatt

Margret Vick eigeers
dorghter
Appree Panrichßn dogh
Heun Verc393 Vaueree

20 Verzeichnis von Ausleuten des Amts Kirrweiler in der Speyerer »Volkszählung« von 1530
(GLA Karlsruhe 67/314 fol. 407r)

Bevölkerungsstatistische Quellen Frankens

Bestand und Probleme, dargestellt am Beispiel des Fürstentums Brandenburg–Ansbach–Kulmbach

VON GERHARD RECHTER

Im Morgengrauen des 26. Februar 1515 nach dem traditionellen großen Faschingsball auf der oberhalb Kulmbachs gelegenen Plassenburg ging dort Ungeheuerliches vor sich: Kasimir und Johann, die Söhne des regierenden Markgrafen Friedrich des Älteren von Brandenburg, der sich nach »lärmenden Tänzen und Gelagen«[1] in sein Gemach zurückgezogen hatte, brachen die Türen ein, weckten den Vater mit »schändlichen Flüchen«[2] und erklärten den von Schlaf und Wein Benommenen für abgesetzt und gefangengenommen[3]. Seine mehr oder weniger abgepreßte Unterschrift unter die vorbereitete Abdankungsurkunde zugunsten der Söhne sollte den Staatsstreich rechtlich, das ausgestreute Gerücht von seiner *plodigkeyt* moralisch absichern.

Freilich, anders als die putschenden Söhne, von denen Kasimir als treibende Kraft anzusehen ist[4], glaubhaft machen wollten, war hier kein geistesgestörter Tyrann und Landsverderber abgesetzt worden, vielmehr ging für das Fürstentum Brandenburg–Ansbach–Kulmbach[5] ein Herrscher verloren, der trotz aller persönlichen Schwächen eine für die damaligen Verhältnisse geradezu vorbildliche Wirtschaftspolitik betrieben und damit die Wohlfahrt des

---

1 K.H. Ritter VON LANG, Geschichte des Fürstentums Ansbach-Bayreuth, hg. von A. BAYER, Ansbach ²1911, S. 77.

2 Ritter VON LANG (wie Anm. 1) S. 77.

3 R. SEYBOTH, Die Markgraftümer Ansbach und Kulmbach unter der Regierung Markgraf Friedrichs des Älteren (1486–1515) (SchrrReiheHistKommBayerAkadWiss 24), Göttingen 1985, S. 405–434.

4 SEYBOTH (wie Anm. 3) S. 412f. und 424f.; G. SCHUHMANN, Die Markgrafen von Brandenburg-Ansbach (90. JbHistVMittelfranken), Ansbach 1980, S. 69–71.

5 Trotz der Dispositio Achilleia 1477, welche die endgültige Teilung der fränkischen Zollernlande festlegte, sollte für die Zeit um 1500, also nach dem Tod Markgraf Sigmunds 1495 und nunmehriger Alleinregierung des Markgrafen Friedrich des Älteren, von einem Fürstentum gesprochen werden, wies dieses doch einen Regenten auf und tagten die Landstände gemeinsam. Zudem war die Bedeutung des Fränkischen Kreises, der zweifelsohne die klare Scheidung zwischen Brandenburg-Ansbach und Brandenburg-Kulmbach förderte, bis etwa 1525 gering; vgl. F. HARTUNG, Geschichte des Fränkischen Kreises. Darstellung und Akten 1: Die Geschichte des Fränkischen Kreises von 1521–1559 (VeröffGesFränkG 2, 1), Leipzig 1910 (ND Aalen 1973), S. 120f.; dagegen B. SICKEN, Landesherrliche Einnahmen und Territorialstruktur. Die Fürstentümer Ansbach und Kulmbach zu Beginn der Neuzeit, in: JbFränkLdForsch 42 (1985) S. 153–248, hier S. 155; U. MÜLLER, Die ständische Vertretung in den Fränkischen Markgraftümern in der ersten Hälfte des 16. Jahrhunderts (SchrrZentralinstFränkLdKdeAllgRegionalforschUnivErlangenNürnberg 24), Neustadt a.d. Aisch 1984, S. 18–39.

Landes gefördert hat[6]. Für eine solche Politik war es aber zunächst nötig, sich einen Überblick über die gegebenen Verhältnisse und Möglichkeiten zu verschaffen.

Und dies war zweifelsohne nicht ganz einfach. Franken war neben Schwaben die territorial zersplittertste Landschaft im Gefüge des Alten Reiches[7]. Die bedeutendsten geistlichen Herrschaften waren die Hochstifte am Main, Bamberg[8] und Würzburg[9], denen sich Eichstätt am oberen und unteren Lauf der Altmühl[10] sowie die zum »Staat des Deutschmeisters« gehörigen Kommenden und Ämter des Deutschen Ordens[11] zugesellten. Bei den weltlichen Territorien nahmen unbestritten die aus dem alten Burggraftum Nürnberg hervorgegangenen Fürstentümer Brandenburg–Ansbach[12] und Brandenburg–Kulmbach[13], die für die Zeit am Ende des Spätmittelalters und vor der Organisation des Fränkischen Reichskreises freilich noch als Einheit gesehen werden können[14], den ersten Platz ein. Für die angesprochene Zeit galt dies um so mehr, als Nürnberg den weitaus größten Teil seines Landgebietes erst am Ende des Landshuter Erbfolgekrieges 1503/05 gewinnen konnte. Die Reichsstadt war damit endgültig zur unbestritten Ersten unter ihren fränkischen Schwestern Rothenburg, Schweinfurt, Weißenburg und Windsheim geworden[15].

6 SEYBOTH (wie Anm. 3) S. 366–388.
7 G. ZIMMERMANN, Franken, in: G. W. SANTE (Hg.), Geschichte der Deutschen Länder. Territorien-Ploetz 1: Die Territorien bis zum Ende des Alten Reiches, Würzburg 1964, S. 211–244; A. GERLICH, Staat und Gesellschaft [in Franken]. Erster Teil: bis 1500, in: M. SPINDLER (Hg.), Handbuch der Bayerischen Geschichte 4,1, München ²1979, S. 267–348; R. ENDRES, Staat und Gesellschaft, Zweiter Teil: 1500–1800, in: ebenda S. 349–415; Karten: J. ENGEL und E. W. ZEEDEN (Bearbb.), Großer Historischer Weltatlas 3: Neuzeit, München ⁴1981, S. 22f. (Deutschland 1648) und 38 (Deutschland 1789); M. SPINDLER und G. DIEPOLDER, Bayerischer Geschichtsatlas, München 1969, S. 25 (Franken um 1500).
8 Um 1790: ca. 65 Quadratmeilen und 195000 Einwohner (J. K. BUNDSCHUH, Hg., Geographisches Statistisch-Topographisches Lexikon von Franken, 6 Bde., Ulm 1799–1818, hier 1, Sp. 237f.).
9 Um 1790: 94 Quadratmeilen und 262000 Einwohner (BUNDSCHUH 6, wie Anm. 8, Sp. 362f.).
10 Um 1790: 20 Quadratmeilen und 57000 Einwohner (BUNDSCHUH 1, wie Anm. 8, Sp. 732f.).
11 Um 1790: ca. 10000 Anwesen in 1550 Orten mit 80–100000 Seelen; H. H. HOFMANN, Der Staat des Deutschmeisters. Studien zu einer Geschichte des Deutschen Ordens im Heiligen Römischen Reich Deutscher Nation (StudBayerVerfSozG 3), München 1964, S. 445.
12 Eine heutigen Ansprüchen genügende Monographie fehlt; zur Ämtergliederung vgl. SCHUHMANN (wie Anm. 4) S. 336–351; O. HERDING, Die Ansbacher Oberämter und Hochgerichte im 18. Jahrhundert, in: JbFränkLdForsch 5 (1939) S. 102–131. Zur Literatur bis 1945 vgl. G. PFEIFFER (Bearb.), Fränkische Bibliographie (VeröffGesFränkG 11/3, 1), Würzburg 1965, S. 24–34.
13 Eine moderne Monographie fehlt; zur Ämtergliederung vgl. M. HOFMANN, Die Außenbehörden des Hochstifts Bamberg und der Markgrafschaft Bayreuth, in: JbFränkLdForsch 4 (1938) S. 53–103; G. ZIMMERMANN, Territoriale Staatlichkeit und politisches Verhalten, in: E. ROTH (Hg.), Oberfranken in der Neuzeit bis zum Ende des Alten Reiches, Bamberg 1984, S. 9–81. Zur Literatur bis 1945 vgl. PFEIFFER Bibliographie (wie Anm. 12) S. 135–143.
14 Wie Anm. 5.
15 Nürnberg: G. SCHNELBÖGL, Zwischen Zollern und Wittelsbachern, in: G. PFEIFFER (Hg.), Nürnberg – Geschichte einer europäischen Stadt, München 1971 (ND München 1982), S. 120–127; Rothenburg o. T.: E. KEYSER und H. STOOB, Bayerisches Städtebuch 1 (Deutsches Städtebuch 5,1), Stuttgart 1971, S. 460–473; Schweinfurt: ebenda S. 499–526; Weißenburg: ebenda S. 570–575; Windsheim: ebenda S. 86–92.

»Charakteristisch für die fränkische Geschichte seit dem Spätmittelalter ist die Bedeutung des Adels« [16]. Neben den alten Edelfreien- und Grafengeschlechtern Hohenlohe [17], Castell [18] und Henneberg [19] hatten sich weitere Herrengeschlechter wie die aus dem Haus Seinsheim hervorgegangenen Schwarzenberg [20] etablieren können. Wie die Belehnung des Hans von Seckendorff-Aberdar zu Sugenheim mit einem eigenen Hochgerichtsbezirk (1500) [21] zeigt, gelang darüber hinaus auch Angehörigen des zumeist der landesherrlichen Ministerialität entstammenden Niederadels der Erwerb territorialer Hoheitsrechte [22]. Und auch wenn dies nicht erreicht werden konnte, so stand der Zusammenschluß der Ritterschaft des Landes zu Franken in den sechs Kantonen Altmühl, Baunach, Gebürg, Odenwald, Rhön und Werra sowie Steigerwald doch für die politische Eigenständigkeit des niederen Adels, der sich fortan nur dem Kaiser untertan fühlte [23]. Daran änderte auch die Trägerschaft von Lehen und Ämtern aus Händen der Territorialherren nichts. Diese wiederum versuchten, die Reichsritter zu Landsassen herabzudrücken, was aufgrund der rechtlichen Gegebenheiten in nennenswertem Umfang aber nur im Fürstentum Brandenburg–Kulmbach (und auch hier nur in dem im wesentlichen aus geschlossenen Rodungsherrschaften zusammengewachsenen Oberland) gelungen ist [24].

Den 1191/92 als kaiserliche Burggrafen aus Schwaben nach Nürnberg gekommenen und 1363 in den Reichsfürstenstand aufgestiegenen Zollern, die 1415/17 aus der Hand Kaiser Sigismunds auch die Kurmark empfingen, kann eine erfolgreiche Territorialpolitik bescheinigt werden [25]. Dennoch ist festzuhalten, daß der Territorialausbau im Unterland, das heißt vor allem für das Fürstentum Brandenburg–Ansbach, letztendlich bis zum Ende des Alten Reiches

16 A. GERLICH, Adel und Ritterschaft, in: SPINDLER (wie Anm. 7) S. 304–323, hier S. 305.
17 K. WELLER, Geschichte des Hauses Hohenlohe, 2 Bde., Stuttgart 1903–1908.
18 A. SPERL, Castell. Bilder aus der Vergangenheit eines deutschen Dynastengeschlechts, Stuttgart 1908.
19 GERLICH (wie Anm. 16) S. 312f.
20 K. Fürst ZU SCHWARZENBERG, Geschichte des reichsständischen Hauses Schwarzenberg (VeröffGesFränkG 9/16), Neustadt a.d. Aisch 1963; F. ANDRASCHKO, Schloß Schwarzenberg im Wandel der Zeiten, Neustadt a.d. Aisch ²1967.
21 Gutsarchiv Obernzenn (Blaues Schloß), Johann Philipp Schneider, Seckendorffische Geschlechts-Beschreibung der Linie Aberdar (Manuskript) 1, 1699, S. 210–212.
22 H. H. HOFMANN, Adelige Herrschaft und souveräner Staat. Studien über Staat und Gesellschaft in Franken und Bayern im 18. und 19. Jahrhundert (StudBayerVerfSozG 2), München 1962, S. 47–54.
23 Vgl. HOFMANN, Adelige Herrschaft (wie Anm. 22) S. 95 Anm. 230; H. VON MAUCHENHEIM GEN. BECHTOLSHEIM, Des Heiligen Römischen Reichs unmittelbar-freie Ritterschaft zu Franken Ort Steigerwald im 17. und 18. Jahrhundert (VeröffGesFränkG 9/32), Neustadt a.d. Aisch 1972; W. VON STETTEN, Die Rechtsstellung der unmittelbaren freien Reichsritterschaft, ihre Mediatisierung und ihre Stellung in den neuen Landen, dargestellt am fränkischen Kanton Odenwald (ForschWürttFranken 8), Schwäbisch Hall 1972.
24 HOFMANN, Adelige Herrschaft (wie Anm. 22) S. 108.
25 A. SCHWAMMBERGER, Die Erwerbspolitik der Burggrafen von Nürnberg in Franken (bis 1361) (ErlangAbhhMittlNeuerG 16), Erlangen 1932; vgl. SCHUHMANN (wie Anm. 4) passim. Für Brandenburg–Kulmbach: LANG (wie Anm. 1); M. HOFMANN (wie Anm. 13) S. 81–98. Auf die einschlägigen Bände des Historischen Ortsnamenbuches und des Historischen Altaswerks von Bayern kann hier nur summarisch aufmerksam gemacht werden.

nicht abgeschlossen werden konnte. Ursächlich hierfür ist, neben der bereits angesprochenen Stellung des Niederadels, die im Unterschied zu den Oberlanden wesentlich stärkere Konkurrenz mit anderen Dynastengeschlechtern, wie Hohenlohe und Oettingen, sowie mit den Reichsstädten.

Vor allem Nürnberg sollte sich immer wieder als große Konkurrentin erweisen. Zudem hatte der 1427 aus Geldnot erzwungene Verkauf der seit dem Bayerischen Krieg 1405 zerstörten Burggrafenburg mitsamt ihren Zugehörungen an die Reichsstadt[26] eine Reihe offener Fragen, vor allem wegen der Gerechtsame in den Reichswäldern, hinterlassen, die in der Folgezeit zum Quell beständiger Streitigkeiten zwischen der Stadt und den Markgrafen wurden[27].

Ungeklärte Rechtszustände gab es freilich auch andernorts. Auslösendes Moment hierfür waren die Besonderheiten des fränkischen territorium non clausum mit seinen Lehrsätzen *in sed non de territorio* und *in Franconica non est ius sed observantia*[28]. Herrschaft war die Bündelung möglichst vieler Hoheitsrechte in einer Hand, wobei seit dem ausgehenden Mittelalter die superioritas territorialis, die volle Landesherrschaft also, das erklärte Ziel war. Nach markgräflicher, allerdings erst im 18. Jahrhundert voll ausformulierter Sicht *heisset jus territorium: possessio regalium quorundam eminentiorum, als da sind 1. die fraisch- und hochfraischliche Obrigkeit, 2. der Wildbann, 3. der Zoll und 4. das Landgericht, oder auch nur die Fraisch allein. Woraus man dann absonderlich bei den hochfürstlich brandenburgischen Häusern den Schluß machet: Wem diese nun erzählte Hohe Jura an Orten und Enden zustehen, dem gehöret auch das exercitium aller übrigen und viel geringeren iurium, wenn auch kein einziger brandenburgischer Untertan, sondern lauter Fremde und Ausherrische darinnen angesessen sind*[29]. Natürlich teilten keineswegs alle Herrschaften diese für Brandenburg–Ansbach besonders günstige Sicht[30], und vor allem die Reichsritterschaft hatte allen Anlaß, sich dem Stoßseufzer des Landvermessers und Salbuchrenovators Johann Ludwig Peter Vetter[31] anzuschließen: *Obgleich diese Landes-Herrlich- oder Obrigkeit von alters im*

26 StA Nürnberg, Rep. 1a, Reichsstadt Nürnberg, Päpstliche und Fürstliche Privilegien, Nr. 198–200 und 203.

27 StA Nürnberg, Rep. 4, Reichsstadt Nürnberg, Differentialakten; Rep. 105, Fürstentum Ansbach, Nürnberger Bücher; vgl. J. Müllner, Die Annalen der Reichsstadt Nürnberg von 1623 2: Von 1351 bis 1469, hg. von G. Hirschmann (QGKulturStadtNürnberg 11), Nürnberg 1984, S. 256–264; G. Hirschmann, Zeitalter des Markgrafen Albrecht Achilles, in: Pfeiffer, Nürnberg (wie Anm. 15), S. 115–120; H. H. Hofmann, Kampf um die Selbstbehauptung, in: Pfeiffer, Nürnberg (wie Anm. 15) S. 303–310.

28 Hofmann, Adlige Herrschaft (wie Anm. 22) S. 68 und 78.

29 StA Nürnberg, Fürstentum Ansbach, Historika, Nr. 233 (Anleitung zur nöthigen Kenntnuß von der wahren und archivmäßigen Beschaffenheit des Hochlöblichen Fürstenthums Brandenburg–Onolzbach oder Burggrafthums Nürnberg unterhalb Gebürgs, zum Gebrauch des Durchlauchtigsten Erb-Prinzen entworfen von Johann Sigmund Strebel, anno 1751); vgl. G. Rechter, Das Land zwischen Aisch und Rezat. Die Kommende Virnsberg Deutschen Ordens und die Rittergüter im oberen Zenngrund (SchrrZentralinstFränkLdKdeAllgRegionalforschUnivErlangenNürnberg 20), Neustadt a.d. Aisch 1981, S. 444.

30 Rechter, Das Land zwischen Aisch und Rezat (wie Anm. 29) S. 443–445.

31 O. Herding, Die politische Landesbeschreibung in der Markgrafschaft Ansbach, in: JbFränkLdForsch 4 (1938) S. 26–52; K. Hauck, Johann Georg Vetter (1681–1771). Der Schöpfer der ersten einheitlichen Ansbacher Oberamtsbeschreibung und Landkarte, in: JbFränkLd-

Reich ein ganz unbekanntes Ding gewesen und durch die Capitulation Caroli V. (1519) allererst [...] diese Mißgeburt auf die Welt gebracht worden, so hat solche jedoch inzwischen so viele Strittigkeiten verursacht, tut auch solche noch täglich causieren, also daß ein eximirter immediater Reichs-Cavallier wohl Ursach hat, sich jederzeit wieder in gnugsamen Defensions-Stand erfinden zu lassen[32].

Die Ableitung von Landeshoheit aus der Bündelung verschiedener Einzelregale, wobei Vollständigkeit nicht erforderlich ist, macht ihre Definition schwierig und läßt in letzter Konsequenz die genaue Größenbeschreibung eines Territoriums gar nicht zu[33]. So zeigt das Kartenbild »Franken am Ende des Alten Reiches« den Umfang der Herrschaften allein auf der Grundlage der (wichtigen) »Dorf- und Gemeindeherrschaft«[34]. Aussagen über die Flächengröße zum Beispiel des Fürstentums Brandenburg–Ansbach können sinnvoll daraus aber nicht gewonnen werden, da hier zudem noch andere Parameter, wie etwa Fraischgrenzen, zu berücksichtigen sind.

Hierher ist auch die Herrschaft über Personen zu stellen, wobei sich in Franken im Spätmittelalter die Grundherrschaft eindeutig gegenüber der Leibherrschaft durchgesetzt hat[35]. Wesentliches Element der frühneuzeitlichen Staatsbildung aber wurde die Gerichts- oder Vogteihoheit[36], obschon die Grundherrschaft nicht zum reinen Rentenbezugsrecht degenerierte und mit Pfändungs- und Abstiftungsbefugnis dem Herrn weiterhin eindeutig hoheitliche Qualitäten zukamen[37]. Die herrschaftliche Gemengelage in den Dörfern und die Vielfalt der Rechtsbeziehungen zwischen Herren und Holden lassen aber eine einfache Antwort auf die Frage nach Einwohnerzahlen von Territorien nicht zu. Zusammenfassend ist demnach festzuhalten, daß die im fränkischen territorium non clausum weitgehend konservierten Gegebenheiten des mittelalterlichen Personenverbandsstaates eine eindeutige Bestimmung von »Staatsgebieten« und Bevölkerungszahlen nach heutigem Verständnis vereiteln.

Welche Quellen stehen hier für die Ermittlung von Bevölkerungszahlen zur Verfügung? Allgemein sind zum einen Vorlagen gefordert, die überhaupt demographisch verwertbares Material beinhalten; zum anderen müssen sie aber auch vergleichbar bei allen (oder bei möglichst vielen) Herrschaften für ein umrissenes Gebiet anfallen, um Aussagen für eine Landschaft zu ermöglichen. Trotz der Gemengelage darf der erfaßte Personenkreis aber jeweils nur von einer Herrschaft erfaßt werden, um so einer Scheinvermehrung der Bevölke-

---

Forsch 11/12 (1953) S. 297–322, hier S. 300 ff.; G. TIGGESBÄUMKER, Zur Geschichte der Kartographie in Mittelfranken, in: 92. JbHistVMittelfranken (1984/85) S. 123–142, hier S. 135.
32 Gutsarchiv Unternzenn, Johann Peter Ludwig Vetter, Grund-, Sal- und Lagerbuch über das dem Reichs-Frey-Hochwohlgebohrnen Herrn Herrn Christoph Friedrich Freyherrn v. Seckendorff... zugehörige mannlehenbare Rittergut Unternzenn, 1712, S. 17.
33 Entsprechend vorsichtig sind demnach die Angaben bei BUNDSCHUH (wie Anm. 8–10) zu betrachten.
34 H. H. HOFMANN, Mittel- und Oberfranken am Ende des Alten Reiches (1792) (HistAtlas-BayernFranken 2/1), München 1954, Kartenbeilage; H. H. HOFMANN, Unterfranken und Aschaffenburg mit den Hennebergischen und Hohenlohischen Landen am Ende des Alten Reiches (1792) (HistAtlasBayernFranken 2/1a), München 1956, Kartenbeilage; vgl. Anm. 7.
35 I. BOG, Dorfgemeinde, Freiheit und Unfreiheit in Franken (QForschAgrarg 3), Stuttgart 1956.
36 HOFMANN, Adelige Herrschaft (wie Anm. 22) S. 80 f.
37 Herrn Dr. Robert Schuh, Nürnberg, sei hier für seine freundlichen Hinweise nachdrücklich gedankt.

rungszahl entgegentreten zu können[38]. Für die Fürstentümer Brandenburg–Ansbach und Brandenburg–Kulmbach mit ihrer seit dem 16. Jahrhundert hochentwickelten Landesbeschreibung[39] wird der Suchende schon bald auch für das Ende des Spätmittelalters auf einschlägige Quellen stoßen. Markgraf Friedrich der Ältere, der nach dem Tod seines Bruders Sigmund am 26. Februar 1495 die fränkischen Lande der Zollern in seiner Hand vereinigen konnte[40], ließ, da er nur für die Ämter Plassenburg und Bayreuth zwei (überholte) Urbare von 1398 beziehungsweise 1444 vorfand[41], für den Bereich des Oberlandes neue Landbücher anfertigen[42]. Sie geben Auskunft über alle durch irgendwelche Rechtstitel an den Markgrafen gebundenen Holden, wobei neben dem Namen auch die Rechtsgrundlage (Grundholde, Inhaber eines walzenden Lehens etc.) aufgezeichnet wird. Für das Unterland beziehungsweise für den Bereich des Fürstentums Brandenburg–Ansbach setzt die urbarielle Überlieferung – abgesehen von den nur teilweise erhaltenen Salbüchern aus der Mitte des 14. und aus der ersten Hälfte des 15. Jahrhunderts[43] – erst mit dem 1529 angefertigten Urbar für das Kastenamt Ansbach ein[44]. (Eine Zusammenstellung der bislang edierten Salbücher aus dem fränki-

38 So kann zum Beispiel ein Gutsinhaber bei einer anderen Herrschaft ebenfalls als solcher auftauchen (Handroßinhaber!) und so eine scheinbar größere Haushaltszahl für ein bestimmtes Gebiet (Dorf) vortäuschen.

39 Wie Anm. 31.

40 SEYBOTH (wie Anm. 3) S. 390.

41 Plassenburg: StA Bamberg, Rep. 222/2/3, Bayreuther Standbücher, Nr. 6530; vgl. Chr. MEYER, Das Landbuch der Herrschaft Plassenburg vom Jahr 1398, in: HohenzollForsch 1 (1892) S. 162–388; Bayreuth: StA Bamberg, Rep. 222/2/3, Bayreuther Standbücher, Nr. 6251; vgl. A. KÖBERLIN und K. RAAB, Landbuch von Bayreuth-Kulmbach aus der Mitte des 15. Jahrhunderts, in: ArchGOberfranken 22 (1903) S. 1–23.

42 SEYBOTH (wie Anm. 3) S. 375 f. Bayreuth 1499: StA Bamberg, Rep. 222/2/3, Bayreuther Standbücher, Nr. 6252; Sechsämter 1499: ebenda Nr. 7060; vgl. F. W. SINGER, Das Landbuch der Sechsämter 1499, Wunsiedel 1987; Neustadt a. Kulm 1501: StA Bamberg, Rep. 222/2/3, Bayreuther Standbücher, Nr. 6525; Hof 1502: ebenda Nr. 6521, Auszüge bei Chr. MEYER, Das Landbuch von Hof vom Jahre 1502, in: HohenzollForsch 3 (1894) S. 449–464 und 4 (1896) S. 1–144. Hinzuweisen ist auf die Zinsbücher für das Amt Kulmbach, 1502 (StA Bamberg, Rep. 222/2/3, Bayreuther Standbücher, Nr. 6531), das Kloster Himmelkron, 1500 (ebenda Nr. 6580 und 6581) und das Amt Böheimstein, 1500 (ebenda Nr. 6518; Abschrift des Philipp Ernst Spieß, 18. Jahrhundert).

43 Die Urbare des Burggraftums Nürnberg unter dem Gebirge (Monumenta Boica 47 und 48, NF 1 und 2), München 1902–1912.

44 StA Nürnberg, Rep. 122, Fürstentum Ansbach, Salbücher, Nr. 9; vgl. G. RECHTER, Das Reichssteuerregister von 1497 des Fürstentums Brandenburg–Ansbach–Kulmbach unterhalb Gebürgs (QForschFränkFamilieng 1), Nürnberg 1985, S. 499–514; auf nachstehende urbarielle Überlieferung sei aufmerksam gemacht: Unterland: Kloster Auhausen a. d. Wörnitz: Gültbuch 1491 (StA Nürnberg, Rep. 122, Fürstentum Ansbach, Salbücher, Nr. 12); Kloster Heilsbronn: Salbuch Propstei Bonnhof 1505/07 (ebenda Rep. 400 IV, Klosterverwalteramt Heilsbronn, Rechnungen, Nr. 411; vgl. StA Bamberg, Rep. A 180, Bayreuther Klöster, Nr. 7195), Propstei Merkendorf und Amt Wieseth (StA Nürnberg, Rep. 122, Fürstentum Ansbach, Salbücher, Nr. 69); Kloster Sulz: Gültbuch 1499 (ebenda Rep. ad 122, Fürstentum Ansbach, Partikulare, Nr. 197); Kloster Wülzburg: Salbuch 1493 (ebenda Rep. 122, Fürstentum Ansbach, Salbücher, Nr. 123). Für Kloster Heidenheim ist auf Steuerlisten 1507 ff. hinzuweisen (ebenda Rep. 165a, Fürstentum Ansbach, Oberamtsakten, Nr. 710). Die angegebenen Quellen sind teilweise ediert bei RECHTER (wie oben) S. 520–636. Markgräfliche Ämter: Ansbach: Salbuch 1529 (StA Nürnberg, Rep. 122, Fürstentum Ansbach, Salbücher, Nr. 9); Baiersdorf, Landbuch 1530 (ebenda Nr. 14); Burgthann,

schen und oberdeutschen Raum gibt übrigens Josef Hopfenzitz[45].) Allgemein findet sich die urbarielle Überlieferung in den fränkischen Staatsarchiven Bamberg und Würzburg in den Amts- und Standbuchreihen[46], in Nürnberg aber im Bestand Salbücher eines Territoriums[47] sowie als Außenamtsüberlieferung in den Abgaben der (jeweils für den Amtsort) zuständigen ersten bayerischen Behörden[48]. Als zweite Quellengattung sind Musterungslisten zu nennen, welche die Anzahl der Waffenfähigen (zuweilen mit ihrer Ausrüstung) aufzählen. Für den hier angesprochenen Zeitraum können allerdings bislang solche Listen im wesentlichen nur für die Reichsstadt Nürnberg beigebracht werden[49]. Allein für Nürnberg haben sich Totengeläutbücher als (dritte) bevölkerungsgeschichtliche Quellengattung erhalten[50]. Wie Mathias Simon

Salbuch 1530 (ebenda Nr. 22); Cadolzburg, Landbuch 1532 (ebenda Nr. 24 I–III); Dachsbach, Landbuch 1535 (ebenda Nr. 28); Gunzenhausen: Landbuch 1531 (ebenda Nr. 51); Hohentrüdingen, Salbuch 1532 (ebenda Nr. 58); Liebenau: Salbuch 1535 (StA Bamberg, Rep. 222/2/3, Bayreuther Standbücher, Nr. 7168); Neustadt a. d. Aisch: Landbuch 1531 (StA Nürnberg, Rep. 122, Fürstentum Ansbach, Salbücher, Nr. 80); Roth: Landbuch 1531 (ebenda Nr. 86); Schönberg: Landbuch 1531 (ebenda Nr. 91); Schwabach: Salbuch 1530 (ebenda Nr. 92); Schwand, Kornburg und Wendelstein: Landbuch 1530 (ebenda Nr. 93); Schwarzenbruck: Salbuch 1529 (ebenda Nr. 95); Uffenheim: Salbuch 1530/31 (ebenda Nr. 106); Wassertrüdingen: Salbuch 1535 (ebenda Nr. 111); Windsbach: Landbuch 1531 (ebenda Nr. 122 Salbuch 1522: ebenda. Nr. 121). Oberland: Landbücher der Ämter Böheimstein/Pegnitz (1530; StA Bamberg, Rep. 222/2/3, Bayreuther Standbücher, Nr. 6510), Kulmbach (1531; ebenda Nr. 6532 und 6532a), Kasendorf (1529; ebenda Nr. 6560), Wirsberg (1533; ebenda Nr. 6565), Stammbach (1533; ebenda Nr. 6570); Himmelkron (1547; ebenda Nr. 6582), Berneck (1536; ebenda Nr. 6660; vgl. M. Götz, Landbuch des Amtes Berneck, Gefrees und Goldkronach, in: ArchGObFrank 29, 1924, S. 98–124) und Schauenstein mit Berneck, Gefrees, Helmbrechts, Goldkronach, Wirsberg, Stammbach, Münchberg, Siebendörfer, Mittelberg und Sparneck'sche Güter (1531; StA Bamberg, Rep. 222/2/3, Bayreuther Standbücher, Nr. 6740). Landbuch Kulmbach auszugsweise bei Chr. Meyer, Das Landbuch von Stadt und Amt Kulmbach vom Jahr 1531, in: HohenzollForsch 4 (1896) S. 241–270.
45 J. Hopfenzitz, Studien zur oberdeutschen Agrarstruktur und Grundherrschaft. Das Urbar der Deutschordenskommende Oettingen von 1446/47 (SchrrReiheBayerLdG 75), München 1982, S. 12–15.
46 Vgl. Staatsarchiv Bamberg (KurzführerStaatlArchBayern 4), München o.J.; Staatsarchiv Würzburg (ebenda 10), München o.J.
47 Staatsarchiv Nürnberg (KurzführerStaatlArchBayern 9), München o.J.; StA Nürnberg, Rep. 59, Reichsstadt Nürnberg, Salbücher (hierin auch DO-Kommende Nürnberg!); Rep. 122, Fürstentum Ansbach, Salbücher; Rep. ad 122, Fürstentum Ansbach, Partikulare; Rep. 190 I, Eichstätter Literalien (1938 vom Hauptstaatsarchiv München abgegeben); Rep. 190 II, Eichstätter Archivalien (1882–89 vom StA Neuburg abgegeben).
48 In der Regel beim Rentamt. Diese Exemplare können bis zum Ende des Alten Reiches fortgeschrieben sein.
49 1441: StA Nürnberg, Rep. 52b, Reichsstadt Nürnberg, Amts- und Standbücher, Nr. 114; 1446: ebenda Nr. 116. Für die Stadt Salzbüchlein von 1447: ebenda Nr. 111. Zur Musterung Markgraf Kasimirs am Vorabend des Bauernkriegs vgl. StA Nürnberg, Rep. 107 I, Fürstentum Ansbach, Bauernkriegsakten, Nr. 2.
50 H. Burger (Bearb.), Nürnberger Totengeläutbücher 1: St. Sebald 1439–1517 (FreieSchrrFolgeGesFamilienforschFranken 13), Neustadt a. d. Aisch 1961; H. Burger (Bearb.), Nürnberger Totengeläutbücher 2: St. Lorenz 1454–1517 (ebenda 16), Neustadt a. d. Aisch 1967; H. Burger (Bearb.), Nürnberger Totengeläutbücher 3: St. Sebald 1517–1572 (ebenda 19), Neustadt a. d. Aisch 1972.

nachgewiesen hat[51], beginnt die Matrikelführung der Protestanten 1528 als Maßnahme gegen die Sekte der Wiedertäufer, während sie in den katholischen Bereichen erst nach dem Tridentinum einsetzt[52]. Für Franken beginnt diese Quelle aber erst nach den Schreckensjahren 1632 bis 1639 zu fließen[53].

Für die Belange der Bevölkerungsstatistik sind aber zweifelsohne (viertens) die Kopfsteuerlisten einträglicher, da sie naturgemäß ihren Hauptakzent auf die Anzahl der zu Besteuernden beziehungsweise Steuerfähigen legen und zuweilen – als Abgrenzung gegen die Nicht-Besteuerbaren – auch deren Status innerhalb der »Rechnungseinheit Haushalt« festhalten. Zunächst ist hier auf die reichsstädtischen Stadtrechnungen zu verweisen, welche die Bürger (das heißt Haushaltsvorstände) mit ihren Beiträgen zur Stadtsteuer aufzählen[54]. Ähnlich konnten wie die Erhebung von 1444 in den Markgraftümern zeigt[55], die Territorialherren zur Abdeckung dringlicher Ausgaben Landsteuern erheben, doch wurden diese mit den einzelnen Städten und Märkten pauschal ausgehandelt oder nach Leistungskraft auf die Ämter umgelegt. Die ältesten Kopfsteuerlisten Frankens aber wurden von außen her initiiert.

Zur Beschaffung der nötigen Mittel zur Sicherung des inneren und äußeren, hier vor allem durch die Türken bedrohten Reichsfriedens beschloß der Reichstag zu Worms am 7. August 1495 die Erhebung des Gemeinen Pfennigs[56]. Das war eine am Vermögen orientierte Kopfsteuer mit einer (zunächst) beschränkten Dauer von vier Jahren, die jeder im Reich, der älter als 15 Jahre (also volljährig) war[57], zu entrichten hatte. Dem angeschlagenen Vermögen wurden auch Renten und sonstige Nutzungen mit zugerechnet, für die der zeitübliche Zinssatz in Höhe von 5 % in Ansatz kam. Eine jährliche Rente von 25 fl entsprach somit einem Kapital von 500 fl, für das ein halber Gulden zu steuern war. Für ein Vermögen von 1000 fl war ein Gulden abzuführen, wer mehr sein Eigen nennen konnte, sollte leisten *sovil sein andacht ist,* also nach Selbsteinschätzung[58]. Wer weniger als 500 fl versteuerte – was die

51 M. SIMON, Zur Geschichte der Kirchenbücher. Die Anlage des ersten Kommunikantenbuches in Bayern, in: ZBayerKG 33 (1964) S. 169–174.
52 H. JEDIN, Das Konzil von Trient und die Anfänge der Kirchenmatrikeln, in: ZSRG KA 32 (1943) S. 419–494.
53 Vgl. dazu W. BIEBINGER (Bearb.), Pfarrbücherverzeichnis für die Evang.-Lutherische und Evang.-Reformierte Kirche des rechtsrheinischen Bayerns (Pfarrbücherverzeichnisse für das rechtsrheinische Bayern 8), München 1940.
54 Für Windsheim seit 1393 erhalten; W. SCHULTHEISS (Bearb.), Urkundenbuch der Reichsstadt Windsheim 741–1400 (VeröffGesFränkG 3/4), Würzburg 1963, Nr. 614.
55 Ritter VON LANG (wie Anm. 1) S. 30 f.
56 H. ANGERMEIER (Bearb.), Deutsche Reichstagsakten unter Maximilian I. 5: Reichstag von Worms 1495, Göttingen 1981, S. 537–569 und 1202–1258; H. ANGERMEIER, Gemeiner Pfennig, in: HRG 1, Berlin 1971, Sp. 1503–1506; H. ANGERMEIER, Die Reichsreform 1410–1555. Die Staatsproblematik in Deutschland zwischen Mittelalter und Gegenwart, München 1984, S. 164–199; E. GOTHEIN, Der Gemeine Pfennig auf dem Reichstag von Worms, Diss. phil. Breslau 1877.
57 ANGERMEIER, Reichstagsakten (wie Anm. 56) S. 1204.
58 ANGERMEIER, Reichstagsakten (wie Anm. 56); O. PUCHNER, Das Register des Gemeinen Pfennigs (1497) der Reichsstadt Nürnberg als bevölkerungsgeschichtliche Quelle, in: JbFränkLdForsch 34/35 (1975) S. 909.

überwiegende Mehrzahl der Steuerpflichtigen betraf[59] –, mußte allein die natürlich auch vom »Vermögenssteuerpflichtigen« zusätzlich noch zu leistende Kopfsteuer von einem Böhmischen Groschen oder ¼ fl beziehungsweise 10½ d) entrichten, wobei für einen Haushalt dessen Vorstand für alle Mitglieder herangezogen wurde.

Der Klerus aber sollte nur dem zuständigen Diözesanbischof steuern, wobei es in der Praxis des öfteren zu Unklarheiten oder gar zu Differenzen kam[60]. Die Juden hatten je Person einen Gulden zu reichen, wobei in den Gemeinden die Reicheren in erzwungener Solidarität für die Ärmeren einzustehen hatten[61]. Am 26. August 1496 bestimmte Maximilian die Reichsstadt Frankfurt am Main zur Sammelstelle für die neue Steuer, und die damit beauftragten Schatzmeister richteten mit Unterstützung des Rates ihr »Bureau«[62] im Römer ein. Am 23. März 1497 konnten sie als erste Zahlung 79 fl aus dem benachbarten kurmainzischen Amt Sponheim verbuchen, als letzte ist mit 1000 fl diejenige Lübecks am 27. Mai 1499 zu vermerken[63]. Von den fränkischen Territorialherren zahlte der Markgraf von Brandenburg–Ansbach–Kulmbach bereits am 23. Juni 1495 – also noch vor Einrichtung der Sammelstelle in Frankfurt – 1200 fl. Weitere 1469 fl 2½ ort 25½ d folgten am 12. August 1497[64]. Nürnberg lieferte seine Steuer sowie diejenige der übrigen fränkischen Reichsstädte mit einer Gesamtsumme von etwa 2326 fl am 31. August 1497 ein[65]. Am 15. September desselben Jahres folgte der Fürstbischof von Bamberg[66]. Ob der Fürstbischof von Würzburg gezahlt hat[67], ist unsicher; ebensowenig geklärt ist bislang die Haltung der Ritterschaft, die 1495 auf einem Tag zu Schweinfurt über den Gemeinen Pfennig beriet[68].

Auch die Steuerlisten führen natürlich nur einen Teil der in Rechtsbeziehungen zum Markgrafen stehenden Bevölkerung des Fürstentums auf[69]. So nennt die Steuerliste für das Kloster Heidenheim am Hahnenkamm 1533 nur 175 zugehörige Haushalte, die acht Jahre früher angelegte Huldigungsliste aber 306 eidleistende Personen, das heißt Haushaltsvor-

---

59 ANGERMEIER, Reichstagsakten (wie Anm. 56); RECHTER, Reichssteuerregister... unterhalb Gebürgs (wie Anm. 44) S. 687–691; G. RECHTER, Das Reichssteuerregister von 1497 des Fürstentums Brandenburg–Ansbach–Kulmbach oberhalb Gebürgs (QForschFränkFamilieng 2), Nürnberg 1988, S. 235f.

60 So beim obergebirgischen Amt Selb: *Item dy geystlichen widersezen sich; und zu Regenspurg sich zu erkunden, wy zu halten* (RECHTER, Reichssteuerregister... oberhalb Gebürgs, wie Anm. 59, S. 137).

61 PUCHNER (wie Anm. 58) S. 909.

62 R. JUNG, Die Akten über die Erhebung des gemeinen Pfennigs von 1495ff. im Stadtarchiv zu Frankfurt am Main, in: KorrBlGesamtvereinDtGAltertumsVer 8 (1909) Sp. 328–335.

63 RECHTER, Reichssteuerregister... unterhalb Gebürgs (wie Anm. 44) S. XII.

64 StA Bamberg, Rep. C3, Hofrat Ansbach-Bayreuth, Nr. 1976.

65 PUCHNER (wie Anm. 58) S. 915.

66 StA Bamberg, Rep. B21, Bamberger Kanzleibücher, Nr. 103, fol. 157v–158.

67 RECHTER, Reichssteuerregister... unterhalb Gebürgs (wie Anm. 44) S. XIIf.

68 RECHTER, Reichssteuerregister... unterhalb Gebürgs (wie Anm. 44); ANGERMEIER, Reichstagsakten (wie Anm. 56) S. 1234–1258.

69 Nämlich den steuerbaren! Unklar bleibt ferner die Besteuerung des markgräflichen Gesindes sowie der anderen Bediensteten; so wird im Amt Baiersdorf der Wildmeister besteuert, während Torwart, Tormann und Wächter im Schloß nichts bezahlen müssen (RECHTER, wie Anm. 44, Nr. 6238f.). Bei den Hintersassen der Pfründe zu Uttenreuth zeigt sich übrigens, daß die Gerichts- oder Vogteihoheit nicht automatisch auch die Steuerhoheit beinhaltet hat: *Die pfrund zu Vtenrewt, die hat etlich armlewt, sein gerichtbar, der ist keiner angeschlagen [...]* (ebenda Nr. 6240).

stände[70]. Huldigungspflichtig waren demnach nicht allein die Besitzer von Anwesen sowie Hausgenossen, sondern auch die Inhaber bloßer Feldlehen, deren Hauptbesitz einer anderen Herrschaft steuer- und vogtbar gewesen ist. Auf das hier zutage tretende Problem der Scheinvermehrung einer Einwohnerschaft wurde bereits hingewiesen. Aber auch die Quelle »Steuerliste« selbst beinhaltet Fehlermöglichkeiten, die zum einen mit der Überlieferung, zum anderen mit der Aufnahme beziehungsweise Erstellung zusammenhängen.

Markgraf Friedrich der Ältere forderte die Steuer erst zu Beginn des Jahres 1497 ein, wobei der Ablauf überall wohl ziemlich gleich war[71]: Amtmann und Kastner ließen im Beisein des Pfarrers und jeweils zweier Gemeindemitglieder von einem Schreiber sprengelweise die Steuerpflichtigen mit ihren zur Festlegung von Kopf- und Vermögenssteuer nötigen Angaben vernehmen. Die Listen, die sich nur für das Unterland im Original erhalten haben[72], wurden unter strenger Geheimhaltung nach Ansbach geschickt und dort kopiert. Wahrscheinlich sollte diese Reinschrift nach Anordnung Maximilians den Schatzmeistern in Frankfurt gegenüber als Beleg für die vollständig erbrachte Steuerleistung dienen[73], finden sich in deren heute im Stadtarchiv Frankfurt am Main verwahrtem Nachlaß doch zahlreiche Steuerlisten anderer Herrschaften[74]. Für Franken sind dabei der Deutsche Orden, das Hochstift Eichstätt und die Reichspflege Weißenburg zu nennen[75].

Falls die markgräflichen Register überhaupt in Frankfurt gewesen sind, so müssen sie bald wieder nach Ansbach zurückgekehrt sein – aber nur, um in der Folgezeit auf die sichere Plassenburg ob Kulmbach verbracht zu werden[76]. Möglicherweise in Zusammenhang mit der Landesteilung zwischen Markgraf Georg dem Frommen[77] und seinem Neffen Albrecht (Alcibiades)[78] erfolgte 1541 die Trennung in oberländische und niederländische Ämter. Mit dem Übergang des Fürstentums Bayreuth 1810 an das Königreich Bayern[79] gelangte das Original im Zuge der Verwirklichung des von Karl Heinrich Ritter von Lang entwickelten

---

70 RECHTER, Reichssteuerregister... unterhalb Gebürgs (wie Anm. 44) S. 566–573 (Steuerliste) und 558–565 (Huldigungsliste).
71 RECHTER, Reichssteuerregister... unterhalb Gebürgs (wie Anm. 44) S. XII–XV.
72 StA Nürnberg, Rep. 103a II, Fürstentum Ansbach, Brandenburger Literalien, Nr. 323; vgl. RECHTER, Reichssteuerregister... unterhalb Gebürgs (wie Anm. 44) S. XV–XVII.
73 ANGERMEIER, Reichstagsakten (wie Anm. 56) S. 540–562. Die Form der Listen wird allerdings nicht festgelegt.
74 Vgl. JUNG (wie Anm. 62) Sp. 332–335.
75 JUNG (wie Anm. 62) Sp. 332–335; Reichsstadt Nürnberg: StA Nürnberg, Rep. 3a, Reichsstadt Nürnberg, 7farbiges Alphabet, Akten, Nr. 100; Fürstentum Brandenburg–Ansbach–Kulmbach unterhalb Gebürgs: ebenda Rep. 136, Fürstentum Ansbach, Reichstagsakten, Nr. 7 (Reinschrift); Original wie Anm. 72; Fürstentum Brandenburg–Ansbach–Kulmbach oberhalb Gebürgs: StA Bamberg, Rep. 222/2/3, Bayreuther Standbücher, Nr. 6240.
76 RECHTER, Reichssteuerregister... unterhalb Gebürgs (wie Anm. 44) S. XV–XVII; zur Archivorganisation neuerdings K.-O. TRÖGER, Die Archive in Ansbach-Bayreuth, Diss. Regensburg 1988 (Selb 1988).
77 SCHUHMANN (wie Anm. 4) S. 76–81.
78 O. KNEITZ, Albrecht Alcibiades Markgraf von Kulmbach 1522–1557 (Die Plassenburg 2), Kulmbach ²1982.
79 H. H. HOFMANN, Franken seit dem Ende des Alten Reiches (HistAtlasBayernFranken 2/2), München 1955, S. 64.

Konzepts eines »universalen Reichsarchivs« aufgrund königlichen Reskripts vom 20. Februar 1829 mit anderen Beständen in das Reichsarchiv nach München, dessen Nachfolger das Bayerische Hauptstaatsarchiv ist[80]. Erst die Anfänge der Beständebereinigung mit den fränkischen Staatsarchiven unter Generaldirektor Otto Riedner brachten 1938 mit den »Brandenburger Literalien« auch die Steuerlisten in das für das ehemalige Fürstentum Brandenburg–Ansbach zuständige Staatsarchiv Nürnberg zurück[81]. Im selben Jahr erhielt dieses im Zuge der innerfränkischen Bereinigung die bislang im Staatsarchiv Bamberg verwahrten Reichstagsakten der sogenannten Ansbacher Serie[82]. Damit waren Original und Reinschrift wieder Bestandteil eines Fonds. Das für das Fürstentum Brandenburg–Kulmbach einschlägige obergebirgische Register verblieb in Bamberg und findet sich dort im Bestand Bayreuther Standbücher[83].

Während letzteres außer Goldkronach alle oberländischen Ämter beinhaltet, wobei die vorgenommene Abteilung nicht genau der politischen Landesgliederung entspricht, sondern sich mehr an den geographischen Gegebenheiten orientiert, stellen die 52 Städte, Ämter und Klöster des unterländischen Registers keineswegs das gesamte, dem Markgrafen Friedrich botmäßige Markgraftum Ansbach dar[84]. So fehlt der umfangreiche Komplex des Hofkastenamts Ansbach, wobei die Listen der Residenzstadt selbst jedoch erhalten sind, ebenso wie der Bestand der Ämter Colmberg und Hoheneck. Des weiteren sind noch die Städte Fürth und Leutershausen sowie das Kloster Anhausen an der Jagst und das Chorherrenstift Langenzenn zu nennen[85]. Nicht erhalten haben sich auch die sicherlich vorhanden gewesenen Listen für die Ämter Nördlingen und Randersacker der Zisterze Heilsbronn[86]. Aufgrund der urbariellen Überlieferung – die freilich zum einen später entstanden ist, zum anderen aber auch auf einer anderen Rechtsbasis beruht[87] – können die nicht überlieferten Güter auf etwa 1050 Haushalte mit 2800 Bewohnern angeschlagen werden[88]. Für das Oberland sind hier nur 80 Haushalte mit rund 250 Menschen zu veranschlagen, was bei insgesamt 18 852 Haushalten und 53 846 Steuerpflichtigen etwa 6 beziehungsweise 5,6 % ausmacht[89].

80 W. Jaroschka, Franken in Geschichte und Gegenwart der staatlichen Archive Bayerns, in: JbFränkLdForsch 40 (1980) S. 1–8, hier S. 6.
81 W. Jaroschka, Beständebereinigung mit Franken, in: MittArchPflegeBayern 20 (1974) S. 2–21.
82 StA Nürnberg, Handakt IV/107 I.
83 Rechter, Reichssteuerregister... oberhalb Gebürgs (wie Anm. 59) S. XIV.
84 Rechter, Reichssteuerregister... oberhalb Gebürgs (wie Anm. 59) S. XVf.; Rechter Reichssteuerregister... unterhalb Gebürgs (wie Anm. 44) S. XX–XXII.
85 Ersatzüberlieferung: Hofkastenamt Ansbach: StA Nürnberg, Rep. 122, Fürstentum Ansbach, Salbücher, Nr. 29 (Salbuch 1529), Edition (wie Anm. 44) S. 499–514; Amt Colmberg: StA Nürnberg, Rep. 165a, Fürstentum Ansbach, Oberamtsakten, Nr. 375a (Beschreibung 1525), Edition S. 515–519; Amt Hoheneck: StA Nürnberg, Rep. 122, Fürstentum Ansbach, Salbücher, Nr. 56 (Amtsrechnung 1571); Anhausen a. d. Jagst: ebenda Nr. 13 (Salbuch 1539); Langenzenn: ebenda Nr. 63 (Gültbuch 1540). Zu verweisen ist auf ebenda Nr. 24 I–III (Landbuch Cadolzburg 1532), für Fürth sowie auf ebenda Nr. 26 (Salbuch Colmberg 1579), für Leutershausen. Vgl. auch Edition S. XXI f.
86 Vgl. Rechter, Reichssteuerregister... unterhalb Gebürgs (wie Anm. 44) S. 618 f.
87 Siehe oben S. 70 f.
88 Rechter, Reichssteuerregister... unterhalb Gebürgs (wie Anm. 44) S. XXII.
89 Rechter, Reichssteuerregister... oberhalb Gebürgs (wie Anm. 59) S. XVI f.

Allerdings darf das äußere Bild relativ vollständiger Überlieferung nicht darüber hinweg-
täuschen, daß bloße Aufnahme- und Abschreibefehler vorhanden sein und so die Ergebnisse
relativieren können. Freilich kann – da zum einen durch den Vergleich von Original und
Reinschrift wenigstens für Teile des Fürstentums eine Kontrollmöglichkeit besteht, zum
anderen die urbarielle Überlieferung für geschlossene Herrschaftsbereiche (Dörfer) ebenfalls
eine gewisse Überprüfung ermöglicht – diese Fehlerquote in bezug auf das gesamte Register
auf etwa 2 % eingeengt werden[90]. Zu beachten sind auch die Mängel im inneren Aufbau der
Listen. So lassen sich im Oberland Neustadt am Kulm und Wirbenz nur mit Hilfe des
Landbuchs von 1501[91] gegeneinander abgrenzen, und auch die korrekte Zuordnung der zum
Amt Stammbach gehörigen Orte kann nur mit Hilfe urbarieller Quellen erfolgen[92]. Die
Aussagekraft der statistischen Auswertung wird aber vor allem durch die unklare Abteilung
von Haushalten innerhalb größerer Orte (beziehungsweise in Städten) und/oder zuweilen
fehlende Klassifizierungen von einem Haushalt zugeordneter Personen eingeschränkt[93].
Zuweilen scheint die Zuordnung der Haushaltsmitglieder auch mehr schematisch denn
wirklichkeitsnah durchgeführt worden sein: *Hans Mulner, Elizabeth, sein haußfraw, Eberlin,
Elizabeth, sein kinder und haußgesindt*[94]. Da nur zwei Personen verfügbar sind, macht der
Plural hier wenig Sinn und geht sicherlich auf die – hier falsche – formularhafte Aufnahme
zurück. Für die markgräfliche Verwaltung war ja auch die Stellung einer nachgeordneten
Person nur wenig wichtig: von Bedeutung für die Steuersumme war allein die Stimmigkeit der
Kopfzahl. So wird auch verständlich, daß die Aufnahmeform – die in der Anordnung
Maximilians offengelassen war[95] – recht unterschiedlich war. Der Amtmann zu Burgthann
wählte die kürzeste Form: *Contz Scherg, selbdritt; Cuntz Polland, selbfunft* usw.[96]. In
Ansbach selbst wurde schon eine Klassifizierung der Haushaltsmitglieder durchgeführt, aber
noch ihr Name verschwiegen: *Ein guldin Heinrich Sonner, sein Hausfrau, ein knecht und zwu
maid*[97]. Beim Amt Hohentrüdingen finden sich im Original noch alle Namen, die Reinschrift
aber beschränkt sich auf die Klassifizierung[98]. Zuweilen hilft auch die angegebene Steuersumme, die Personenzahl eines Haushalts klarer zu erschließen.

Trotz aller Mängel bringen die Steuerlisten aber doch eine Vielzahl von Informationen, die
nur zu einem geringen Teil auch anderen Quellen entnommen werden können. So erschließt
sich hier in kompakter Weise die Ämterstruktur der Markgraftümer am Ende des Spätmittelalters und macht damit ein Stück Entwicklungsgeschichte des größten fränkischen Territoriums
deutlich. Auch die Kurzform läßt noch Aussagen zur durchschnittlichen Haushaltsstärke und
damit zur Bevölkerungsgröße zu. Erstere beträgt auf dem flachen Land unterhalb Gebürgs
2,83 Steuerpflichtige pro Haushalt, oberhalb Gebürgs aber 3,34; für die Städte errechnen sich
2,49 beziehungsweise 2,65. Damit ergibt sich ein Durchschnittswert von 2,72 (Unterland)

---

90 RECHTER, Reichssteuerregister… oberhalb Gebürgs (wie Anm. 59) S. XVI f.
91 StA Bamberg, Rep. 222/2/3, Bayreuther Standbücher Nr. 6525.
92 StA Bamberg, Rep. 222/2/3, Bayreuther Standbücher, Nr. 6740.
93 RECHTER, Reichssteuerregister… oberhalb Gebürgs (wie Anm. 59) S. XVII Anm. 31 f.
94 RECHTER, Reichssteuerregister… oberhalb Gebürgs (wie Anm. 59) S. XVII Anm. 33.
95 Wie Anm. 73.
96 RECHTER, Reichssteuerregister… unterhalb Gebürgs (wie Anm. 44) Nr. 1256 f.
97 RECHTER, Reichssteuerregister… unterhalb Gebürgs (wie Anm. 44) Nr. 486.
98 RECHTER, Reichssteuerregister… unterhalb Gebürgs (wie Anm. 44) Nr. 5845.

beziehungsweise 3,07 (Oberland)[99]. Um zu einer Gesamtstärke der Haushalte zu gelangen, müssen allerdings noch die minderjährigen Kinder berücksichtigt werden. Dabei konnten im Unterland bei gut einem Sechstel der Haushalte erwachsene Kinder nachgewiesen werden, im Oberland immerhin bei einem Viertel[100]. Aufgrund der Altersstruktur der Elternschaft (so wird es eben eine Anzahl von Haushaltungen geben, wo keine minderjährigen Kinder mehr vorhanden sind) und eingedenk der Kindersterblichkeit dürfen sicherlich nicht mehr als durchschnittlich 1,5 Kinder unter 15 Jahren je Haushalt angeschlagen werden[101]. Damit relativiert sich die mit einem Anteil von fast zwei Dritteln überraschend starke Stellung der Zwei- und Dreipersonenhaushalte, und es wird eine durchschnittliche Haushaltsstärke von 4,2 (Unterland) beziehungsweise 4,6 (Oberland) Personen erreicht[102]. Allerdings zeigt sich, daß die Großfamilie – definiert als Großeltern, Eltern und Kinder – am Ausgang des Mittelalters (zumindest) im Bereich des Fürstentums Brandenburg–Ansbach–Kulmbach eine rare Ausnahme geblieben ist. Lebten einerseits nur wenige verheiratete Kinder mit eigenen Nachkommen im elterlichen Haushalt (Unterland: 4 % der Söhne, 6,5 % der Töchter; Oberland: 6,5 % der Söhne, 1,8 % der Töchter), so gab es andererseits noch viel weniger Eltern im Haushalt der verheirateten Kinder (Eltern oder Schwiegereltern: Oberland je 0,01 %, Unterland: 0,09 %). Nur die Mutter oder Schwiegermutter (zuweilen noch mit Geschwistern) des Haushaltsvorstands findet sich des öfteren, das heißt in jedem 30. bis 50. Haushalt[103].

Dem Register des Gemeinen Pfennigs von 1495/97 folgten noch viele – die Steuerforderungen suchten den armen Mann nun mit ebensolcher Regelmäßigkeit heim wie die Drächlein am Himmel. Er wird sie vielleicht als ebensolche Plage betrachtet haben. Für Brandenburg–Ansbach läßt sich fragmentarisch eine Liste von 1507 nachweisen[104], erst für 1542 hat sich eine Gesamtaufnahme wenigstens zum größten Teil erhalten[105]. Für die Reichsstadt Nürnberg ist das Steuerbuch der Bauernschaft von 1529 erwähnenswert[106]. Im 16. Jahrhundert setzt dann auch in den adeligen Archiven die Registerüberlieferung ein[107].

Zusammenfassend ist demnach festzuhalten: Aufgrund der Gegebenheiten des fränkischen territorium non clausum können demographische Aussagen für Landstriche beziehungsweise für Territorien nur mit Einschränkungen gemacht werden. Auf die Ableitung von Herrschaft aus der Bündelung von Rechten – wobei Vollständigkeit nicht gefordert ist – geht wohl auch

99 RECHTER, Reichssteuerregister ... unterhalb Gebürgs (wie Anm. 44) S. XXIX f., und RECHTER, Reichssteuerregister ... oberhalb Gebürgs (wie Anm. 59) S. XIX f.

100 RECHTER, Reichssteuerregister ... unterhalb Gebürgs (wie Anm. 44) S. XXX f., und RECHTER, Reichssteuerregister ... oberhalb Gebürgs (wie Anm. 59) S. XX f.

101 RECHTER, Reichssteuerregister ... unterhalb Gebürgs (wie Anm. 44) S. XXX.

102 RECHTER, Reichssteuerregistr ... oberhalb Gebürgs (wie Anm. 59) S. XX.

103 RECHTER, Reichssteuerregister ... oberhalb Gebürgs (wie Anm. 59) S. XXI.

104 StA Nürnberg, Rep. 165a, Fürstentum Ansbach, Oberamtsakten, Nr. 710 (Kloster Heidenheim); vgl. RECHTER, Reichssteuerregister... unterhalb Gebürgs (wie Anm. 44) S. 541–546.

105 StA Bamberg, Rep. 222/2/3, Bayreuther Standbücher, Nr. 6241/2–8: (2) Kulmbach und nachgeordnete Ämter Berneck, Gefrees, Goldkronach, Kasendorf, Mittelberg, Stammbach, Schauenstein und Wirsberg, (3) Wunsiedel, Hohenberg, Selb, Kirchenlamitz, Thierstein und Weißenstadt, (4) Baiersdorf, Erlangen und Osternohe, (5) Emskirchen, (6) Langheim'scher Hof Kulmbach, (7) Münchaurach und (8) Birkenfeld.

106 StA Nürnberg, Rep. 55b, Reichsstadt Nürnberg, Bürger- und Bauernverzeichnisse, Nr. 1.

107 Vgl. dazu etwa Gutsarchiv Unternzenn, Gut Trautskirchen (ohne Signatur).

das Fehlen von Volkszählungen, wie sie etwa für das Hochstift Speyer nachweisbar sind[108], zurück. Die wenigen erhaltenen Musterungslisten wie die reichlicher fließenden urbariellen Quellen nennen jedoch immer nur einen Teil der Gesamtbevölkerung eines Gebiets oder der Untertanenschaft eines Herrn, nämlich den, der in der jeweils zugrunde gelegten Rechtsbeziehung zu diesem steht. Dies gilt auch für die wichtigste – und fast einzige – demographische Quelle Frankens vom Ende des Spätmittelalters, für das Register des Gemeinen Pfennigs von 1495/97, das eben nur die steuerbaren Hintersassen aufzählt. Neben dieser von außen her initiierten Quelle erwachsen im Fürstentum Brandenburg–Ansbach–Kulmbach durch die agile Wirtschaftpolitik Markgraf Friedrichs des Älteren, an deren Beginn die Erfassung der Ressourcen des Landes steht, mit den Landbüchern weitere der Bevölkerungsstatistik nützliche Unterlagen. Genaue Kopfzahlen sowie Strukturdaten zu den Haushalten selbst können aber nur den Steuerlisten entnommen werden. Mit Hilfe dieser beiden Quellenarten können für die geschlossenen Herrschaftsgebiete durchaus realistische Ergebnisse (wenigstens für die seßhafte Bevölkerung) gewonnen werden. Eine Gesamtbeschreibung Frankens dürfte aber aufgrund der unterschiedlichen Quellenlage kaum gelingen. Allerdings wird die geplante Edition der Steuerregister für die Reichsstadt Nürnberg (mit Reichspflege Weißenburg) und den Deutschen Orden (mit Hochstift Eichstätt) weitere Lücken schließen[109]. Ebenso wird die fortschreitende Erforschung der Adelsgüter auch für die Zeit am Ende des Spätmittelalters zumindest die Anzahl der einschlägigen Haushalte kalkulierbar machen.

---

108 Dazu H. EHMER, ... *obe sich der stiefft an luten mere oder mynner*. Die Volkszählungen im Hochstift Speyer von 1470 und 1530, in diesem Band S. 79–94.
109 Nürnberg: Dr. Fleischmann, StA Nürnberg; Deutscher Orden: Prof. Schmidt, Regensburg; Eichstätt: Dr. Flachenecker, Eichstätt.

... obe sich der stiefft an luten mere oder mynner
Die Volkszählungen im Hochstift Speyer von 1470 und 1530

VON HERMANN EHMER

Die beiden Volkszählungen im Hochstift – nicht in der Reichsstadt – Speyer aus den Jahren 1470 und 1530 sind der Lokal- und Regionalforschung dieses Raumes wohl bekannt. Lediglich die demographische Auswertung dieser Quellen steckt – trotz einiger wichtiger Ansätze[1] – immer noch in den Anfängen. Dies ist zweifellos darin begründet, daß trotz einer Anzahl Teilveröffentlichungen eine Gesamtedition der beiden Volkszählungen fehlt. Entsprechende Vorarbeiten, die der Karlsruher Archivar Hans-Dietrich Siebert vor dem Zweiten Weltkrieg unternommen hat, haben leider nicht zum Erfolg geführt, so daß diese Edition weiterhin ein Desiderat der Forschung ist[2]. Es muß deshalb reizvoll erscheinen, das, was vor 50 Jahren –

---

1 Hierher gehören insbesondere: W. ALTER und K. ANDERMANN, Das Hochstift Speyer zu Anfang des 16. Jahrhunderts, in: Pfalzatlas, Textband 3 (1983) S. 1343–1363; K.-O. BULL, Die erste ›Volkszählung‹ des deutschen Südwestens. Die Bevölkerung des Hochstifts Speyer um 1530, in diesem Band S. 109–135. Als Quelle für orts- und landesgeschichtliche Untersuchungen sind die Volkszählungen herangezogen worden unter anderem von K. DROLLINGER, Kleine Städte Südwestdeutschlands. Studien zur Sozial- und Wirtschaftsgeschichte der Städte im rechtsrheinischen Teil des Hochstifts Speyer bis zur Mitte des 17. Jahrhunderts (VeröffKommGeschichtlLdKdeBadWürtt B 48), Stuttgart 1969, und W. OSSFELD, Obergrombach und Untergrombach in Mittelalter und früher Neuzeit (bis um 1600) (VeröffKommGeschichtlLdKdeBadWürtt B 84), Stuttgart 1975.
2 Sieberts umfangreiche Vorarbeiten zu einer Edition der beiden Speyerer Volkszählungen befinden sich in seinem im GLA Karlsruhe verwahrten Nachlaß (N Siebert 99–107). Einschlägige Veröffentlichungen von H. D. SIEBERT: Zwei Einwohnerverzeichnisse von Obergrombach aus den Jahren 1470 und 1530, in: F. X. BECK (Hg.), 600 Jahre Stadt Obergrombach, Karlsruhe 1936, S. 156–158; Die Stadt Bruchsal in den Bevölkerungsaufnahmen des Hochstifts Speyer in den Jahren 1470 und 1530, in: Kraichgau und Bruhrain, 1950, S. 35 f.; Volkszählungen im Gebiet des Hochstifts Speyer, in: Bruchsaler Rundschau vom 21. Juni 1952 (Nr. 141) S. 10. – Auch sonst sind immer wieder Teile aus den Volkszählungen veröffentlicht worden, vgl. zuletzt W. TATGE, Eine Volkszählung aus dem Jahre 1530, in: PfälzRheinFamilienkde 36 (1987) S. 231–240 (betr. einige Orte in der Umgebung von Landau: Arzheim, Heuchelheim, Mörzheim, Ranschbach, Walsheim und Wollmesheim). – Der die bischöfliche Residenz Udenheim betreffende Abschnitt wurde veröffentlicht von H. EHMER, Volkszählung im Hochstift Speyer im Jahre 1530, in: Heimatbuch der Stadt Philippsburg. Beiträge zur Geschichte und Gegenwart der Stadt, Philippsburg 1975, S. 74–78. Dabei sind allerdings S. 74 zwei interpretatorische Fehler unterlaufen, die hiermit berichtigt werden sollen: Zum einen wurde die unzutreffende Vermutung geäußert, daß die Königsleute vorderösterreichische Leibeigene sein könnten, was, wie weiter unten dargestellt wird, nicht zutrifft. Zum anderen wurde die Zahl der Kinder (abgekürzt k oder kh) als eine bei der Volkszählung erhobene Abgabe (in Kreuzern) aufgefaßt. Es ist dies eine Verwechslung mit der württembergischen Herdstättenliste von 1525 (HStA Stuttgart A 54a), die bei der Erhebung einer Sondersteuer nach dem Bauernkrieg entstanden ist.

sicher auch wegen der Ungunst der Zeitverhältnisse – nicht gelungen ist, heute mit modernen Hilfsmitteln wieder zu versuchen. Die Idee zu dieser Tagung wurde deshalb aus den Überlegungen und ersten praktischen Versuchen in Richtung auf eine Edition der Speyerer Volkszählungen geboren, um einmal das Umfeld, in dem diese Quellen stehen, abzustecken.

Häufig genug ist die Einzigartigkeit der Speyerer Volkszählungen betont worden, vor allem jener aus dem Jahre 1530, die Gesamteinwohnerzahlen angibt, also nicht nur die einzelnen Haushaltungen oder deren Vorstände nennt, sondern auch die Ehefrauen namentlich aufführt und darüber hinaus noch die Zahl der Kinder angibt. Zuletzt wird noch die Leibszugehörigkeit eines jeden vermerkt, was sicher als Grund dafür anzusehen ist, daß auch die Kinder – gleich welchen Alters – für erwähnenswert gehalten worden sind[3]. Neben der leibrechtlichen Zugehörigkeit der Bevölkerung des Hochstifts, die aus diesen Angaben ersichtlich wird, lernen wir auch Regierung und Verwaltung des Territoriums kennen, vom Bischof und seinem Hofstaat angefangen, bis herunter zum Schultheißen und dem Pfarrer eines jeden Ortes. Deutlich wird ebenfalls die Verwaltungsstruktur, die Einteilung des Hochstifts in seine verschiedenen Ämter, da die Volkszählung entsprechend dem Verwaltungsaufbau des Territoriums eingerichtet ist[4]. Die Bedeutung dieser Volkszählung von 1530 wird dadurch noch erhöht, daß sie einen Vorläufer hat, nämlich jene von 1470, die freilich in ihren Angaben nicht so ausführlich ist, da sie nur Männer und Frauen sowie deren Leibszugehörigkeit aufführt, aber die Kinder nicht erwähnt. Man wird deshalb sichergehen, wenn man die Volkszählung von 1470 als das Vorbild der Zählung von 1530 vermutet. Wir wollen uns deshalb zunächst dieser Volkszählung aus dem Jahre 1470 zuwenden.

Veranstaltet wurde diese Volkszählung unter dem Speyerer Bischof Matthias Ramung, der von 1464 bis zu seinem Tode 1478 den Speyerer Stuhl innehatte[5]. Die Herkunft der Familie Ramung ist nicht mit letzter Sicherheit geklärt, man nimmt an, daß sie aus Niederbayern stammt. Heiratsverbindungen mit verschiedenen niederadligen Familien des Kraichgaus zeigen deutlich, daß es sich nicht um eine bürgerliche Familie handelte, sondern daß sie von Familien, wie den Venningen und den Göler, als ebenbürtig erachtet wurde. Verschiedene Angehörige der Familie Ramung standen in kurpfälzischen Diensten, darunter auch Bischof Matthias selbst. Dieser ist zuerst als Student an der Heidelberger Universität zu finden, wo er sich nach der artistischen Grundausbildung dem Studium der Rechte zuwandte, das er mit dem Grad eines Bakkalaureus abschloß. Neben verschiedenen Pfründen hatte Matthias

---

3 Vgl. dazu: M. SCHAAB und K. ANDERMANN, Leibeigenschaft der Einwohner des Hochstifts Speyer 1530, in: HistAtlasBadWürtt IX,4 (1978).
4 Vgl. dazu: K. ANDERMANN, Die sogenannte ›Speyerer Volkszählung‹ von 1530. Territorialpolitische und administrative Aspekte einer frühneuzeitlichen Bevölkerungsaufnahme, in: A. GERLICH (Hg.), Regionale Amts- und Verwaltungsstrukturen im rheinhessisch-pfälzischen Raum (14.–18. Jahrhundert) (GeschichtlLdKde 25), Stuttgart 1984, S. 107–130.
5 F. X. REMLING, Geschichte der Bischöfe zu Speyer, 2, Mainz 1854, S. 138–175; M. BUCHNER, Die innere weltliche Regierung des Bischofs Mathias Ramung von Speier (1464–1478), in: MittHistV-Pfalz 29/30 (1907) S. 108–155; F. HAFFNER, Die kirchlichen Reformbemühungen des Speyerer Bischofs Matthias von Rammung in vortridentinischer Zeit (1464–1478), Speyer 1961, S. 2 ff.; O. BÖCHER, Der Speyerer Bischof Matthias (1464–1478) und die Herren von Rammingen, in: BllPfälzKG 46 (1979) S. 49–62; G. FOUQUET, Das Speyerer Domkapitel im späten Mittelalter (ca. 1350–1540). Adlige Freundschaft, fürstliche Patronage und päpstliche Klientel (QAbhhMittelrhKG 57), Mainz 1987, S. 724–728.

Ramung seit 1460 auch eine Speyerer Domherrenstelle inne. Wichtiger ist freilich, daß er seit 1450 in Diensten des Kurfürsten Friedrich I. stand, in dessen Auftrag er mehrfach nach Rom gesandt wurde. 1457 wurde er kurpfälzischer Kanzler, ein Amt, das er auch als Speyerer Bischof beibehielt und bis zu seinem Tode bekleidete. Dem Einfluß des Kurfürsten hatte es Matthias Ramung zu verdanken, daß er 1464, als Bischof Johann Nix von Enzberg auf sein Amt verzichtete, zu dessen Nachfolger gewählt wurde. Trotz der doppelten Abhängigkeit vom Pfalzgrafen als Schirmherrn und einem kurpfälzischen Beamten als Bischof, war diese Wahl zweifellos zum Nutzen des Speyerer Hochstifts, in dem es – unter anderem als Folge des Engagements des Bischofs Johann in der antipfälzischen Koalition, die 1462 bei Seckenheim eine vernichtende Niederlage erlitten hatte – nicht zum besten stand.

Nach dieser Skizzierung des allgemeinen Hintergrunds ist es notwendig, zu untersuchen, in welchem quellenmäßigen Zusammenhang die Speyerer Volkszählung von 1470 steht. Sie ist enthalten in dem Speyerer Kopialbuch Nr. 296 des Generallandesarchivs, das den Titel *Liber secretorum*[6] führt. Die Fertigstellung dieses über 400 Blatt umfassenden Bandes ist auf den 10. August 1470 datiert, wie ein entsprechender Eintrag ausweist. Damit ist ein terminus ante quem für die Volkszählung gegeben, die wohl im selben Jahr 1470 stattgefunden hat[7]. Die Volkszählung ist eine von vier großen Aufzeichnungen, die dieses Kopialbuch enthält[8]. Das zweite große Stück nach der Volkszählung ist die wohlbekannte, von Glasschröder veröffentlichte Speyerer Bistumsmatrikel, die nach Archidiakonaten geordnete Aufzählung der Stiftskirchen, Klöster, Pfarreien und anderer Pfründen im Bistum und im Hochstift[9]. Das dritte Stück ist mindestens ebenso bedeutend wie die Volkszählung, nämlich eine systematische Aufstellung der Geld- und Naturaleinkünfte des Hochstifts[10]. Man wird sicher nicht zuviel behaupten, wenn man diese Aufstellung als einen Staatshaushaltsplan bezeichnet, der zunächst die Einnahmen und Ausgaben in den einzelnen Ämtern, dann die Einkünfte der hochstiftischen Diener, darauf die Ausgaben für Burglehen und Burghut, schließlich – nach Fälligkeitsterminen geordnet – eine Aufstellung über den Schuldendienst des Hochstifts bietet. Die vierte große Aufzeichnung dieses Bandes ist eine systematische Aufstellung über die Herkunft der hochstiftischen Gerechtsame an den verschiedenen Orten[11].

Die vier großen Statistiken dieses Amtsbuchs, nämlich Volkszählung, Bistumsmatrikel, Haushaltsplan und Darstellung der Rechtsgrundlagen, sind jeweils eingerahmt von wesentlich kürzeren Stücken, die ähnliches Material enthalten und die jetzt nicht alle aufgezählt werden

---

6 Der Titel erscheint auf dem oberen Schnitt, auf dem *secretorum* zu lesen ist.
7 GLA Karlsruhe 67/296 fol. 9v: *Provisio Mathie de episcopatu Spirensis. Item wir bischoff Mathis sint mit dem loblichen stiefft Spier versehen worden durch papam Pium II. uff sant Ciriacus, des hailigen merterers tag, ist nemlichen der acht tag des monats Augusti anno domini millesimo quadringentesimo sexagesimo quarto, und haben diß buche begriffen lassen und dies vollbracht ist anno domini millesimo cccc lxx° circa festum Laurentii* [August 10]... – Zur genaueren Datierung vgl. K. ANDERMANN, Probleme einer statistischen Auswertung der älteren Speyerer »Volkszählung« von 1469/70, in diesem Band S. 95–108, hier S. 100 ff.
8 GLA Karlsruhe 67/296 fol. 13r–163v.
9 GLA Karlsruhe 67/296 fol. 171r–195v; F. X. GLASSCHRÖDER, Die Speyerer Bistums-Matrikel des Bischofs Mathias Ramung, in: MittHistVPfalz 28 (1907) S. 75–126.
10 GLA Karlsruhe 67/296 fol. 243r–287r.
11 GLA Karlsruhe 67/296 fol. 292r–314v.

sollen. Wir finden hier unter anderem die Ergebnisse einer Viehzählung im Hochstift[12], ebenso wie Inventare des Geschützes und des Hausrats auf den bischöflichen Burgen, des Silbergeschirrs von Hochstift und Domkapitel sowie ein Verzeichnis der unter Bischof Matthias aufgestellten Madonnenbildnisse[13]. Als zweite große Gruppe ist eine Fülle von Ordnungen zu nennen, die verschiedene Gebiete behandeln, nämlich die hochstiftischen Wälder, aber auch Küche und Tafel des Bischofs, ebenso wie den Dienst der Amtleute; ferner finden sich hier Zollrollen mit den Tarifen der verschiedenen speyerischen Zollstätten[14]. Zuletzt ist noch eine Anzahl von Verträgen zu erwähnen, insbesondere solche mit der Reichsstadt Speyer[15], deren Verhältnis zum Bischof ja recht diffizil war.

Der Überblick über den Inhalt des Bandes, der die Volkszählung enthält, hat gezeigt, warum dieser den Titel *Liber secretorum* führt. In der Tat waren dies die Staatsgeheimnisse, besonders die Zusammenstellungen über die Finanzen und die Gerechtsame des Hochstifts können im Grunde nur für den Bischof und allenfalls noch für seine höchsten Beamten bestimmt gewesen sein.

Blickt man sich unter den Kopialbüchern aus der Zeit des Bischofs Matthias weiter um, so finden sich noch drei andere, die aus verschiedenen Gründen neben den *Liber secretorum* zu stellen sind. Es ist dies einmal der *Liber feudorum*[16], in dem die weltlichen Lehen des Hochstifts aufgezählt werden, der unter anderem aber auch eine chronologisch geordnete Serie der von Kaisern und Königen dem Stift Speyer verliehenen Privilegien enthält. Ein dritter Band, der hierher gehört, ist der *Liber reddituum*[17], eine detaillierte Aufstellung der Einkünfte des Hochstifts in den einzelnen Orten und Ämtern. Erhalten ist hier leider nur der Band für den rechtsrheinischen Teil des Hochstifts, während der linksrheinische Band zu den Kriegsverlusten des Staatsarchivs Speyer zählt. Dem *Liber reddituum* entspricht der *Liber debitorum*[18], der im wesentlichen eine Aufstellung der vom Hochstift aufgenommenen Kapitalien und der davon zu leistenden Gülten enthält, aber auch ein Verzeichnis der Burglehen und des Hausrats der Burgen und Schlösser des Hochstifts.

Es zeigt sich also, daß zwischen den vier Bänden zahlreiche inhaltliche Querverbindungen bestehen, daß im *Liber secretorum* vieles in abgekürzter Form enthalten ist, was in den anderen drei Bänden ausführlicher dargestellt ist. Doch nicht nur inhaltlich sind diese vier Amtsbücher miteinander verbunden, auch äußerlich bilden sie eine Einheit, da sie – insbesondere der *Liber secretorum* – durch ihre für Amtsbücher, also Verwaltungsbehelfe, recht

---

12 GLA Karlsruhe 67/296 fol. 163v.
13 GLA Karlsruhe 67/296 fol. 196: Geschütz und Hausrat; fol. 418v–419r: Silber; fol. 421r: Madonnenbildnisse. Vgl. dazu K. ANDERMANN, Die Inventare der bischöflich speyerischen Burgen und Schlösser von 1464/65, in: MittHistVPfalz 85 (1987) S. 133–176.
14 GLA Karlsruhe 67/296 fol. 217r–218r, 222r–233v: Waldrodungen; fol. 220r–221v: Speiseordnung; fol. 207r–217r, 344r–348r: Amtleuteordnung; fol. 328r–343r, 348r: Zollordnungen.
15 GLA Karlsruhe 67/296 fol. 373r–385r.
16 GLA Karlsruhe 67/300. Vgl. dazu F. VON WEECH, Ueber das Lehenbuch des Bischofs von Speyer, Matthias Ramung, 1465 bis 1467, in: Festschrift zur Feier des 25jährigen Bestehens des Vereins ›Herold‹, Berlin 1894; U. FROMMBERGER-WEBER, Spätgotische Buchmalerei in den Städten Speyer, Worms und Heidelberg (1440–1510), in ZGORh 121 (1973) S. 35–145, hier S. 66f.
17 GLA Karlsruhe 67/301.
18 GLA Karlsruhe 67/302. Zur Beschreibung des Bandes vgl. ANDERMANN, Inventare (wie Anm. 13) S. 142f.

aufwendigen Einbände auffallen. Allerdings ist die einstige Pracht fast nur noch zu erahnen, da die Bände durch häufigen Gebrauch sehr gelitten haben und deswegen auch inzwischen der allgemeinen Benutzung entzogen worden sind. Drei der Bände sind in rotes, ein vierter, der *Liber reddituum*, in braunes Leder gebunden, das mit Stempel- und Streicheisenverzierungen versehen ist. Alle vier Bände besitzen messingene Beschläge und Schließen[19], wobei letztere das Wappen des Bischofs Matthias Ramung[20] zeigen. Es verdient sicher der Erwähnung, daß der *Liber debitorum*, das Schuldbuch, am einfachsten ausgeführt wurde. Die Beschläge des *Liber secretorum* sind übrigens dieselben wie die des bekannten Lehnbuchs des Kurfürsten Friedrich I., dessen Herstellung zweifellos von Matthias Ramung als kurpfälzischem Kanzler veranlaßt worden ist[21]. Matthias Ramung hat sich ja in diesem Lehnbuch, in jener bekannten Darstellung einer Belehnung durch den Pfalzgrafen, in Ausübung seines Amtes als Kanzler abbilden lassen[22]. Die Verwendung desselben Beschlags für das pfälzische Lehnbuch, wie für die genannten Speyerer Amtsbücher, belegt also, daß Matthias Ramung in beiden Fällen denselben Buchbinder – es handelt sich um die Heidelberger Werkstatt des Albert Schwab[23] – beschäftigt hat.

Der aufwendige Einband der vier speyerischen Amtsbücher beweist – was oben beim *Liber secretorum* schon aufgrund des Inhalts zu vermuten war –, daß diese Bücher ausschließlich für den persönlichen Gebrauch des Bischofs bestimmt waren. Diese Bände stammen also zweifellos nicht aus der Kanzlei, sondern aus der Kammer des Bischofs, aus seinem Wohn-

19 Identisch sind die Buckel und Ecken des *Liber feudorum* und des *Liber reddituum;* vgl. die Abbildungen (in Originalgröße) bei VON WEECH, Lehenbuch (wie Anm. 16) S. 2. Die auf diesen Beschlägen zu erkennenden Buchstaben sind leider nicht zu deuten. Die Beschläge des *Liber debitorum* sind entsprechend der weniger aufwendigen Ausstattung des Bandes etwas kleiner als die der beiden vorgenannten Bände.

20 In weiß und blau eine von blau und weiß gespaltene aufsteigende Spitze. Die Tinktur des Wappens ergibt sich aus der farbigen Darstellung im *Liber feudorum*.

21 GLA Karlsruhe 67/1057. Vgl. F. VON WEECH, Ueber die Lehenbücher der Kurfürsten und Pfalzgrafen Friedrich I. und Ludwig V. Zur fünfhundertjährigen Jubelfeier der Ruprecht-Carls-Universität in Heidelberg, überreicht vom Großh. General-Landesarchiv und der Badischen Historischen Commission, Karlsruhe 1886; H. SCHWARZMAIER (Bearb.), Dokumente zur Geschichte des Oberrheins. Katalog der ständigen Archivalienausstellung im Badischen General-landesarchiv Karlsruhe, Karlsruhe 1971, S. 20 f.; A. F. WOLFERT, Die Wappen im Lehenbuch des Kurfürsten Friedrich I. von der Pfalz – 1471, in: BeitrrErforschOdenwaldRandlandschaften 4, Breuberg-Neustadt 1986, S. 279–344 (mit Abbildungen sämtlicher Wappen).

22 Eine neuere farbige Wiedergabe dieses für die herrscherliche Repräsentation des Spätmittelalters, wie für die höfische Sachkultur aufschlußreichen Bildes – vgl. dazu VON WEECH, Lehenbücher (wie Anm. 21) – findet sich bei SCHWARZMAIER (wie Anm. 21) S. 4, und WOLFERT (wie Anm. 21) nach S. 344. Im Kreise der hinter Schranken vor dem thronenden Kurfürsten stehenden Personen ist die links, dem Kurfürsten am nächsten stehende Gestalt im schwarzen Gewand mit weißem Pelzbesatz, als der Kanzler Matthias Ramung anzusprechen. Da man für die Darstellung des Kurfürsten wohl Porträtähnlichkeit annehmen muß, dürfte dies auch für den ausdrucksvollen Kopf des Bischofs und Kanzlers gelten.

23 Vgl. ANDERMANN, Inventare (wie Anm. 13) S. 142 Anm. 49. Auf dem vorderen Einband des *Liber secretorum* befindet sich in der oberen Hälfte die Prägung *albertus*. Eine ähnliche Prägung zeigt der Einband des *Liber debitorum*, wobei der Nachname *Schwab* wegen der starken Abnutzung des Einbandes jetzt nicht mehr mit Sicherheit zu entziffern ist.

und Arbeitsraum. Diese Bände stellen das Staatshandbuch[24] dar, auf dessen Grundlage Bischof Matthias die Entscheidungen fällte, die sein Regierungshandeln bestimmten. In seiner Zusammenstellung ist dieses Handbuch des Bischofs Matthias in unserem Raum gewiß einmalig. Freilich wurden auch in anderen herrschaftlichen Verwaltungen und Kanzleien jener Zeit Bücher und Rechnungen geführt und andere Aufzeichnungen angefertigt. Auch anderwärts versuchte man, schon im Interesse der Erhaltung des Kredits, den laufenden Gültverpflichtungen nachzukommen, weshalb es notwendig war, sich darüber einen Überblick zu verschaffen. So sind zum Beispiel aus der Grafschaft Wertheim aus den vierziger Jahren des 15. Jahrhunderts Listen für die wichtigsten Fälligkeitstermine von Gültzahlungen, nämlich den beiden jährlichen Frankfurter Messen, erhalten[25]. Doch ist man offenbar nirgends – außer im Hochstift Speyer – so weit gekommen, daß man Einnahmen und Ausgaben eines ganzen Territoriums einander gegenüberstellte. Das mehrbändige Staatshandbuch des Bischofs Matthias – wie wir es einmal nennen wollen – vergegenwärtigte ihm nicht nur die rechtlichen und materiellen Voraussetzungen seiner Herrschaft, sondern diente ihm zugleich auch zum Zwecke der Rechenschaftslegung, für die Feststellung der Ergebnisse seiner Regierung.

Bischof Matthias, der – wie bereits erwähnt – 1464 sein Amt antrat und ein mit schweren Schulden belastetes Hochstift übernahm, hat zunächst in dreijährigem Abstand, nämlich 1467, 1470 und 1473, dann noch einmal 1478, wenige Monate vor seinem Tod, Bilanz seiner Regierung gezogen[26]. Im Vordergrund dieser Bilanzen stand natürlich das Bemühen des Bischofs, die Schulden und damit die Zinsverpflichtungen des Hochstifts abzubauen, die zu Beginn seiner Regierung noch die Einnahmen überwogen hatten. Binnen weniger Jahre war es aber Bischof Matthias geglückt, mit einer geschickten Finanzpolitik das Verhältnis der Einnahmen zu den Ausgaben umzukehren und schließlich auch noch Rücklagen anzusammeln. Diese Ergebnisse sind in den hier erwähnten Amtsbüchern aus der bischöflichen Kammer festgehalten, sie sind damit Belege eines äußerst rationalen, zielbewußten Regierungshandelns, das darauf aus war, den Zustand des Territoriums zu bessern. Diesem Ziel diente nicht nur die Steigerung der Einnahmen und die Verminderung der Ausgaben, sondern auch die Sicherung und Wahrung des rechtlichen Besitzstandes, was angesichts des engen Verhältnisses zur Kurpfalz doppelt wichtig war. Hierbei ist Matthias Ramung freilich nicht zu einem zweiten Thomas Becket geworden, da es ihm offensichtlich gelang, das Amt des Speyerer Bischofs mit dem eines kurpfälzischen Kanzlers zu verbinden.

Im Zusammenhang mit der Bilanz von 1470 ist nun offenbar unsere Volkszählung entstanden. Ist dies richtig, so müßte man eigentlich vermuten, daß diese Zählung ebenfalls in

24 Vgl. ANDERMANN, Inventare (wie Anm. 13) S. 144, der diese Aufzeichnungen ein »Staatshandbuch« nennen möchte. Inhaltlich gehören auch noch andere Bände aus der Zeit des Bischofs Matthias hierher, so der *Liber contractuum* (GLA Karlsruhe 67/297), der *Liber officiorum* (67/298), desgleichen RACHTUNGEN (67/299), ferner das Lehnregister (67/369) und andere, die jedoch eher für den Kanzleigebrauch angefertigt wurden, da sie keine besondere Ausstattung aufweisen.
25 StA Wertheim G 57 Gülten.
26 Bgl. BUCHNER (wie Anm. 5) S. 149 ff. – Bedeutsam ist in diesem Zusammenhang, daß der Bischof nicht nur dem Haushalt des Hochstifts insgesamt seine Aufmerksamkeit schenkte, sondern auch darauf bedacht war, daß sowohl auf der Ebene der Ämter wie den Dörfer Rechnung gelegt wurde, damit *was sich erfindt unnutzlich ußgeben und uncostens geschiecht, das solichs abegestalt und aller uncoste vermitten werde;* Rechnungsordnung, GLA Karlsruhe 67/298 fol. 30r–32r.

periodischen Abständen wiederholt wurde, wobei selbstverständlich nicht an einen Drei-Jahres-Rhythmus gedacht werden kann. Erwägt man – modernen Idealverhältnissen entsprechend – einen Zehn-Jahres-Rhythmus, so könnte man daran denken, daß der Nachfolger des 1478 verstorbenen Bischofs Matthias zum fälligen Termin nicht mehr an einer solchen Erhebung interessiert war und diese deshalb unterblieben ist. Doch wäre eine solche Annahme sicher viel zu sehr vom neuzeitlichen volkswirtschaftlichen Denken beeinflußt, das die Bevölkerung eines Staates als wichtigen Faktor von Produktion und Konsumtion in Rechnung stellt und darauf bedacht ist, die Veränderungen, denen dieser Faktor unterworfen ist, zu beobachten und daraus Folgerungen für politisches und wirtschaftliches Handeln abzuleiten.

Wollte man der Speyerer Volkszählung von 1470 diese Funktion zumuten, wäre diese Quelle zweifellos überinterpretiert. Ihre Bedeutung ist deshalb weniger in der Nähe der Finanzpolitik des Hochstifts zu suchen, sondern vielmehr in der Wahrung der bischöflichen Gerechtsame, dem zweiten Schwerpunkt, den unser Überblick über den Inhalt des »Staatshandbuchs« des Bischofs Matthias herausgestellt hat. Der Zweck der Volkszählung ist daher nicht die Feststellung der Bevölkerungszahl, was schon daran ersichtlich ist, daß der *Liber secretorum* eine solche Summierung gar nicht enthält, sondern die Feststellung und das schriftliche Festhalten der Leibszugehörigkeit der zum Hochstift gehörigen Personen. Deshalb auch die Beschränkung auf Erwachsene, die der aus der Leibeigenschaft herrührenden Abgabenpflicht unterlagen, deshalb die Verzeichnung der Leibeigenen fremder Herrschaften, falls diese in einem Ort wohnten, der zum Hochstift gehörte, und deshalb die Verzeichnung der Ausleute, die dem Stift »mit dem Leibe« zugehörten, aber unter anderen Herrschaften wohnten.

Das Wesen der Leibeigenschaft in unserem Raum, vornehmlich als eines Herrschaftsinstruments, das Auseinandertreten von Grund-, Gerichts- und Leibherrschaft im Zuge jenes Vorgangs, der sich im Spätmittelalter abgespielt hat und den wir als Territorialisierung bezeichnen, schließlich die Reduzierung der in der Leibherrschaft begründeten Abgaben zu bloßen Rekognitionsgebühren, dies alles ist in den letzten Jahren Gegenstand ausführlicher Darlegungen gewesen[27]. Darauf wird später noch einzugehen sein. Zunächst ist auf die besondere Situation des Hochstifts Speyer hinsichtlich der Leibherrschaft über seine Untertanen hinzuweisen[28], die vor allem von zwei Faktoren beeinträchtigt wurde. Zum einem gab es die Königsleute[29], die leibrechtlich bevorzugt waren, da sie grundsätzlich die Freizügigkeit besaßen und lediglich Pflichten hinsichtlich einiger königlicher, dann pfälzischer Burgen hatten. Neben der Freizügigkeit genossen die Königsleute auch die Steuerfreiheit, so daß die von ihnen besessenen Güter – auch im Hochstift Speyer – nicht besteuert werden konnten.

27 Vgl. zum Beispiel W. MÜLLER, Entwicklung und Spätformen der Leibeigenschaft am Beispiel der Heiratsbeschränkungen. Die Ehegenoßsame im alemannisch-schweizerischen Raum (VortrrForsch Sonderband 14), Sigmaringen 1974; C. ULBRICH, Leibherrschaft am Oberrhein im Spätmittelalter (VeröffMaxPlanckInstG 58), Göttingen 1979. Vgl. ferner: Freiheit und Leibeigenschaft im ländlichen Bereich am Ende des Mittelalters (236. ProtokollArbeitsgemGeschichtlLdKdeORh), Karlsruhe 1984, mit Referaten von J. KÜMMELL, C. ULBRICH und K. ANDERMANN.
28 K. ANDERMANN, Leibeigenschaft im Hochstift Speyer um 1530, in: ALTER/ANDERMANN (wie Anm. 1) S. 1357–1360; SCHAAB/ANDERMANN (wie Anm. 3).
29 M. SCHAAB, Die Königsleute in den rechtsrheinischen Teilen der Kurpfalz, in: ZGORh 111 (1963) S. 121–175.

Ein zweites noch wichtigeres Moment, das die Leibherrschaft des Hochstifts beeinträchtigte, war das kurpfälzische Wildfangrecht[30], das besagte, daß im Umkreis der Kurpfalz jeder neu Zugezogene, dem kein Leibherr nachfolgte, kurpfälzischer Leibeigener wurde. In diesen Fällen ließ es die Kurpfalz freilich nicht bei den üblichen Leibeigenschaftsabgaben bewenden, vielmehr wurden von solchen Leuten auch Schatzung, Reis und Folge, also militärische Leistungen, verlangt.

Angesichts dieser Eingriffsmöglichkeiten der Kurpfalz war es für das Hochstift Speyer, war es für Bischof Matthias notwendig, sich auch hier seiner Rechte zu vergewissern. Im Falle der Leibeigenschaft war dies nur möglich, wenn die Zugehörigkeit eines jeden, der im Hochstift lebte, festgehalten wurde, und darüber hinaus auch diejenigen, die außerhalb lebten, aber speyerische Leibeigene waren, aufgezeichnet wurden. Diese Aufzeichnung also, die wir hier etwas unpräzise Volkszählung nennen, ist daher genau genommen ein Leibeigenenverzeichnis. Eben das meint ja auch das Vorwort, in dem Bischof Matthias sagt, daß er befohlen habe, aufzuzeichnen, *wieviel personen in den slossen und hußgesesse[n], in stetten und dorffern, und wem yeder mit dem libe zugehorig sy, es sien manne oder frauwen, in den zukunfftigen jaren zu vermercken, obe sich der stiefft an luten mere oder mynner, auch wievil personen geistliche sien in unsern eigen gebieten seßhafftig, auch schultheißen, gebüttel, mesenere, hyrten, nymant ußgescheiden*[31]. Als ein Leibeigenenverzeichnis ist die Speyerer Volkszählung des Jahres 1470 allerdings keine Neuschöpfung und kein Einzelfall. Als Vorläufer ist aus dem Anfang des 14. Jahrhunderts ein speyerisches Leibeigenenverzeichnis[32] zu nennen, das 204 Erwachsene und elf Kinder in 29 rechtsrheinischen Orten nennt, die allerdings nicht zum Hochstift Speyer gehörten. Es handelt sich hierbei also um ein Verzeichnis von Ausleuten, wobei unbekannt ist, ob wir diese Aufzeichnung nun einer allgemeinen oder nur lokalen Erfassung verdanken.

Ein Verzeichnis der zu einer Herrschaft gehörigen Leibeigenen besitzen wir zum Beispiel von der Grafschaft Wertheim aus dem Jahre 1359[33]. Es umfaßt rund 1000 Leibeigene in 84 Orten, Weilern und Höfen im Maingebiet zwischen Würzburg und Freudenberg, ganz offensichtlich die Gesamtheit der Leibsangehörigen der Grafschaft. Allerdings mit einer Ausnahme, denn die Stadt Wertheim fehlt in dieser Liste, im Unterschied zur Stadt Freudenberg, die neben Wertheim das einzige weitere städtische Gemeinwesen der Grafschaft war. Ähnlich wie in den Städten des Hochstifts Speyer waren nämlich auch die Einwohner der Städte der Grafschaft Wertheim nicht von der Leibeigenschaft befreit, doch hat es die Stadt Wertheim in dem betreffenden Zeitraum vorgezogen, die entsprechenden Abgaben mit einer jährlichen Pauschalsumme abzukaufen[34], weshalb ihre Bewohner nicht in der Aufzeichnung erscheinen. Diese Liste der Grafschaft Wertheim unterscheidet noch nicht zwischen Leibeige-

---

30 W. Dotzauer, Der pfälzische Wildfangstreit, in: JbGStadtLandkreisKaiserslautern 12/13 (1974/75) S. 235–247.
31 Zitiert nach Schaab/Andermann (wie Anm. 3) Beiwort S. 3.
32 LA Speyer F1/63 fol. 25r–26v.
33 A. Friese, Die ältesten Steuerverzeichnisse der Grafschaft Wertheim, in: WertheimJb 1954, S. 46–66.
34 Eine solche Vereinbarung wird offenbar in der Wertheimer Bede- und Weinschankordnung von 1351 vorausgesetzt; R. Schröder (Bearb.), Oberrheinische Stadtrechte 1,1: Fränkische Rechte, Heidelberg 1895, Nr. 7 S. 13. Ein Vertrag von 1369 über den Einzug der Bede unter anderem durch

nen, die innerhalb, und solchen, die außerhalb der Herrschaft wohnen. Ganz offensichtlich war der Prozeß der Territorialisierung noch nicht so weit fortgeschritten, daß dies möglich gewesen wäre. Doch ist an verschiedenen Verträgen, die die Wertheimer Grafen um jene Zeit mit benachbarten Herrschaften über den Austausch von Leibeigenen abgeschlossen haben, zu erkennen, daß sie versuchten, ihre Herrschaftsrechte zu konzentrieren und Leibherrschaft und Ortsherrschaft in Übereinstimmung zu bringen.

Das Wertheimer Leibeigenenregister von 1359 unterscheidet sich von der Speyerer Volkszählung des Jahres 1470 unter anderem dadurch, daß es zum Zwecke der Erhebung eine Abgabe, nämlich der precaria oder Bede zu einem bestimmten Termin, nämlich Michaelis 1359, angefertigt wurde. Es handelte sich hierbei um eine Vermögensabgabe von 3⅓ %, also um den 30. Pfennig, wobei unklar bleibt, mit welcher Häufigkeit eine solche Abgabe erhoben wurde. Eine Übereinstimmung mit der Speyerer Liste besteht darin, daß – offenbar an solchen Orten, in denen Wertheim ganz oder teilweise im Besitz der Ortsherrschaft war – am Anfang der Schultheiß genannt wird. Die Geistlichen erscheinen in der Wertheimer Liste nicht, da diese keine Leibeigenen sein konnten. Die Freigabe aus der Leibeigenschaft war nämlich eine Vorbedingung für die Priesterweihe, wie aus Urkunden bekannt ist, die für Männer ausgestellt wurden, die Priester werden wollten. Bei der Speyerer Liste von 1530 ist hingegen zu erkennen, daß diese kirchenrechtliche Voraussetzung offenbar kein Hinderungsgrund war, den einen oder anderen Geistlichen als Leibeigenen zu reklamieren. Doch bedeutet dies keineswegs, daß im Hochstift Speyer dieses kirchenrechtliche Erfordernis übergangen worden wäre, vielmehr besagt die Angabe der – in der Regel speyerischen – Leibeigenschaft lediglich, daß die privaten Güter des betreffenden Geistlichen der Steuerpflicht unterworfen waren.

Aus der Grafschaft Wertheim ist kein weiteres Leibeigenenregister in der Form erhalten, wie jenes von 1359. Offensichtlich schritt in den folgenden Jahrzehnten der Prozeß der Territorialisierung so weit fort, daß die Anlage eines solchen Registers nicht mehr notwendig war. Somit konnten die gesamten Abgaben der Untertanen innerhalb des Territoriums in Salbüchern festgehalten und mußten lediglich die Ausleute, also die Leibeigenen außerhalb des Territoriums, in Hühnervogtsregistern und -rechnungen erfaßt werden[35]. Im Hochstift Speyer hingegen blieb infolge der Sonderrechte der Kurpfalz auf dem Gebiete der Leibeigenschaft weiterhin die Notwendigkeit, die entsprechenden eigenen Rechte zu sichern. Aus diesem Grunde ist 1530 das zweite Speyerer Leibeigenenverzeichnis erstellt worden. Die Situation, in der es entstand, gleicht durchaus jener des Jahres 1464. Durch die aufwendige Hofhaltung des 1529 verstorbenen Bischofs Pfalzgraf Georg war eine starke Verschuldung eingetreten, außerdem waren die Folgen des Bauernkriegs, an dem vor allem auch die Untertanen des Hochstifts teilgenommen hatten, noch nicht überwunden.

Der Nachfolger des Pfalzgrafen Georg auf dem Speyerer Stuhl war der seitherige Dompropst Philipp von Flersheim[36], der einer bedeutenden pfälzischen Adelsfamilie entstammte;

die Stadt gegen Entrichtung einer Pauschale an die Herrschaft bei J. ASCHBACH, Geschichte der Grafen von Wertheim, Frankfurt am Main 1843, 2 (Urkundenbuch), Nr. 106.
35 W. STÖRMER, Grundherrschaften des höheren und niederen Adels im Main-Tauber-Raum, in: H. PATZE (Hg.), Die Grundherrschaft im späten Mittelalter (VortrrForsch 27), 2 Bde., Sigmaringen 1983, 2, S. 25–45.
36 REMLING (wie Anm. 5) 2, S. 267–327; H. STIEFENHÖFER, Philipp von Flersheim Bischof von Speyer (1529–1552) und Gefürsteter Propst von Weißenburg (1546–1552), Speyer 1941. FOUQUET

seine Schwester war mit Franz von Sickingen verheiratet. Angehörige dieser Familie haben nicht selten kurpfälzische Beamtenstellen bekleidet, doch ist Philipp von Flersheim – anders als sein Vorgänger Matthias Ramung – nicht in der kurpfälzischen Verwaltung, sondern in der des Hochstifts Speyer groß geworden. Immerhin hat er seine Studien – abgesehen von Aufenthalten in Köln, Löwen und Paris – hauptsächlich an der Universität Heidelberg absolviert, wo er 1504 das Rektorat bekleidete und 1517 zum Dr. iur. utr. promoviert wurde. Als Mitglied des Speyerer Domkapitels hat Philipp von Flersheim lange Jahre den Bischof auf Reichstagen vertreten und dabei Gelegenheit gehabt, politische Erfahrungen zu sammeln und nützliche Bekanntschaften – unter anderem mit König Ferdinand – zu schließen.

Ebenso wie Matthias Ramung hatte auch Philipp von Flersheim als Bischof zwei Aufgaben vor sich, nämlich die Besserung der wirtschaftlichen Zustände und die Wahrung der Gerechtsame des Hochstifts. Auch Bischof Philipp griff zu verschiedenen finanzpolitischen Maßnahmen, um die Schulden zu verringern, ebenso war er darauf bedacht, durch die Aufzeichnung aller Leibeigenen den aus diesem Herrschaftsrecht folgenden Streitigkeiten zuvorzukommen. Es steht außer Zweifel, daß Bischof Philipp die von seinem Vorgänger Matthias veranlaßten Aufzeichnungen gekannt hat und von ihrem Nutzen überzeugt war. Anders wäre es nicht zu denken, daß er schon im ersten Jahr nach seinem Regierungsantritt, wie es im Vorwort zur Volkszählung heißt, alle *hindersessen, underthanen, angehörigen und verwanten, edell und unedell, geistlich und weltlich, jung und alt, manlichs und freulichs geschlechts unders[ch]iedlich und mit sonder anzeige, wem und wie ein yede person mit leibeigenschaft zugethan und verwandt sy, auch daneben alle syner fürstlichen gnaden und des stieffts leibeigen, so usserhalb desselbigen und hinder andern herschafften gesessen... von seiner fürstlichen gnaden selbs person ane biß uff den wenigsten... beschreiben lassen*[37].

Das Ergebnis dieser am Montag nach Trinitatis, dem 13. Juni 1530, abgeschlossenen Arbeit ist ein stattlicher Band von über 400 Blatt, der wohl vor nicht allzu langer Zeit neu gebunden wurde, so daß wir den ursprünglichen Einband nicht mehr kennen. Doch gibt es andere Anzeichen dafür, daß diese Reinschrift der Volkszählung ebenfalls ein Prachtwerk werden sollte. In einem der Einleitung vorgebundenen Bogen findet sich auf einer Seite[38] eine – allerdings leere – Renaissancekartusche, wobei offenbleiben muß, ob für diese Kartusche etwa ein Madonnenbild oder ein Text geplant war. Die folgende Doppelseite[39] zeigt links eine von zwei Putten gehaltene, mit einer Vase bekrönte Kartusche mit einem lateinischen Text, einer Anrufung der Gottesmutter, deren Schutz sich der Bischof samt seiner Herde empfiehlt[40]. Auf der gegenüberliegenden Seite ist in reicher Architekturrahmung das Wappen des Bischofs zu sehen. Es ist also deutlich, daß bei dieser Ausstattung die des *Liber feudorum* des Bischofs

---

(wie Anm. 5) S. 502–506. – Als Speyerer Domkantor war Philipp von Flersheim aktiv an dem Kampf um den dem Domkapitel gehörigen Pfarrsatz in Esslingen beteiligt; wohl aufgrund dieser Erfahrungen wurde er im Interim zum kaiserlichen Kommissar für die Restitution der Esslinger Klöster ernannt; vgl. T. M. SCHRÖDER, Das Kirchenregiment der Reichsstadt Esslingen. Grundlagen – Geschichte – Organisation (EsslingenStud 8) 1987, S. 77 und 108.

37 GLA Karlsruhe 67/314 fol. 56r.
38 GLA Karlsruhe 67/314 fol. 24v.
39 GLA Karlsruhe 67/314 fol. 25v–26r.
40 *Aspice predulcis virgo et mitissima mater/Presulis immeriti vota benigna tui/Et me commisso pastorem cum grege toto/Transferre ad astrigeri regna beata poli.*

Matthias als Vorbild gewirkt hat. Man darf deshalb vermuten, daß neben dieser inneren Ausstattung wohl auch einst ein entsprechender Einband die Volkszählung zierte.

Über den Zweck dieser namentlichen Erfassung aller erwachsenen Untertanen samt den Ausleuten kann nach dem, was vorhin über die von Bischof Matthias veranstaltete Volkszählung gesagt wurde, kein Zweifel mehr sein. Offensichtlich waren es dieselben Umstände, die es ebenso wie zu Zeiten Matthias Ramungs erforderlich scheinen ließen, eine Aufnahme zu veranstalten. Dies erklärt auch die im großen ganzen übereinstimmende Anlage der beiden Volkszählungen. Doch war man 1530 bestrebt, das Vorbild noch zu übertreffen, indem man bei jedem Haushalt auch die vorhandenen Kinder – zumindest der Anzahl nach – aufzählte. Freilich kann man über die Überlegungen, die dazu führten, die Kinder ebenfalls aufzunehmen, nur Vermutungen anstellen. Nach zwei Generationen war die Volkszählung von 1470 zweifellos überholt, um bei eventuellen Streitfällen als Beweismittel dienen zu können. Vielleicht nahm man deshalb jetzt auch die Kinder auf, um dem Werk, das zweifellos einen gewissen organisatorischen Aufwand erfordert hatte, eine größere Dauer zu verleihen. Es stellt sich deshalb die Frage, ob daran gedacht war, mit der Aufnahme der Kinder in die Volkszählung ein Beweismittel für künftige Streitfälle in Leibeigenschaftsfragen zu schaffen. Zwar konnte die nur summarische Nennung der Kinder eigentlich kein solches Beweismittel darstellen, doch mußte es auch nach Jahren immer noch möglich sein, die Leibszugehörigkeit eines Bewohners des Hochstifts festzustellen, wenn seine Eltern bekannt waren. Freilich ist bis jetzt noch offen und muß weiteren Forschungen anheimgestellt werden, inwiefern von der Volkszählung des Jahres 1530 oder von ihrer Vorgängerin ein solcher Gebrauch gemacht worden ist.

Immerhin ermöglicht es die Angabe der Kinderzahl in der *Beschreibung aller leibeigenen leuth,* wie ein späterer Titel des Bandes lautet, diese als wirkliche Volkszählung anzusprechen. Allerdings muß hervorgehoben werden, daß diese Beschreibung bei ihrer Entstehung nicht als tatsächliche Zählung konzipiert war, da die Ergebnisse in der Reinschrift nicht aufaddiert worden sind. Erst nachträglich sind für jeden Ort und jedes Amt die Anzahl der Personen und der Hausgesäße oder Haushalte und die Leibeigenen, nach den verschiedenen Herrschaften aufgeschlüsselt, beigeschrieben worden. Es ist zweifelhaft, ob der Schreiber, der die Reinschrift in einer ausdrucksvollen Fraktur anfertigte, derselbe ist, der auch die Additionen vornahm. Jedenfalls sind die Summierungen in einer recht flüchtigen Schrift geschrieben, so daß man annehmen möchte, daß der Schreiber der Reinschrift sich wohl mehr Mühe gegeben hätte. Es spricht also einiges dafür, daß wir es hier mit einer zweiten Hand zu tun haben.

Hervorzuheben ist, daß der Rechner – ebenso wie 1470 – offensichtlich nicht auf den Gedanken gekommen ist, die Bevölkerungszahl oder auch nur die Summen der Leibeigenen verschiedener Herren für das gesamte Hochstift festzustellen. Anscheinend bestand kein Bedarf, diese Zahlen zu ermitteln, so daß die Bezeichnung Volkszählung zumindest in dieser Hinsicht nicht ganz zutreffend ist. Darüber hinaus ist auch festgestellt worden, daß die Additionen zum Teil nicht unbeträchtliche Fehler enthalten, wobei es noch durchaus unklar ist, worauf diese Unstimmigkeiten beruhen, wenngleich man auch annehmen möchte, daß es sich um bloße Flüchtigkeitsfehler handelt, da die Abweichung bei den Gesamtsummen zwischen 1,2 und 2,2 % betragen, ein Wert, der für die damaligen Verhältnisse wohl noch zu tolerieren ist[41].

---

41 Bull (wie Anm. 1) S. 109.

Zeitlich genau in der Mitte zwischen den beiden Volkszählungen ist die Liste für die Erhebung des Gemeinen Pfennigs im Hochstift Speyer anzusetzen, die hier wenigstens erwähnt werden muß. Willi Alter, der den linksrheinischen Teil dieser Steuerliste demographisch ausgewertet hat, nimmt als Entstehungszeit ungefähr das Jahr 1500 an[42]. Bei dieser Quelle, die im Stadtarchiv Frankfurt verwahrt wird[43], handelt es sich um eine Aufzählung aller Erwachsenen, die zu dieser auf dem Wormser Reichstag 1495 beschlossenen Reichssteuer veranlagt wurden. Im allgemeinen ist aber nur der Haushaltungsvorstand namentlich genannt, sonstige steuerpflichtige Haushaltsangehörige, Ehefrauen, Söhne, Töchter, Knechte und Mägde werden zumeist ohne Namensnennung aufgezählt. Funktionsträger, wie etwa Geistliche, erscheinen häufig nur mit ihrer Amtsbezeichnung, nicht mit dem Namen. Hervorzuheben ist im übrigen, daß die Liste nicht nur das Hochstift umfaßt, sondern auch die Geistlichkeit des Bistums aufzählt, die demnach vom zuständigen Bischof und nicht von dem betreffenden Landesherrn zum Gemeinen Pfennig veranlagt wurde. Die Liste greift somit auch auf andere Territorien, wie die Markgrafschaft Baden und das Herzogtum Württemberg, über. Es könnte deshalb anhand der Liste des Gemeinen Pfennigs die Fortentwicklung des Pfründenbestands im Bistum Speyer seit der Erstellung der Matrikel unter Bischof Matthias überprüft werden.

Es liegt somit auf der Hand, daß diese drei Verzeichnisse eine vortreffliche Quellenbasis für mancherlei Untersuchungen bieten können. Hinsichtlich ihrer Aussagen für die Verwaltungsstruktur des Hochstifts und des Wesens der Leibeigenschaft sind diese Listen von Meinrad Schaab, Kurt Andermann und Willi Alter vor allem im Historischen Atlas von Baden-Württemberg und im Pfalzatlas ausgewertet worden[44]. Die Strukturierung der Listen nach den Ämtern erlaubt – wie bereits eingangs erwähnt – einen problemlosen Einblick in die Verwaltungsgliederung des Hochstifts, da es sich bei allen drei Listen gewissermaßen um Momentaufnahmen handelt. Neben den Aussagen über die Verwaltungsstruktur sind wertvoll auch die Angaben über das Regierungs- und Verwaltungspersonal, das man in einem Territorium wie dem Speyerer Hochstift brauchte. Hier sind nun durchaus Vergleiche möglich, insbesondere hinsichtlich der Zentralverwaltung, die sich sowohl 1470 wie 1530 in Udenheim, dem heutigen Philippsburg, befand. 1470 belief sich das Hofgesinde des Bischofs in Udenheim auf knapp 50 Personen, wobei vom Bischof über das Personal im Haus zu Heidelberg bis zu den beiden Wagenknechten alle eingerechnet sind. 1530 sind es – nun vom Bischof bis zum Hofnarren – schon 80 Personen. Neben dieser Personalvermehrung in der Zentrale sind andererseits 1530 Einsparungen bei den Burgbesatzungen festzustellen. Während die Kestenburg, das heutige Hambacher Schloß, 1470 noch von vier Wächtern und einem Torknecht bewacht wurde, finden sich 1530 dort nur noch ein Wächterknecht und ein Pförtner mit seiner Frau. Es wird also deutlich, daß auch größere Burgen in Friedenszeiten mit nur ganz wenig

---

42 W. ALTER, Das Hochstift Speyer links des Rheines um 1500 – dargestellt nach den Angaben in den Listen zum »Gemeinen Pfennig«, in: BllPfälzKG 46 (1979) S. 9–37, hier S. 9.
43 StadtA Frankfurt am Main, Reichssachen Nachtrag 2449 IVa Hochstift Speyer. Für die vorliegende Arbeit wurden Fotokopien der Liste eingesehen, die im GLA Karlsruhe unter der Signatur 65/11752 verwahrt werden.
44 Wie Anm. 1 und 3.

Personal besetzt waren[45]. Besonders wichtig sind die Einblicke, die die beiden Volkszählungen hinsichtlich des Wesens der Leibeigenschaft geben[46]. Es fällt auf, daß die Zahl der ungenossamen Ehen, also der Heiraten mit Partnern anderer Leibsangehörigkeit, sehr groß ist. Es folgt daraus, daß Einschränkungen der Heiratsmöglichkeiten und der Freizügigkeit entweder nicht bestanden oder nur in geringem Umfang durchgesetzt werden konnten. Jedenfalls zeigt dieses Ergebnis, daß die Leibeigenschaft kein allzu hohes Maß an Unfreiheit nach sich gezogen hat.

Als Testfall für die Leibeigenschaft sind die Ausleute anzusehen, also die Leibeigenen, die außerhalb des Territoriums lebten. Die Volkszählungslisten lassen erkennen, daß die Verwaltung der Ausleute den benachbarten Ämtern zugeteilt war, von wo aus der Hühnerfaut diese auswärts wohnenden Leibeigenen aufsuchte und von ihnen die fälligen Abgaben einzog, nämlich den Leibzins, die Leibhenne und die Todfallabgaben. Diese Abgaben waren in der hier in Rede stehenden Zeit im wesentlichen bereits nominal fixiert, so daß für die Verwaltung der Ausleute die Kosten-Nutzen-Rechnung entscheidend wurde. Das Einziehen der Leibeigenschaftsabgaben war deshalb, wegen der für den Hühnerfaut anfallenden Spesen, nur dann sinnvoll, wenn dies innerhalb eines Umkreises geschah, der ihm das Aufsuchen der Leibeigenen und die Rückkehr binnen eines Tages ermöglichte, das heißt innerhalb eines Radius von etwa 15 Kilometern. Jenseits dieses Aktionsradius waren abziehende Leibeigene verloren, obwohl man davon auszugehen hat, daß die Heranziehung der Ausleute zu ihren Pflichten nicht wegen der daraus zu erzielenden Einnahmen, sondern wegen des daraus resultierenden Herrschaftsanspruchs erfolgte. Doch wurde die Durchsetzung dieses Herrschaftsanspruchs sinnlos, wenn allzu hohe Kosten damit verbunden waren.

Die beiden Volkszählungen zeigen also gewissermaßen im Detail, daß es nicht nur speyerische Leibeigene außerhalb des Territoriums gab, sondern auch Leibsangehörige anderer Herren innerhalb der Herrschaft des Bischofs von Speyer. Besonders rechts des Rheins war die Bevölkerung des Hochstifts durchaus gemischt, da hier vor allem Eigenleute der Kraichgauer Ritterschaft das Bild mitbestimmten. Links des Rheins ist es innerhalb des Hochstifts fast nur der Pfälzer Kurfürst, der über die Wildfänge und die Königsleute besondere Eingriffsmöglichkeiten im Speyerer Territorium besaß. Gerade mit diesem Nachbarn mußte es deswegen des öfteren zu Streitigkeiten kommen. In der Zeit, als Pfalzgraf Georg den Speyerer Stuhl inne hatte, sind diese strittigen Fälle größtenteils zugunsten der Kurpfalz entschieden worden. Gerade deshalb muß es dem Nachfolger Philipp von Flersheim notwendig erschienen sein – ebenso wie 1470 –, eine Aufnahme der Leibeigenen – und diesmal noch eingehender – zu veranstalten. Selbstverständlich sind die Speyerer Volkszählungen nicht nur für die Territorialgeschichte des Hochstifts interessant, vielmehr bilden sie auch – wie bereits erwähnt – höchst schätzbare Quellen für die Geschichte der Orte dieses Territoriums. Damit hängt die Frage zusammen, inwieweit die beiden Volkszählungen und die Liste des Gemeinen Pfennigs auch etwas für genealogische Forschungen austragen können, zumal die drei Listen jeweils etwa im Abstand von einer Generation erstellt worden sind. Doch sind so gut wie nirgends Filiationen vermerkt, so daß in keinem Fall sicher davon ausgegangen

45 Vgl. dazu ANDERMANN, Die sogenannte ›Speyerer Volkszählung‹ von 1530 (wie Anm. 4) S. 117 ff.
46 Vgl. SCHAAB/ANDERMANN (wie Anm. 1); ANDERMANN, Leibeigenschaft (wie Anm. 28); ANDERMANN, Die sogenannte ›Speyerer Volkszählung‹ von 1530 (wie Anm. 4) S. 119 ff.

werden kann, daß der Träger eines Namens in der Liste von 1530 von einem Träger desselben Namens in den vorhergehenden Listen abstammt. Für einen solchen Nachweis wäre die Herbeiziehung weiterer Quellen – sofern vorhanden – notwendig.

Als Beispiel für eine gute Quellenlage kann die Familiengeschichte des aus Lauterburg gebürtigen Reformators Jakob Otter vorgeführt werden, der von 1532 bis zu seinem Tode 1547 in Esslingen wirkte[47]. Wir wissen – allerdings nicht aus der Volkszählung –, daß der Großvater, Hermann Otter, Bauer in Udenheim war. Er wird in der Tat dort in der Volkszählung von 1470 zusammen mit seiner Frau Else genannt. Der Vater, Hans Otter, war Schneider sowie Gerichts- und Ratsmitglied in Lauterburg. Er war allerdings um 1500 bereits verstorben, denn in der Liste des Gemeinen Pfennigs findet sich unter Lauterburg der Eintrag: *Hans Otters nachkommen und sin frauw.* Diese Frau, Brigitta Rulin, stammte aus Lauterbach. Ein Bruder von Jakob Otter, nämlich Hans Otter, findet sich 1530 unter den Ausleuten des Hochstifts in der Reichsstadt Speyer. Jakob Otter selbst ist als Priester nicht in der Volkszählung zu finden. Diese Familiengeschichte kann selbstverständlich nicht repräsentativ sein, weil es sich um eine typische Aufsteigerkarriere handelt. Doch ist es recht aufschlußreich, daß die Familienbeziehungen alsbald das Hochstift links und rechts des Rheins mit Einschluß der Reichsstadt Speyer umfaßten, wenn auch die Volkszählung von 1530 in Udenheim keinen Träger des Namens Otter mehr nennt. Im Falle des Reformators Jakob Otter finden wir also das, was man aus anderer Quelle über ihn und seine Familie weiß, durch die Speyerer Bevölkerungslisten bestätigt. In anderen Fällen wird es möglich sein, etwa die regionale Verteilung der Familiennamen zu untersuchen, womit sich für eine genealogische Fragestellung immerhin gewisse Anhaltspunkte ergeben können. Auf diese Weise müßten sich dann auch Erkenntnisse über die Mobilität der Bevölkerung zwischen 1470 und 1530 ergeben, die vermutlich nicht gering gewesen ist, da sonst die Durchmischung der Leibeigenen verschiedener Herren nicht zustande gekommen wäre.

Eine Erforschung der regionalen Verbreitung und der Dichte einzelner Familiennamen für die Zeit zwischen 1470 und 1530 würde nicht nur Rückschlüsse auf Wanderungsbewegungen zulassen, sondern wäre auch ein Beitrag zur Namenforschung, wobei vorerst noch zu untersuchen wäre, ob wir es innerhalb dieses Zeitraums noch mit erheblichen Veränderungen der Familiennamen zu tun haben oder nicht. Die Namenforschung wird nicht nur für die Familiennamen, sondern auch für die Vornamen in den Speyerer Volkszählungen eine vorzügliche Basis für vergleichende Untersuchungen finden, zumal hier ein räumlich abgeschlossenes, alle Schichten, Männer wie Frauen gleichermaßen umfassendes Namenmaterial vorliegt. Bereits bei flüchtiger Durchsicht der Liste drängen sich unwillkürlich interessante Erkenntnisse auf. Es zeigt sich etwa – um nur ein Beispiel zu nennen – die Vorliebe für bestimmte Frauennamen; so tritt der Name Apollonia 1530 mancherorts geradezu gehäuft auf. Es wird daher eine reizvolle Aufgabe sein, zu untersuchen, ob diesem Sachverhalt eine regionale Heiligenverehrung oder irgendeine Mode zugrunde liegt[48].

47 G. BOSSERT, Artikel Otter, Jakob, in: Realencyklopädie für protestantische Theologie und Kirche 14, Leipzig[3]1904, S. 526–530.
48 G. RECHTER (Bearb.), Das Reichssteuerregister von 1497 des Fürstentums Brandenburg–Ansbach–Kulmbach unterhalb Gebürgs (QForschFränkFamilieng 1), hat S. 637 bereits eine statistische Auswertung der von ihm veröffentlichten Listen unter anderem hinsichtlich der Haushaltsgrößen, Kinder, Gesinde usw. vorgenommen, aber auch die Häufigkeit der Vornamen untersucht. Demnach

Darüber hinaus bieten die Speyerer Listen geradezu ein ideales Material für demographische Untersuchungen. Zwar sind sie nicht gleichförmig aufgebaut, doch bieten sie wesentlich mehr miteinander verknüpfte Informationen als die Quellen, die aus anderen Territorien überliefert sind. Allen drei Listen gemeinsam und daher vergleichbar sind die Zahlen der Erwachsenen, freilich mit gewissen Einschränkungen, da man ja – wie bereits erwähnt – für alle drei Termine von einem unterschiedlichen territorialen Bestand des Hochstifts auszugehen hat. Es können also die 1530 ermittelten 11646 erwachsenen Einwohner des Hochstifts[49] nicht ohne weiteres mit den 13135 von 1500 und den 8623 von 1470[50] verglichen werden. Aufgrund einer bereinigten Berechnung schließt Willi Alter auf eine Abnahme der Bevölkerung zwischen 1500 und 1530[51], wobei möglicherweise der Bauernkrieg und die 1529 grassierende Epidemie des sogenannten »englischen Schweißes«, dem damals auch Bischof Georg zum Opfer fiel, als Gründe anzuführen sind. Es wird aber sicher einiger vertiefender Forschungen bedürfen, um die Gründe für die örtlich durchaus unterschiedlichen Veränderungen genauer bestimmen zu können.

Karl-Otto Bull hat den interessanten Versuch unternommen, die Ergebnisse der Erhebung von 1530 mit jenen der Volkszählung von 1970 zu vergleichen[52], und hat höchst aufschlußreiche Unterschiede in der jeweiligen Zusammensetzung der Bevölkerung festgestellt. Dazu zählt etwa der im Vergleich zu heute geringe Frauenüberschuß, der vielleicht durch eine höhere Sterblichkeit, vielleicht aber auch nur durch die Abwanderung lediger Frauen als Dienstboten in die Städte – wie etwa Speyer – entstanden ist. Möglicherweise hängt damit auch der auffallend geringe Prozentsatz Lediger in der erwachsenen Bevölkerung zusammen. Als höchst unterschiedlich stellt sich in der Erhebung von 1530 der Anteil der Kinder an der Gesamtbevölkerung der einzelnen Orte heraus[53]. Gelegentlich dürfte die Zahl der Kinder durch örtlich auftretende Ansteckungskrankheiten in größerem Ausmaß verringert worden sein. Dies scheint wohl vor allem für die städtischen Gemeinwesen zuzutreffen, in denen der Anteil der Kinder in der Regel geringer ist als auf dem Land. Diesen Unterschied wird man wohl immer in Rechnung stellen dürfen, wenn man danach fragt, wie viele Personen in einem Haushalt lebten. Dieser Multiplikationsfaktor ist ja deswegen so wichtig, weil uns in der Regel aus den einschlägigen Quellen eben nur die Anzahl von Haushalten, Haushaltsvorständen oder Steuerzahlern bekannt ist. Für das gesamte Hochstift hat Karl-Otto Bull eine Haushaltsgröße von 4,15 Personen ermittelt, während er für die Städte des Hochstifts 3,8 Personen je Haushalt und für die Dörfer und Weiler durchschnittlich 4,24 Personen angibt[54].

Ein vor kurzem erschienener Aufsatz über die »Grundlinien einer mittelalterlichen

sind Hans und Contz die häufigsten männlichen, Margarete und Anna die am meisten vertretenen weiblichen Vornamen (S. 692ff.).
49 Nach der Berechnung von Bull (wie Anm. 1) S. 110. Die Addition der von Schaab/Andermann für die einzelnen Orte in den Additionen der Quelle angegebenen Zahlen ergibt in allen Fällen etwas niedrigere Werte; vgl. dazu Bull S. 113f.
50 Diese Zahlen ergeben sich aus der Addition der von Alter, Hochstift Speyer (wie Anm. 1) S. 1347, für die einzelnen Ämter angegebenen Zahlen.
51 Alter, Hochstift Speyer (wie Anm. 1) S. 1352.
52 Bull (wie Anm. 1) S. 110 und 113f.
53 Örtliche Unterschiede werden besonders auch von Alter, Hochstift Speyer (wie Anm. 1) S. 1354, betont; vgl. dazu auch Bull (wie Anm. 1) S. 343f.
54 Bull (wie Anm. 1) S. 114.

Bevölkerungsentwicklung« – in dem übrigens die Speyerer Listen nicht genannt werden – schließt mit den folgenden Worten: »Man wird für Mitteleuropa die Quellen noch intensiver sammeln und in den örtlichen Kontext einbinden müssen, bis man in der Bewertung der Determinanten: Pest, Krisis der Feudalrente und ›preventive check‹ [d.h. Geburtenbegrenzung] maßgeblich über den Forschungsstand hinauskommt...«[55]. Dieser Formulierung ist eigentlich nur noch die Feststellung anzufügen, daß wohl deutlich geworden ist, daß die sogenannten Speyerer Volkszählungen von 1470 und 1530, zusammen mit der Liste des Gemeinen Pfennigs aus der Zeit um 1500, eine einzigartige Quellengruppe darstellen, die nicht nur für das Hochstift Speyer von Wichtigkeit ist, sondern auch eine Reihe von Erkenntnissen zu vermitteln vermag, die unser Wissen von jener Umbruchszeit zwischen Mittelalter und Neuzeit nicht unbeträchtlich bereichern dürften.

---

55 R. SPRANDEL, Grundlinien einer mittelalterlichen Bevölkerungsentwicklung, in: B. HERRMANN und R. SPRANDEL (Hgg.), Determinanten der Bevölkerungsentwicklung im Mittelalter, Weinheim 1987, S. 25–35, hier S. 34.

Probleme einer statistischen Auswertung
der älteren Speyerer »Volkszählung« von 1469/70

VON KURT ANDERMANN

Im Unterschied zur Speyerer »Volkszählung« von 1530 hat deren Vorläufer und Vorbild, das bereits zwei Menschenalter zuvor im Auftrag des Bischofs Matthias Ramung angelegte Einwohnerverzeichnis des Hochstifts Speyer[1], in der landesgeschichtlichen und schon gar in der historisch-demographischen Forschung bislang nur wenig und eher beiläufig Beachtung gefunden[2]. Die Gründe dafür sind wohl verschiedener Art: Zum einen mag es eine Rolle spielen, daß das jüngere Verzeichnis sowohl in den durch Friedrich von Weech publizierten Inventaren als auch in der von Manfred Krebs bearbeiteten Beständeübersicht des General-landesarchivs unter der vielversprechenden Bezeichnung »Volkszählung« aufgeführt ist, wäh-rend die ältere Erhebung im einen Fall gar nicht eigens hervorgehoben und im anderen Fall nur lapidar als »Verzeichnis der sämtl. Eigenleute« bezeichnet wird[3]. Zum anderen bieten die Listen von um 1470 als typologische und genetische Vorstufe der »Volkszählung« von 1530 noch nicht dieselbe Dichte der Information, wie man sie in der jüngeren Erhebung finden kann[4]. In ihrem Aufbau orientieren sie sich noch ganz an den althergebrachten Leibeigenen-

---

1 GLA Karlsruhe 67/296 fol. 13r–163v; vgl. H. EHMER, ... *obe sich der stiefft an luten mere oder mynner*. Die Volkszählung im Hochstift Speyer von 1470 und 1530, in diesem Band S. 79–94.

2 H. D. SIEBERT, Zwei Einwohnerverzeichnisse von Obergrombach aus den Jahren 1470 und 1530, in: F. X. BECK (Hg.), 600 Jahre Stadt Obergrombach, Karlsruhe 1936, S. 156–158; K. DROLLINGER, Kleine Städte Südwestdeutschlands. Studien zur Sozial- und Wirtschaftsgeschichte der Städte im rechtsrheinischen Teil des Hochstifts Speyer bis zur Mitte des 17. Jahrhunderts (VeröffKommGe-schichtlLdKdeBadWürtt B48), Stuttgart 1968, S. 11; W. OSSFELD, Obergrombach und Untergrom-bach in Mittelalter und früher Neuzeit (bis um 1600). Untersuchungen zur älteren Siedlungs-, Verfassungs- und Kirchengeschichte der zwei heutigen Stadtteile von Bruchsal (VeröffKommGe-schichtlLdKdeBadWürtt B84), Stuttgart 1975, S. 171; L. G. DUGGAN, Bishop and Chapter. The Governance of the Bishopric of Speyer to 1552 (Studies presented to the International Commission for the History of Representative and Parlamentary Institutions 62), New Brunswick, New Jersey 1978, S. 193–197; M. SCHAAB und K. ANDERMANN, Leibeigenschaft der Einwohner des Hochstifts Speyer 1530, in: HistAtlasBadWürtt IX,4 (1978) S. 2f.; K. ANDERMANN, Die sogenannte ›Speyerer Volkszählung‹ von 1530. Territorialpolitische und administrative Aspekte einer frühneuzeitlichen Bevölkerungsaufnahme, in: A. GERLICH (Hg.), Regionale Amts- und Verwaltungsstrukturen im rheinhessisch-pfälzischen Raum (14.–18. Jahrhundert) (GeschichtlLdKde 25), Stuttgart 1984, S. 107–130, hier S. 112f. und passim.

3 Inventare des Grossherzoglich Badischen General-Landesarchivs, hg. von der Grossherzogli-chen Archivdirektion, 1, Karlsruhe 1901, S. 110; M. KREBS (Bearb.), Gesamtübersicht der Bestände des Generallandesarchivs Karlsruhe (VeröffStaatlArchVerwBadWürtt 1–2), Karlsruhe 1954–1957, S. 192f.

4 EHMER (wie Anm. 1) S. 80.

verzeichnissen[5] und sind daher in ihrer Systematik auch nicht so weit entwickelt wie die Bevölkerungsaufnahme von 1530; vor allem fehlt noch um 1470 mit der Zahl der Kinder gerade die statistische Größe, die im Hinblick auf eine Rekonstruktion von Gesamtbevölkerungen besonders wichtig ist – und weitere Lücken werden sich im folgenden zeigen. So mag es auf den ersten Blick weniger reizvoll erscheinen, diese Quelle unter quantitativem Aspekt zu bearbeiten. Obendrein darf man aber auch nicht verkennen, daß die in einer gut lesbaren Schrift und sehr übersichtlich angelegten Namenlisten von 1530 sich einer Auswertung viel leichter erschließen als die in ihrer Anlage mitunter noch etwas unbeholfenen, von einer zwar markanten, aber bisweilen nicht leicht zu entziffernden Hand geschriebenen Listen aus dem späten 15. Jahrhundert[6].

Dessenungeachtet verdient die »Volkszählung« von um 1470 sehr wohl unsere Aufmerksamkeit, stellt sie doch insofern etwas gänzlich Neues dar, als sie – ein Vierteljahrhundert vor den Listen zum Gemeinen Pfennig[7] – erstmals konkrete Anhaltspunkte für die Ermittlung der Einwohnerzahl eines ganzen Territoriums liefert. Nach Struktur und Aussage ist sie mit den Leibeigenenbüchern des Klosters Ottobeuren vergleichbar, auf die Richard Dertsch und Peter Blickle aufmerksam gemacht haben[8]; freilich sind diese Bücher erst in den Jahren 1548 beziehungsweise 1564, das heißt mehr als ein Dreivierteljahrhundert später, entstanden. Im Unterschied zu den herkömmlichen Leibeigenenverzeichnissen[9] liegt diesen Aufzeichnungen nicht mehr das für das Mittelalter charakteristische, auf personale Beziehungen gegründete Abhängigkeitsverhältnis zwischen dem Herrn und seinen Eigenleuten zugrunde, sondern bereits der die moderne Staatlichkeit bestimmende Anspruch des Landesherrn auf eine durch transpersonale Kompetenzen wie das Steuer- und Waffenrecht definierte Gebietshoheit[10]. Erfaßt werden demnach nicht mehr allein die Eigenleute des jeweiligen Territorialherrn,

5 Das älteste für das Hochstift Speyer überlieferte Leibeigenenverzeichnis: LA Speyer F1/63 fol. 25r–26v. Die im Historischen Atlas von Baden-Württemberg (vgl. SCHAAB/ANDERMANN, wie Anm. 2, S. 2) angegebene Datierung dieses Verzeichnisses in die Jahre 1305/25 trifft wohl nicht zu; vielmehr dürfte es in den 1340er Jahren aufgezeichnet worden sein (K. ANDERMANN, Das älteste Lehnbuch des Hochstifts Speyer von 1343/47 bzw. 1394/96, in: ZGORh 130, 1982, S. 1–70, hier S. 3 ff. und 16).

6 K. ANDERMANN, Die Inventare der bischöflich speyerischen Burgen und Schlösser von 1464/65, in: MittHistVPfalz 85 (1987) S. 133–176, hier S. 144.

7 Vgl. G. RECHTER, Bevölkerungsstatistische Quellen Frankens. Bestand und Probleme dargestellt am Beispiel des Fürstentums Brandenburg–Ansbach–Kulmbach, in diesem Bd. S. 65–78, hier S. 72 ff.

8 R. DERTSCH, Das Einwohnerbuch des Ottobeurer Klosterstaates vom Jahre 1564 (Alte Allgäuer Geschlechter 34), Kempten 1955; P. BLICKLE, Leibherrschaft als Instrument der Territorialpolitik im Allgäu. Grundlagen der Landeshoheit der Klöster Kempten und Ottobeuren, in: H. HAUSHOFER und W. A. BOELCKE (Hgg.), Wege und Forschungen der Agrargeschichte. Festschrift für Günther Franz, Frankfurt a. M. 1967, S. 51–66, hier v. a. S. 55 ff.

9 O. HERDING, Leibbuch, Leibrecht, Leibeigenschaft im Herzogtum Wirtemberg, in: ZWürttLdG 11 (1952) S. 157–188; P. BLICKLE, Der Kemptener Leibeigenschaftsrodel, in: ZBayerLdG 42 (1979) S. 567–629.

10 Vgl. Th. MAYER, Die Ausbildung der Grundlagen des modernen deutschen Staates im hohen Mittelalter, in: HZ 159 (1939) S. 457–487, ND in: H. KÄMPF (Hg.), Herrschaft und Staat im Mittelalter (WegeForsch 2), Darmstadt 1956, S. 284–331; zu den für die Landesherrschaft im Bereich des Hochstifts Speyer konstitutiven Rechten vgl. M. SCHAAB, Territoriale Entwicklung der Hochstifte Speyer und Worms, in: Pfalzatlas, Textband 2 (1972) S. 760–780, hier S. 760 f.

sondern – unangesehen ihrer leibrechtlichen Zugehörigkeit – alle erwachsenen Einwohner seines Territoriums[11]. Diese Neuerung rechtfertigt es allemal, sich auch mit der älteren Speyerer »Volkszählung« näher zu befassen. – Im folgenden soll zunächst die Quelle in ihrem Aufbau und in ihrer Aussage beschrieben sowie etwas genauer als bisher datiert werden (I), um hernach auf die Probleme und Grenzen ihrer quantitativen Auswertung einzugehen (II).

I

Den Zweck des in seinem Auftrag angelegten Untertanenverzeichnisses erläutert Bischof Matthias selbst in einem knappen Vorwort[12]. Demnach hat er in allen *unsers stieffts stetten, slossen, dorffern und gebieten lassen uffzeichnen, wievil personen in den slossen und hußgesessen, in stetten und dorffern, und wem yeder mit dem libe zugehorig sy, es sien manne oder frauwen, in den zukunfftigen jaren zu vermercken, obe sich der stiefft an luten mere oder mynner, auch wievil personen geistliche sien in unsern eigen gebieten seßhafftig, auch schultheißen, gebüttel, mesenere, hyrten, nymant ußgescheiden.* Diese Vorbemerkung zeigt, daß den Bischof bei seinem Unternehmen neben dem zu jener Zeit keineswegs ungewöhnlichen Interesse an herrschaftsbezogenen Informationen durchaus auch schon ein modernes, geradezu statistisch anmutendes Interesse geleitet hat, kam es ihm doch darauf an, *in den zukunfftigen jaren zu vermercken, obe sich der stiefft an luten mere oder mynner;* ja selbst auf Fragen der Bevölkerungsstruktur war seine Aufmerksamkeit gerichtet, wenn er wissen wollte, wie viele Geistliche in seinem Territorium lebten, wie viele Schultheißen, Büttel, Mesner etc. Um solches zu ermöglichen, hat er sich nicht mit den auch anderwärts gebräuchlichen bloßen Namenslisten begnügt, sondern überdies Zwischensummen und Endsummen ziehen lassen, die zwar bereits Ansätze zu einer Differenzierung erkennen lassen, bei denen aber die uns vor allem interessierenden Gesamteinwohnerzahlen doch noch fehlen[13].

Die einzelnen Eintragungen[14] haben in der Regel die Form *Item Michel Voltz und sin hußfrauwe Ennel;* nur selten fehlt der Name der Frau, aber bisweilen ist zusätzlich der Beruf beziehungsweise das Handwerk des Mannes vermerkt, dann heißt es etwa *Item Swartzhans, der zymmermann, und sin hußfrauwe Otilia.* Freilich sind diese Angaben nicht immer so eindeutig wie im eben zitierten Fall; kann doch, wenn es heißt *Item Herman Schmytd und sin hußfrauwe Elße,* damit ebensowohl der Eigenname *Schmytd* wie die Berufsbezeichnung *schmytd* gemeint sein. Witwen sind gewöhnlich verzeichnet wie folgt: *Item Heintz Sußers seligen witwe* oder *Item die alt schulmeisterin* oder *Item Anna Kerstin, ire sone und sones*

---

11 Insoweit ist die in den Inventaren des Generallandesarchivs (wie Anm. 3) S. 110 vorgenommene Charakterisierung als »Verzeichnis der sämtl. Eigenleute« durchaus zutreffend, wenngleich sie den Leser im unklaren läßt, um wessen Eigenleute es sich dabei handelt, und damit eben das Besondere an dieser Quelle nicht zu erkennen gibt.

12 GLA Karlsruhe 67/296 fol. 13r; Druck: SCHAAB/ANDERMANN (wie Anm. 2) S. 3.

13 Zwischensummen für jede Ortschaft und für jedes Amt bzw. für jede Kellerei finden sich am Ende der jeweiligen Abschnitte; die Endsummen für die rechtsrheinischen und für die linksrheinischen Ämter sowie für das ganze Hochstift *uff beiden staden Rines* folgen auf Eintragungen betreffend Jagd- und Fischereigerechtsame etc. (GLA Karlsruhe 67/296 fol. 158rf.).

14 Die folgenden Beispiele sind, soweit nicht anders vermerkt, dem Einwohnerverzeichnis von Udenheim entnommen (GLA Karlsruhe 67/296 fol. 14r–17r).

frauwe; sonstige alleinstehende Frauen begegnen in der Form *Item die Nodigin* oder *Item Anna Kornerin.* Witwer und alleinstehende Männer sind in entsprechender Weise erfaßt.

Am linken respektive am rechten Rand des zweispaltig angelegten Verzeichnisses ist von gleicher Hand unter Anwendung von Siglen und Abkürzungen vermerkt, welcher leibrechtlichen Zugehörigkeit eine jede Person ist. Dabei stehen *S* für das Hochstift Speyer, *P* für die Kurpfalz und *Marg.* für die Markgrafschaft Baden; darüber hinaus begegnen *Otto dux* oder *dux Otto* für den Pfalzgrafen von Mosbach, *Katzenelnbogen* für die gleichnamigen Grafen, *Mulbronn* für das Zisterzienserkloster Maulbronn, *Daspach* (Daisbach), *Anglach* (Angelloch) und andere Namen für niederadelige Herrschaften sowie viele weitere Abkürzungen. Hie und da – vornehmlich bei Frauen – ist der Vermerk bezüglich der Leibeigenschaft auch einmal unmittelbar an den Namenseintrag angehängt: *Item Jorge Zymmermann* [am Rand: *S*] *und sin hußfrauwe Elße, Friederichs von Fleckensteins.*

Die Reihe der Namen zu jedem Ort wird in der Regel von den dort bepfründeten Geistlichen eröffnet, vom Pfarrer und – soweit vorhanden – von Frühmessern oder Kaplänen; so heißt es beispielsweise im Falle der Stadt Udenheim: *Item pferrer. Item zwen fruhemesser.* In Bruchsal stehen am Anfang der Weihbischof, zwei Kapläne, elf weitere Priester, ein Mönch des Klosters Herrenalb und *der schulmeister,* der ebenfalls dem Klerus angehörte[15]. Ganz selten werden auch einmal die Namen der Kleriker genannt[16]. Gab es ortsansässigen Adel, dann rangiert dieser noch vor der Geistlichkeit. Nur ausnahmsweise – vermutlich wenn er eximierte Anwesen bewohnte – wird er am Schluß aufgeführt, so etwa die sieben adeligen Höfe zu Kirrweiler[17], *Katherin, Hans Brodels seligen witwe,* zu Hambach[18] oder *die Graslagk im sloßlin* und der Hof des einstigen Landschreibers Sifrit Müller in Großfischlingen[19]. Unmittelbar auf die Priester folgen bei nahezu allen Orten – unter Angabe ihrer Namen – die Schultheißen als Repräsentanten der Herrschaft; die sonstigen im Vorwort genannten Gemeinde- und Kirchendiener nehmen unter den aufgezählten Einwohnern gewöhnlich keinen bevorzugten Rang ein.

Dort, wo es ein bischöfliches Schloß gab – in Udenheim, Kislau, Bruchsal, Kirrweiler, Kestenburg (Hambacher Schloß), Landeck, Lauterburg, Jockgrim und Obergrombach[20] – ist dessen Personal dem zugehörigen Ort in einem eigenen Abschnitt vorangestellt. In Udenheim wird obendrein zwischen dem *teglichen hoffgesynne* der Residenz, *dem slosse,* dem Bauhof und der Zollstätte am Rhein – jeweils mit Dienern und Gesinde – unterschieden. Offensichtlich wohnten die dort erwähnten Bediensteten keineswegs alle im Schloß, auf dem Bauhof oder beim Zoll, denn viele von ihnen werden unter den Bewohnern der Stadt noch einmal aufgeführt, so zum Beispiel der Zollschreiber, der (Zoll-) Beseher, der Marstaller, der Lautenschläger und andere mehr; der Keller des Schlosses zu Kislau war in

15 GLA Karlsruhe 67/296 fol. 61r.
16 GLA Karlsruhe 67/296 fol. 73r (Waibstadt).
17 GLA Karlsruhe 67/296 fol. 78r: *Hofe, gein Kyrwilr gehorig und daselbst gelegen: Item Hans Brodels hoff. Item Hugen hoff vom Stein. Item der Brechtel von der Nuwenstat hoff. Item Hans von Dalheim. Item her Friederich von Flerßheim. Item Sifriden von Veningen hoff. Item Hensel Liechtenstein hoff.*
18 GLA Karlsruhe 67/296 fol. 92v.
19 GLA Karlsruhe 67/296 fol. 80v.
20 GLA Karlsruhe 67/296 fol. 13r–14r, 32r, 61r, 76v, 90r, 106r, 119v, 147v und 159r.

Kirrlach wohnhaft[21]. Entsprechendes läßt sich auch für Lauterburg und andere Schlösser beobachten.

Am Ende des Verzeichnisses für ein jedes Dorf und für eine jede Stadt ist von der gleichen Hand, von der die Listen angelegt worden sind, die zugehörige Summe eingetragen. Für Udenheim heißt es dort: *Summa in der statt und vorstat 140 hußgesesse, darunder drü priester, zwen edeler, und sin der lipeigen spierscher manne 78 und 68 frauwen, darzu 3 pfaltzgravischer manne und funff frauwen*[22]. – Das Augenmerk richtet sich demnach auf die Zahl der Haushaltungen, unter denen – zweifellos wegen ihres fiskalischen Sonderstatus – die des Klerus und des Adels hervorgehoben werden, sowie auf die leibrechtliche Struktur der Bevölkerung. Eine Gesamtzahl der ortsansässigen Erwachsenen wird nicht angegeben, das heißt, bei allem modernen Interesse an der »Statistik« dominieren eben doch unverkennbar die traditionellen herrschaftlichen Belange. Aber auch die leibrechtliche Zugehörigkeit der bischöflichen Untertanen interessiert in der Summe nur insoweit, als sie auf die Qualität der Landesherrschaft im Hochstift einen Einfluß haben konnte: Wenn von den Eigenleuten fremder Herren hier allein jene des Kurfürsten von der Pfalz Erwähnung finden, so spiegelt sich darin das natürlich auch zur Zeit Bischof Matthias Ramungs mit potentiellen Konflikten beladene Verhältnis des Hochstifts zu dem übermächtigen Nachbarn, der sich vorzüglich darauf verstanden hat, mit seinen in anderen Territorien ansässigen Leuten eine expansive Politik zu treiben[23]. Entsprechende Summen findet man auch am Ende der einzelnen Ämter[24], und schließlich werden, getrennt nach ihren Wohnorten, die Namen der zu einem jeden Amt gehörigen Ausleute, der außerhalb des Hochstifts ansässigen bischöflichen Eigenleute, aufgeführt. Hier bietet die »Volkszählung« aber naturgemäß nicht mehr Informationen als die herkömmlichen Leibeigenenverzeichnisse.

Abgesehen vom Vorrang des Adels und der Geistlichkeit ist ein ordnendes Prinzip in den Namensreihen der verschiedenen Dörfer und Städte nur ausnahmsweise zu erkennen. So sind zum Beispiel die Einwohner des am nördlichen Rand des Bienwaldes gelegenen Dorfes Schaidt getrennt nach ihrer leibrechtlichen Zugehörigkeit verzeichnet[25]; in Waibstadt im Kraichgau werden zunächst alle Ehepaare und erst hernach die Witwen und die Witwer sowie die alleinstehenden Personen beiderlei Geschlechts aufgeführt[26]; für Jockgrim ist – wie man dies von den Huldigungslisten kennt – überhaupt nur die erwachsene Mannschaft erfaßt[27]. Bei

21 GLA Karlsruhe 67/296 fol. 33v.
22 GLA Karlsruhe 67/296 fol. 17r.
23 Th. KARST, Das kurpfälzische Oberamt Neustadt an der Haardt (VeröffGStadtKreisNeustadt 1), Speyer 1960, S. 104 ff.; M. SCHAAB, Geschichte der Kurpfalz, 1: Mittelalter, Stuttgart 1988, S. 204 f.
24 GLA Karlsruhe 67/296 fol. 25v (Amt Udenheim), 55v (Amt Kislau), 103v (Amt Kirrweiler), 148v (Amt Lauterburg).
25 GLA Karlsruhe 67/296 fol. 139v–145r: Ehepaare, die zu beiden Teilen speyerisch sind, speyerische Witwen, Mischehen zwischen speyerischen Männern und fremdherrischen Frauen, Königsleute (Ehepaare), Königsleute (Witwen), Mischehen zwischen pfälzischen Männern und speyerischen bzw. fremdherrischen Frauen, Leute Herzog Ludwigs [von Pfalz-Veldenz], des Markgrafen von Baden, des Abts von Weißenburg sowie der Herrschaften Bitsch und Fleckenstein-Madenburg.
26 GLA Karlsruhe 67/296 fol. 73r–75v.
27 GLA Karlsruhe 67/296 fol. 148r f.

den Städten Udenheim, Bruchsal und Lauterburg läßt sich eine – wenn auch nur sehr grobe – topographische Gliederung erkennen; in Udenheim[28] und Lauterburg[29] wird nach den Bewohnern der Stadt einerseits und jenen der Vorstadt andererseits unterschieden, und in Bruchsal bilden die *Camerhover,* die Bewohner des vormals weißenburgischen Kammerhofes, eine in der fortlaufenden Reihe eigens hervorgehobene Gruppe[30].

Gerade diese auf die Topographie bezogenen Beobachtungen, aber auch die Tatsache, daß andere Gliederungsmuster – etwa nach dem Familienstand oder nach der Leibzugehörigkeit – nur ausnahmsweise zu erkennen sind, erlauben Rückschlüsse auf die technische Durchführung dieser Bevölkerungsaufnahme. Wären nämlich die Namenslisten, wie man vielleicht vermuten könnte, gelegentlich der Huldigung für Bischof Matthias (15. September bis 19. Oktober 1464 beziehungsweise 11. Juli 1465)[31] angelegt worden, dann hätte eine Gruppierung der vor den Rathäusern oder auf anderen öffentlichen Plätzen versammelten Untertanen nach topographischen Gesichtspunkten schwerlich stattfinden können; desgleichen sind die Dorf- und Stadtbewohner zur Leistung des Treueides gegenüber ihrem Landesherrn natürlich nicht getrennt nach ihren leibrechtlichen Verhältnissen angetreten[32]. So dürfte die Erhebung vielmehr – vermutlich durch den zuständigen Amtsschreiber, durch den Pfarrer oder durch kommunale Bedienstete – am jeweiligen Ort und von Haus zu Haus voranschreitend durchgeführt worden sein[33]. Die dabei gewonnenen, nach Form, Aussage und Qualität augenscheinlich recht heterogenen Teilergebnisse hat man dann später – gewiß nicht ohne redaktionelle Überarbeitung – in der Udenheimer Kanzlei zu einem Ganzen vereinigt und in den sogenannten *Liber secretorum,* das »Staatshandbuch« des Bischofs, eingetragen[34]. Bei dieser Gelegenheit konnte gewiß noch manche formale Unstimmigkeit behoben werden, jedoch waren inhaltliche Ergänzungen, Vervollständigungen und sachliche Korrekturen, so sehr dies wohl schon den Redaktor und seinen Auftraggeber gestört haben mag, zu diesem Zeitpunkt selbstverständlich nicht mehr möglich.

Wann aber sind diese Daten in den einzelnen Ämtern, Kellereien, Dörfern und Städten des Hochstifts erhoben worden? Der Zeitpunkt, zu dem der *Liber secretorum* vollendet war, der 10. August 1470, ist in dem Band selbst angegeben[35], und infolgedessen wird die »Volkszählung« Matthias Ramungs gewöhnlich in das Jahr 1470 datiert. Freilich dürften ihre Redaktion

---

28 GLA Karlsruhe 67/296 fol. 14r und 15v.

29 GLA Karlsruhe 67/296 fol. 120r und 121v.

30 GLA Karlsruhe 67/296 fol. 65r; zum Bruchsaler Kammerhof vgl. R. HEILIGENTHAL, Baugeschichte der Stadt Bruchsal vom 13. bis 17. Jahrhundert (ZGArchitektur Beih. 2), Heidelberg 1909, S. 96; H. SCHWARZMAIER, Bruchsal und Brüssel. Zur geschichtlichen Entwicklung zweier mittelalterlicher Städte, in: A. SCHÄFER (Hg.), Festschrift für Günther Haselier (ORhStud 3), Karlsruhe 1975, S. 209–235; H. MAURER, Bruchsal, in: Die deutschen Königspfalzen 3: Baden-Württemberg, 1. Lieferung Göttingen 1988, S. 63–77, hier S. 74.

31 F. J. MONE, Quellensammlung der badischen Landesgeschichte, 4 Bde., Karlsruhe 1848–1867, hier 1, S. 363–367.

32 K. ANDERMANN, Zeremoniell und Brauchtum beim Begräbnis und beim Huldigungsumritt Speyerer Bischöfe. Formen der Repräsentation von Herrschaft im späten Mittelalter und in der frühen Neuzeit (284. ProtokollArbeitsgemGeschichtlLdKdeORh), Karlsruhe 1989, S. 16–22.

33 ANDERMANN, Die sogenannte ›Speyerer Volkszählung‹ von 1530 (wie Anm. 2) S. 115 f.

34 EHMER (wie Anm. 1) S. 81.

35 GLA Karlsruhe 67/296 fol. 9v.

und Reinschrift[36] schon früher abgeschlossen gewesen sein, denn Ober- und Untergrombach, die bis zum 12. März 1470 an Hans von Gemmingen-Guttenberg verpfändet waren[37], sind offensichtlich bereits nachgetragen worden[38]; auch Landau, das nur mit der Summe seiner Haushaltungen sowie seiner Adels- und Klosterhöfe vertreten ist, findet sich, wenngleich ohne erkennbaren Grund, unter den Nachträgen[39]. Die erst 1472 aus der Pfandherrschaft der Gebrüder von Handschuhsheim gelöste Stadt Deidesheim samt zugehörigem Amt[40] hat selbst nachträglich keine Berücksichtigung mehr gefunden. Ist demnach die Datierung ins Jahr 1470 zu spät angesetzt, so wird man doch auch Kuno Drollinger[41] nicht zustimmen können, der davon ausgeht, die Erhebung der Daten habe bereits im Jahre 1464, gleich zu Beginn der Regierung Bischof Matthias', stattgefunden.

Der Versuch, diese Erhebung präziser als bisher zu datieren, muß mangels besserer Anhaltspunkte von den dort genannten Personen ausgehen, um sie mit Hilfe anderer Quellen zu identifizieren und damit eine chronologische Eingrenzung der ganzen Bevölkerungsaufnahme zu ermöglichen. Ein solches Unterfangen hat natürlich nur dann eine Aussicht auf Erfolg, wenn man sich auf das Personal des bischöflichen Hofes und der hochstiftischen Verwaltung sowie auf den im speyerischen Territorium ansässigen, in der »Volkszählung« namentlich erfaßten Adel konzentriert; andere Personen wird man allenfalls in Ausnahmefällen und nur um den Preis eines unangemessen großen Aufwands identifizieren können.

Wenden wir unsere Aufmerksamkeit zunächst dem in der Quelle erwähnten Adel zu, so führt unter rund einem Dutzend diesbezüglicher Eintragungen am Ende allein jene für die in Herxheim bei Landau wohnhafte *Getze von Engaßen, Bernhart Kranchs seligen witwe*[42] zu einer näheren zeitlichen Bestimmung. Bernhard Kranich von Kirchheim, der hier als verstorben bezeichnet wird, hat 1465 noch gelebt und ist am 10. September desselben Jahres von Bischof Matthias zum Burgmann auf Kestenburg bestellt worden[43]; zwei Jahre später, am 30. September 1467, war er tot, und das Kestenburger Burglehen ist seinem Sohn zugefallen[44]. Geht man davon aus, daß ein Lehen nach eingetretenem Mannfall binnen Jahresfrist zu muten war, dann wird Bernhard Kranich nicht vor dem Oktober 1466 gestorben sein; zu Pfingsten 1466 sind ihm durch den Landschreiber des Bischofs noch 50 fl Rente ausbezahlt worden[45]. Mithin ist die Registrierung der Untertanen im Hochstift, bei der Bernhards Frau als Witwe erfaßt wurde, wohl kaum vor dem Herbst 1466 erfolgt.

Bessere Aussichten auf Erfolg hat eine Beschäftigung mit dem Hofgesinde und dem Verwaltungspersonal bei der bischöflichen Residenz in Udenheim, soweit dieses namentlich

---

36 Die ursprünglichen Eintragungen reichen bis fol. 157r und schließen mit dem Weiler Modenbach, danach folgen Aufzeichnungen über Jagd-, Wald- und Fischereigerechtsame sowie die Endsummen der Bevölkerungsaufnahme (fol. 157v–159r).
37 OSSFELD (wie Anm. 2) S. 106.
38 GLA Karlsruhe 67/296 fol. 159r–163r.
39 GLA Karlsruhe 67/296 fol. 163v.
40 B. SCHNABEL, Wie gelangten die Gemeinden des ehemaligen Amtes Deidesheim an das Hochstift Speyer?, in: DeidesheimHeimatbll 1 (1978) S. 16–52, hier S. 20.
41 DROLLINGER (wie Anm. 2) S. 11.
42 GLA Karlsruhe 67/296 fol. 134r.
43 F. X. REMLING, Die Maxburg bei Hambach, Mannheim 1844, S. 200 f.
44 GLA Karlsruhe 67/369 fol. 207r f.
45 GLA Karlsruhe 67/7909 Landschreibereirechnung 1466.

und nicht allein nach seiner Funktion erwähnt wird[46]. Hier bieten die Zusammenstellungen
über Ausgaben für *knechtlone und dinstgelt* in den – wenngleich nur mit Lücken – seit 1453
erhaltenen Udenheimer Landschreibereirechnungen[47] gute Anhaltspunkte dafür, wer dort zu
welcher Zeit in Lohn und Brot gestanden hat. Ein großer Teil des in der »Volkszählung«
genannten Gesindes – darunter der Schenk Marx, der Marstaller Götz von der Distel, der
Schreiber Martin Grüninger, der Barbier Hensel, Johann Hambach und Bernhard Billung –
begegnet in allen zwischen 1465 und 1471 beziehungsweise 1474 erstellten Rechnungen;
andere – etwa der Bote Peter, die Heidelberger Magd Katharina und der Knecht Jost – treten
seit 1466 in Erscheinung, und *Cose weidemann* seit 1468; *meister Jacob schriber* und *Dyll
schnyder* werden gar erst in den Rechnungen der Jahre 1471 und 1474 genannt, woraus man
schließen darf, daß sie erst zwischen 1468 und 1471 – genauer: zwischen 1468 und dem
10. August 1470 – in bischöfliche Dienste getreten sind. Demnach können auch die in der
»Volkszählung« überlieferten Daten nicht vor Invocavit 1469, dem Termin für das Ende des
Rechnungsjahres 1468, ermittelt worden sein. Folglich hätte die Erhebung zwischen dem
Februar 1469 und dem Juli 1470 stattgefunden. Zwar ließe sich gegen diese Datierung noch
einwenden, das Verzeichnis des Udenheimer Hofgesindes müsse ja nicht gleichzeitig mit den
Untertanenverzeichnissen der einzelnen Ämter entstanden sein, vielmehr könne es auch erst
bei der Endredaktion des Ganzen hinzugefügt worden sein und daher selbstverständlich die
im Sommer 1470 aktuellen Namen bieten, aber eine solche Annahme wird sich letztlich
ebensowenig beweisen wie widerlegen lassen. Insofern darf man bis auf weiteres an der
Datierung in die Jahre 1469/70 festhalten.

II

Vor einer statistischen Auswertung dieser ältesten speyerischen Bevölkerungsaufnahme hat
man sich Rechenschaft über deren Vollständigkeit zu geben. Trifft es wirklich zu, daß man –
wie Wolfgang Ossfeld meint[48] – »einen Näherungswert für die Gesamteinwohnerzahl [… der
einzelnen hochstiftischen Orte] einigermaßen befriedigend« erst aufgrund der »Volkszählung« von 1530 ermitteln kann? Muß man nicht, wenn Bischof Matthias in seinem Vorwort zu
den Namensreihen auf alle in den Städten und Dörfern des Hochstifts ansässigen Personen
Bezug nimmt und diese unangesehen ihres Standes und ungeachtet ihrer leibrechtlichen

---

46 GLA Karlsruhe 67/296 fol. 13rf. – Die Personalverzeichnisse der anderen Burgen und Schlösser
(Kislau, Kirrweiler, Lauterburg) sind unergiebig, weil sie nur Funktionen, aber keine identifizierba-
ren Namen aufzählen. Heinrich Schieferstein von Erpolzheim, Vogt zu Landeck (GLA Karlsruhe 67/296 fol. 106r), bekleidete sein Amt bereits 1466 (GLA Karlsruhe 62/7909 Landschreibereirechnung 1466) und taugt daher nicht zur engeren Eingrenzung des Entstehungszeitraumes.
Heinrich von Rülzheim, Keller zu Bruchsal (GLA Karlsruhe 67/296 fol. 61r), ist am 5. April 1468
bestallt worden (M. Krebs, Die Dienerbücher des Bistums Speyer 1464–1763, in: ZGORh 96, 1948,
S. 55–195, hier S. 142), jedoch hilft auch dieses Datum nicht über das Ergebnis hinaus, das anhand
des Udenheimer Personalstaats zu gewinnen ist.
47 GLA Karlsruhe 62/7909. Von Interesse sind in diesem Zusammenhang die Rechnungen von
1465, 1466, 1468, 1471 und 1474; die dazwischenliegenden Jahrgänge sind bedauerlicherweise nicht
überliefert.
48 Ossfeld (wie Anm. 2) S. 171.

Zugehörigkeit *nymant ußgescheiden* aufgezeichnet wissen will[49], diese Zielvorgabe zunächst einmal wörtlich nehmen? Gewiß: Da sind die zuvor geschilderten, mehr oder weniger großen Ungleichmäßigkeiten in der Erfassung der Daten, hervorgerufen durch die vor Ort mit der Durchführung befaßten Personen und ihre offenkundig unterschiedliche Interpretation der gestellten Aufgabe. Ohne Zweifel kommt damit eine ganze Reihe von Unwägbarkeiten und vom Auftraggeber nicht gewollten und nicht vorgesehenen Fehlerquellen ins Spiel. – Wo aber sind darüber hinaus am »statistischen« Quellenwert dieser Erhebung Abstriche zu machen? Darf man – wie dies bereits geschehen ist[50] – die von der Quelle gelieferten Zahlen einfach addieren, um zu Gesamteinwohnerzahlen für einzelne Orte oder für das ganze Hochstift zu gelangen? Wo bleibt die Verwirklichung des auf den ersten Blick so modern anmutenden Vorhabens schon aufgrund seiner entwicklungsgeschichtlich bedingten Konzeption hinter dem selbst gesteckten Ziel zurück? Wo liegen strukturelle Mängel der Quelle und daraus resultierende Probleme – wenn man so will: Unzulänglichkeiten – ihrer quantitativen Auswertung?

Von vornherein uninteressant ist bei dieser Erhebung von 1469/70 – wie später auch noch bei jener von 1530[51] – eine statistische Auswertung hinsichtlich der Kondominatsorte, weil hier naturgemäß nur Teilpopulationen erfaßt sind, ohne daß man im Einzelfall weiß, welches Teilungsprinzip zugrunde gelegt und wie groß der bischöfliche beziehungsweise der fremdherrische Anteil an der Bevölkerung jeweils ist; damit scheiden das ganze Amt Landeck[52] und das Dorf Edenkoben[53] aus der Betrachtung aus. Einer sinnvollen Quantifizierung entziehen sich aber auch jene Orte, deren Einwohner – vielleicht als Angehörige desselben Kirchspiels oder derselben Gerichtsgemeinde – zusammen erfaßt sind[54], sowie das Städtchen Jockgrim, in dem, wie bereits erwähnt, entsprechend der traditionellen Manier allein die ortsansässige Mannschaft registriert worden ist[55].

Desgleichen muß das Personal der bischöflichen Burgen und Schlösser unberücksichtigt bleiben; zum einen, weil es sich bei diesen Herrschaftssitzen ohnehin um rechtlich abgesonderte Räume gehandelt hat, zum anderen aber auch, weil dabei leicht eine Doppelzählung jener Personen unterlaufen könnte, die sowohl beim Schloßgesinde als auch unter den Einwohnern der zugehörigen Siedlung verzeichnet sind[56]. Ähnliches gilt für die eigens

---

49 Wie Anm. 12.
50 Duggan (wie Anm. 2) S. 194 ff.
51 K. O. Bull, Die erste »Volkszählung« des deutschen Südwestens. Die Bevölkerung des Hochstifts Speyer um 1530, in diesem Band S. 109–135, hier S. 110.
52 GLA Karlsruhe 67/296 fol. 106r–118v; zum Amt Landeck gehörten seinerzeit die Dörfer und Weiler Appenhofen, Bornheim, Gleishorbach, Gleiszellen, Göcklingen, Heuchelheim, Insheim, Klingenmünster, Lingenfeld, Mörzheim, Oberhochstadt, Offenbach, Queichheim, Schwegenheim und Wollmesheim.
53 GLA Karlsruhe 67/296 fol. 82r–83v.
54 Maikammer und Alsterweiler (GLA Karlsruhe 67/296 fol. 84r–86r) sowie Siegen und Kaidenburg i. E. (fol. 130r–130v).
55 Obgleich Jockgrim und Landau sich wegen fehlender Daten einem weiteren Vergleich entziehen, werden in der folgenden Tabelle doch die dort gezählten Haushaltungen angegeben.
56 Das Personal der Schlösser wird großenteils nicht namentlich aufgeführt, sondern nur mit Angabe der jeweiligen Funktion, weshalb eine Identifizierung mit Einwohnern benachbarter Siedlungen sicher nicht in allen Fällen möglich ist, in denen eine Identität tatsächlich vorliegt.

hervorgehobenen adeligen und klösterlichen Höfe in Großfischlingen, Kirrweiler und Venningen [57], die nur als solche genannt, jedoch nicht nach ihrem Personalbestand spezifiziert
werden. Inwieweit die Sonderung dieser Anwesen eine in der technischen Durchführung
begründete Eigenart der Erhebung für das Amt Kirrweiler ist und dasselbe Phänomen in
anderen Ämtern zwar ebenso vorhanden war, aber nicht eigens hervorgehoben wurde, oder
ob diese Höfe gegenüber jenen des Adels in Udenheim, Bruchsal oder Lauterburg eine andere
rechtliche Qualität hatten, bedürfte einer eigenen Untersuchung und sei in diesem Zusammenhang dahingestellt. Einmal mehr zeichnet sich hier eine den statistischen Vergleich beeinträch-
tigende Unwägbarkeit ab.

Davon abgesehen, stellt sich aber grundsätzlich die Frage nach dem Personenkreis, der von
dieser »Volkszählung« erfaßt wird, nach dem dieser Erhebung zugrunde liegenden Begriff des
hußgeseß, des Haushalts und der dazugehörenden Personen. Das ist zum einen die Frage, ab
wann und in welchen Fällen »Kinder« selbständig aufgeführt wurden – schon vom Zeitpunkt
ihrer Mündigkeit an [58] oder erst wenn sie selbst verheiratet sind, über einen »eigenen Herd und
eigenes Feuer« [59] verfügen? Hier wird man wohl mit Karl-Otto Bull davon ausgehen dürfen,
daß letzteres zutrifft [60]. Entsprechend sind Witwen und Witwer offenbar nur dann eigens
registriert, wenn sie noch ihren eigenen Hausstand hatten, nicht dagegen wenn sie im Haushalt
ihrer Kinder lebten. Umgekehrt kommt es aber verschiedentlich auch vor, daß schon
verheiratete und bisweilen namentlich aufgeführte, also vermutlich bereits erwachsene Kinder
aus uns unbekannten Gründen noch zum Haushalt eines verwitweten Elternteils zählten. So
heißt es beispielsweise in der Östringer Namenreihe: *Item Hans Hammer und sin sone und sin
hußfraw Metze* [61]; in Zeutern werden *Hans Kneller und sin mutter* genannt [62], in Bruchsal
Kette Osterrichin und ir dochter Kette [63] und in Udenheim *Swebin Ennel, ire dochter und
dochterman, basthart* [64]. Ähnlich verhält es sich wohl, wenn gelegentlich – ausnahmslos im
rechtsrheinischen Teil des Hochstifts, aber sicher nur als Eigenart der dortigen Verzeichnung,
nicht als Besonderheit der Bevölkerungsstruktur am Bruhrain – Alleinstehende und *ire
kinde* [65] aufgeführt werden.

Zum anderen ist natürlich auch nach der Erfassung des Gesindes zu fragen: Wenn der
Bischof alle seine Untertanen, *nymant ußgescheiden,* verzeichnet wissen wollte, dann müßte
man eigentlich davon ausgehen dürfen, daß dabei auch Knechte und Mägde Berücksichtigung
gefunden haben, zumal es unter diesen ja ohne Zweifel gleichfalls Eigenleute verschiedener
Herren gegeben hat, deren Rechtsverhältnisse für den Landesherrn nicht weniger interessant
sein mußten wie die seiner haushäblichen Landeskinder. Daß es in den Dörfern und Städten

57 GLA Karlsruhe 67/296 fol. 78r–80v.
58 H. FEHR, Die Rechtsstellung der Frau und der Kinder in den Weistümern, Jena 1912 (ND
Niederwalluf 1971), S. 92–99; W. OGRIS, Mündigkeit, in: HRG 3, Sp. 738–746.
59 K.-S. KRAMER, Herd, Herdgerät, in: HRG 2, Sp. 84–87.
60 BULL (wie Anm. 51) S. 112.
61 GLA Karlsruhe 67/296 fol. 44v.
62 GLA Karlsruhe 67/296 fol. 48r.
63 GLA Karlsruhe 67/296 fol. 65r.
64 GLA Karlsruhe 67/296 fol. 15r.
65 GLA Karlsruhe 67/296 fol. 62v (Bruchsal), 40v (Mingolsheim), 44r (Östringen) und 23r
(Rheinsheim).

des Hochstifts tatsächlich Gesinde gegeben hat, wird aus den ein Vierteljahrhundert später angelegten Listen zum Gemeinen Pfennig deutlich[66], in denen diese Bevölkerungsgruppe bekanntlich miterfaßt worden ist. Jedoch erscheint die Zahl der Ledigen in der »Volkszählung« von 1469/70 allzu gering, als daß man glauben wollte, auch Knechte und Mägde seien darin inbegriffen. Desgleichen ist die Relation zwischen der Zahl der Hausgesesse einerseits sowie jener der Ehepaare, Verwitweten und Alleinstehenden andererseits zu ausgeglichen, als daß darin für das Gesinde, das selbstverständlich keine eigenen Haushalte geführt hat, noch ein genügender Spielraum zu erkennen wäre. Demnach besteht auch in diesem Punkt ein Defizit[67] bezüglich der Vollständigkeit dieser Bevölkerungsaufnahme, die – wie ihr vorrangiges Interesse an der Herdstättenzahl vermuten läßt – eben doch in erster Linie an traditionell fiskalischen Belangen orientiert war.

Daß die Zahl der in dem Verzeichnis genannten Witwen und Witwer mitunter allzu gering erscheint und daß für einzelne Orte überhaupt keine verwitweten Personen aufgeführt sind, mag mit der oben skizzierten Struktur der Haushalte und mit ihrer Erfassung in der vorliegenden Quelle zusammenhängen; insgesamt fällt 1469/70 – wie auch 1530[68] – ein außergewöhnlich kleiner Anteil verwitweter Männer auf. Nicht nur bei ganz kleinen Siedlungen, bei denen solches eine gewisse Wahrscheinlichkeit für sich hätte, sondern auch bei Dörfern mittlerer Größe – etwa bei Harthausen, Hatzenbühl und Wiesental – kommt es vor, daß gar keine oder nur sehr wenige verwitwete oder alleinstehende Personen verzeichnet sind. Inwieweit man unter den wenigen Alleinstehenden, die das Unternehmen erfaßt hat, noch weitere Witwen und Witwer vermuten darf, ist schwer zu sagen, jedoch wird man mit derartigen Unschärfen immer rechnen müssen. Daß die Zahl der Alleinstehenden im ganzen wie im einzelnen nicht höher ist – Ausnahmen lassen sich nur für Hayna, Lauterburg, Rheinsheim, Udenheim und Waibstadt beobachten –, wird man gewiß weniger aus leibrechtlichen Zwängen und sicher nicht aus den zu jener Zeit noch gar nicht akuten Auseinandersetzungen um die Wildfänge[69], sondern vielmehr mit der Nichterfassung des Gesindes zu erklären haben.

Bleibt schließlich die Frage, inwieweit die Erhebung von 1469/70 auch die im Bereich des Hochstifts ansässigen Juden berücksichtigt, ob man hier möglicherweise mit einer weiteren Lücke zu rechnen hat[70]. Skepsis scheint in diesem Punkt um so eher angebracht, als die Juden hinsichtlich ihrer Besteuerung eine Sonderstellung eingenommen haben und folglich für ein Verzeichnis, das – abgesehen vom Adel und der Geistlichkeit – nur die bedpflichtige

---

66 Vgl. die statistische Auswertung dieser Steuerlisten bei W. ALTER, Das Hochstift Speyer links des Rheines um 1500 – dargestellt nach den Angaben in den Listen zum »Gemeinen Pfennig«, in: BllPfälzKGReligVolkskde 46 (1979) S. 9–37.

67 Auf dieses Defizit hat bereits Maximilian Buchner hingewiesen: M. BUCHNER, Die innere weltliche Regierung des Bischofs Mathias Ramung von Speier (1464–1478), in: MittHistVPfalz 29/30 (1907) S. 108–155, hier S. 116.

68 BULL (wie Anm. 51) S. 111.

69 BULL (wie Anm. 51) S. 110; dazu vgl. SCHAAB/ANDERMANN (wie Anm. 2); K. ANDERMANN, Leibeigenschaft im Hochstift Speyer um 1530, in: Pfalzatlas, Textband 3 (1983) S. 1357–1360; ANDERMANN, Die sogenannte ›Speyerer Volkszählung‹ von 1530 (wie Anm. 2); K. ANDERMANN, Leibeigenschaft im altpfälzischen Oberrheingebiet, in: AlzeyGBll 20 (1986) S. 125–141.

70 Dazu vgl. BUCHNER (wie Anm. 67) S. 130–132; ANDERMANN, Die sogenannte ›Speyerer Volkszählung‹ von 1530 (wie Anm. 2) S. 110f.

Einwohnerschaft erfaßt, uninteressant waren. Freilich wissen wir aus anderen Quellen, daß zur fraglichen Zeit, mit Ausnahme der freien Stadt Speyer und der Reichspfandschaft Landau, im Bereich des Hochstifts tatsächlich keine Juden ansässig waren[71], daß mithin die »Volkszählung« zumindest in dieser Hinsicht keine Lücken aufweist.

Auch was die Zahl der Geistlichen betrifft, darf man davon ausgehen, daß der registrierte Bestand dem tatsächlichen entspricht. Daß sie rund ein Drittel niedriger ist als sechzig Jahre später[72], hat man mit dem um 1470 merklich reduzierten Territorialbestand des Hochstifts – das Amt Deidesheim sowie die Kellereien Altenburg und Rotenberg waren in fremder Hand – sowie mit dem seinerzeit noch nicht in die Stadt Bruchsal übergesiedelten Stift Odenheim zu erklären.

III

Zusammenfassend ist festzustellen, daß eine quantifizierende Interpretation der älteren Speyerer »Volkszählung« von 1469/70 sehr behutsam zu Werke gehen muß, daß es keinesfalls angeht, die in der Quelle selbst nachgewiesenen Summen oder die Ergebnisse eigener Auszählung auch nur für die Zahl aller Einwohner im Erwachsenenalter zu halten. Abgesehen von der im Unterschied zu der Bevölkerungsaufnahme von 1530 hier noch nicht berücksichtigten Kinderzahl bleibt noch manche weitere Einschränkung zu machen: Witwen, Witwer und sonstige Alleinstehende sind offenbar nach wechselnden Gesichtspunkten und nur unvollständig erfaßt, Knechte und Mägde fehlen – wie vermutlich auch 1530 – ganz. Überhaupt bleibt der zentrale Begriff des *hußgeseß* allzu blaß und unscharf; unter dem das Verwaltungsdenken jener Zeit prägenden fiskalischen Aspekt bedurfte er natürlich keiner weiteren Präzisierung. Und daß der bischöfliche Auftrag, die im Hochstift lebenden Männer und Frauen zu erfassen, von den verschiedenen, mit der Durchführung betrauten Amtleuten und Dienern mangels einschlägiger Erfahrung nicht überall in gleicher Weise verstanden und in die Tat umgesetzt worden ist, daß mithin auch in dieser Hinsicht mancher heutige Wunsch offen bleibt, darf nicht verwundern. Mit dem Auftrag, die Bevölkerung seines ganzen Hochstifts zu registrieren, hat Bischof Matthias Ramung administrativ Neuland betreten; um so eher wird man dem Unternehmen auch seine Schwächen nachsehen wollen. Den an sich schon hochmodernen Gedanken der »Volkszählung« weiterzuentwickeln, ist im 16. Jahrhundert dem Bischof Philipp von Flersheim vorbehalten geblieben. Danach haben weitere Fortschritte auf diesem Gebiet nicht allein im Hochstift Speyer lange auf sich warten lassen. Einen Näherungswert für die Gesamtzahl der Einwohner einer Gemeinde wird man –

---

71 BUCHNER (wie Anm. 67) S. 130; K. H. DEBUS, Geschichte der Juden in Speyer bis zum Beginn der Neuzeit, in: Geschichte der Juden in Speyer (BeitrrSpeyerStadtg 6), Speyer 1981, S. 9–47; F. X. REMLING, Urkundenbuch zur Geschichte der Bischöfe zu Speyer, 2 Bde., Mainz 1852–1853 (ND Aalen 1970), hier 2, Nr. 193 und 199; LA Speyer D1/1248 und 1251; GLA Karlsruhe 67/300 fol. 217r–220r; vgl. auch F. HUNDSNURSCHER und G. TADDEY, Die jüdischen Gemeinden in Baden. Denkmale, Geschichte, Schicksale (VeröffStaatlArchVerwBadWürtt 19), Stuttgart 1968, passim, wo für die vormals dem Hochstift Speyer zugehörigen Orte in der Zeit zwischen den Pogromen des 14. Jahrhunderts und dem Ende des Alten Reiches bezeichnenderweise keine Juden nachgewiesen sind.

72 BULL (wie Anm. 51) S. 111.

entgegen der zitierten Auffassung Ossfelds[73] – aus dieser Quelle allemal gewinnen können –, und sicher besser als aus anderer für dieselbe Zeit zur Verfügung stehender Überlieferung. Trotz aller Lücken und Mängel erfahren wir hier nicht allein die Zahl der Haushaltungen oder der »Untertanen«, sondern wir kennen auch die Zahl der Eheleute und der Priester, und darüber hinaus werden – wenngleich in zweifelhafter Vollständigkeit – verwitwete und andere alleinstehende Personen mitgeteilt. Man wird demnach auch hier nicht ohne einen freilich erst noch zu bestimmenden Multiplikationsfaktor auskommen; erst wenn dieser ermittelt ist, kann an eine genauere quantitative Auswertung der Quelle gedacht werden. Die im Anhang beigegebene Tabelle gibt infolgedessen auch nur die Ergebnisse einer bloßen Auszählung wieder, ohne die gewonnenen Zahlen zueinander in Relation zu setzen. Daß aber diese speyerische Erhebung von 1469/70 der bevölkerungsstatistischen Interpretation einen weitaus größeren Spielraum bietet als andere gleichzeitige Quellen, dürfte außer Frage stehen.

Ort	Hausgesesse	Ehepaare	verwitwet		Einzelpersonen		
			Frauen	Männer	Frauen	Männer	Priester
Aschbach i. E.	20	16	4	–	–	1	–
Berghausen bei Speyer	36	31	3	1	–	2	1
Bruchsal, Stadt	519	428	62	19	2	8	16
Diedesfeld	53	41	6	2	1	2	2
Dudenhofen	22	18	2	1	–	–	1
Forst bei Bruchsal	45	38	5	1	–	1	1
Geinsheim	75	64	6	1	1	4	2
Großfischlingen	24	16	2	1	1	–	2
Hainfeld	43	41	–	1	–	1	2
Hambach	118	105	4	2	1	4	3
Hambrücken	60	52	7	–	–	1	1
Hanhofen	19	15	2	1	–	–	1
Harthausen	23	22	–	–	–	–	1
Hatzenbühl	29	29	–	–	–	–	2
Hayna	31	15	1	–	4	11	2
Heiligenstein	22	18	1	1	–	1	1
Herxheim	122	97	16	4	2	–	3
Herxheimweyher	8	7	1	–	–	–	–
Heuchelheim	32	22	4	1	–	4	2
Illingen	16	15	1	–	–	–	–
Jockgrim	41						
Kirrlach	43	38	–	–	4	–	1
Kirrweiler	63	59	3	1	–	–	2
Knaudenheim	38	27	2	–	5	4	1
Kronau	62	55	5	–	–	3	1
Lambrecht	39	32	2	1	–	3	1

---

73 OSSFELD (wie Anm. 2) S. 171.

Ort	Hausgesesse	Ehepaare	verwitwet		Einzelpersonen		
			Frauen	Männer	Frauen	Männer	Priester
Landau, Stadt	755						
Langenbrücken	73	65	5	–	1	1	1
Lauterbach	41	35	4	–	–	–	2
Lauterburg, Stadt	206	156	14	3	11	17	6
Mingolsheim	96	89	4	1	1	2	1
Modenbach	12	9	–	–	2	–	1
Morsbacherhof	[2]	1	–	–	1	–	–
Mothern i. E.	33	31	–	1	–	–	2
Neuweiler	10	10	–	–	–	–	–
Obergrombach, Stadt	53	47	1	2	–	1	2
Oberhausen	65	53	5	1	3	3	1
Oberlauterbach	5	4	–	1	–	–	–
Oberrödern	18	16	1	1	–	–	–
Östringen	133	115	12	1	–	5	2
Rheinhausen	40	36	1	–	1	2	–
Rheinsheim	62	28	7	2	14	16	2
Rheinzabern	56	48	1	1	2	4	1
Rot	56	47	8	–	–	3	–
Rülzheim	71	60	5	–	–	4	2
Salmbach	79	62	9	3	1	4	–
St. Leon	47	42	3	–	3	–	1
St. Martin	95	83	6	2	1	2	3
Schaidt	203	169	22	4	6	2	3
Scheibenhardt	13	12	–	–	–	–	1
Schifferstadt	100	84	10	–	4	1	1
Seebach a. d. L., i. E.	3	3	–	–	–	–	–
Seebach i. E.	3	3	–	–	–	–	–
Stettfeld	75	68	3	–	3	1	1
Stundweiler	19	14	2	1	–	–	2
Ubstadt	104	85	10	5	–	3	1
Udenheim, Stadt	140	109	6	–	10	4	3
Udenheim, am Rhein	14	13	–	–	1	–	–
Untergrombach	131	96	21	5	2	5	2
Venningen	40	35	4	–	–	–	1
Waibstadt	120	92	6	–	11	10	4
Waldsee	67	60	4	1	–	2	1
Weiher	27	23	2	–	–	1	2
Weyher unter Rietburg	53	42	3	1	2	3	2
Wiesental	72	64	–	–	2	5	1
Zeutern	136	129	2	2	–	4	1

Die erste »Volkszählung« des deutschen Südwestens
Die Bevölkerung des Hochstifts Speyer um 1530

VON KARL-OTTO BULL

Im Jahre 1529 übernahm Bischof Philipp von Flersheim das durch aufwendige Hofhaltung seines Vorgängers stark verschuldete Hochstift Speyer[1]. Er bekam nicht nur die Verwaltung seines Landes schnell fest in den Griff, sondern ließ 1530 ebenso alle Untertanen namentlich registrieren, ihre und ihrer Frauen leibrechtliche Zugehörigkeit sowie die Zahl ihrer Kinder schriftlich festhalten. Die Aufnahme der Leibeigenen dürfte der Hauptzweck dieses Vorhabens gewesen sein[2], denn schließlich galt es, dem Hochstift in der sich über Jahrhunderte hinziehenden Auseinandersetzung um die »Wildfänge« mit der Kurpfalz klare Rechtspositionen zu sichern. Ein Beamter scheint dann aber die Gelegenheit genutzt zu haben, die Einwohner wenigstens auf Ortsebene zu zählen. Unter der Aufstellung eines jeden Ortes finden sich jedenfalls von anderer Hand[3] die Summen der Erwachsenen, der Kinder und der Haushalte. Die Zahl der Additionsfehler ist hoch[4], wenn auch die Abweichungen insgesamt gesehen nicht besonders stark ins Gewicht fallen (vgl. S. 113 f.). Die Quelle[5] ist von Meinrad Schaab und Kurt Andermann bereits vornehmlich unter dem Gesichtspunkt der Leibeigenschaft der Einwohner des Hochstifts ausgewertet worden[6]. Für die Darstellung der Bevölkerungszahlen begnügten sich die Verfasser mit der Übernahme der erwähnten Erwachsenen-, Kinder- und Haushaltszahlen. Zur weitergehenden strukturellen Untersuchung der Bevölke-

1 Beim vorliegenden Beitrag handelt es sich um einen für den Wiederabdruck redaktionell leicht überarbeiteten Aufsatz, der unter dem Titel »Die erste ›Volkszählung‹ des deutschen Südwestens. Die Bevölkerung des Bistums Speyer um 1530« erstmals in ZGORh 133 (1985) S. 337–362, veröffentlicht wurde. Die Herausgeber danken dem Autor und der Kommission für geschichtliche Landeskunde in Baden-Württemberg für die Erlaubnis zum neuerlichen Abdruck.
2 Das geht auch klar aus dem programmatischen Vorwort hervor, das den Listen vorangestellt wurde, vgl. M. SCHAAB und K. ANDERMANN, Leibeigenschaft der Einwohner des Hochstifts Speyer 1530, in: HistAtlasBadWürtt IX,4, 1978, S. 6.
3 SCHAAB/ANDERMANN halten allerdings für möglich, daß es sich um denselben Schreiber handelt, der nur »in flüchtiger Schrift« geschrieben habe. Nach eingehendem Schriftvergleich hält der Verfasser das für höchst unwahrscheinlich.
4 Für 54 der 87 Ortschaften ergeben sich bei genauer Addition Differenzen zu den angegebenen Summen; am größten waren sie in Untergrombach, wo die Zahl der Kinder nicht wie angegeben 326, sondern 380 betrug. Bruchsal hatte 1028, nicht 986 Erwachsene, 1111, nicht 1089 Kinder und 564, nicht 547 Haushalte. In Schaidt betrug die Zahl der Erwachsenen 311, nicht 337 etc.
5 GLA Karlsruhe 67/314.
6 SCHAAB/ANDERMANN (wie Anm. 2); K. ANDERMANN, Die sogenannte ›Speyerer Volkszählung‹ von 1530. Territorialpolitische und administrative Aspekte einer frühneuzeitlichen Bevölkerungsaufnahme, in: A. GERLICH (Hg.), Regionale Amts- und Verwaltungsstrukturen im rheinhessisch-pfälzischen Raum (14. bis 18. Jahrhundert) (GeschichtlLdKde 25), Wiesbaden 1984, S. 107–130.

rung war jedoch eine neue vollständige Auswertung der Quelle erforderlich, wie sie sich im Statistikteil dieses Aufsatzes niedergeschlagen hat (siehe S. 117 ff.). Dabei wurden nur die bischöflich speyerischen Orte berücksichtigt, also weder Kondominate wie die Gemeinschaft Landeck noch einzelne Leibeigene in fremden Territorien oder die Dörfer des Domstifts sowie des unter bischöflicher Vogtei stehenden Stifts Odenheim. Für diese Ortschaften fehlen die Angaben über die anderen Herrschaften zugehörigen Einwohner und damit die Möglichkeit, die Gesamtbevölkerung zu bestimmen.

Die Zusammenfassung des gesamten Zahlenmaterials – vgl. die jeweiligen Tabellen, S. 118 bis 135 – ergibt das folgende Bild: In den acht Städten und 79 Dörfern und Weilern des Bistums Speyer werden 1530 insgesamt 26 702 Einwohner gezählt, die sich aus 11 646 Erwachsenen und 15 056 Kindern zusammensetzen. Von der Gesamtzahl der Erwachsenen sind 5723 (= 49,1 %) männlich und 5923 (= 50,9 %) weiblichen Geschlechts.

Es ist sicherlich nicht uninteressant, diese Ergebnisse mit denen unserer letzten Volkszählung zu vergleichen: von den 6 736 108 Einwohnern Baden-Württembergs im Alter von 15 und mehr Jahren waren 1970 insgesamt 52,78 % weiblichen und 47,22 % männlichen Geschlechts.

Im Vergleich zu den heutigen Verhältnissen erscheint der Frauenüberschuß als sehr gering; hier wirkt sich sicherlich das damals höhere Schwangerschaftsrisiko zuungunsten des weiblichen Bevölkerungsteils aus. Noch stärker machte sich wahrscheinlich die allgemein geringe Lebenserwartung geltend, die nur einen relativ geringen Anteil alter Menschen zuließ, bei denen wiederum ein Überwiegen der Frauen statistisch nur relativ gering ins Gewicht fiel. In den einzelnen Gemeinden zeigen sich recht unterschiedliche Abweichungen vom Durchschnitt. In 23 Städten und Dörfern wird sogar ein Männerüberschuß registriert, am stärksten ausgeprägt in den kleinen elsässischen Dörfern Stundweiler (56,7 %) und Aschbach (54,5 %). In Malschenberg werden 53,7 % Männer verzeichnet, in Weyher/Pfalz 53,4 %, schließlich in Oberrödern/Elsaß 52,9 %, in Malsch bei Wiesloch 52,7 % sowie in den bei Speyer gelegenen Dörfern Dudenhofen 52,5 % und Harthausen 52,1 %. Besonders hohe Frauenüberschüsse ergaben sich in Balzfeld (bei Wiesloch) mit 58,3 %, Hochdorf (55,2 %), Ranschbach bei Landau (54,8 %), Kirrlach (54,7 %), Lambrecht/Pfalz (53,8 %), Rheinhausen, Heiligenstein und Zeutern (je 53,6 %), Hambrücken (53,5 %), Siegen/Elsaß (53,3 %) sowie Kronau (53,0 %). Es sind wohl vornehmlich Orte, deren Männer aktiv am Bauernkrieg teilgenommen und zahlreiche Todesopfer zu beklagen hatten. Doch das wäre noch im einzelnen zu untersuchen.

Nach dem Familienstand lassen sich die 11 646 Erwachsenen – also die 5723 Männer und 5923 Frauen – wie folgt gliedern: insgesamt 10 506 (= 90,2 %) von ihnen sind verheiratet. Die Anteile der Verheirateten betragen in Extremfällen in den kleinen Dörfern Neudorf 100 % und Siegen im Elsaß 80,0 %, in den Städten Obergrombach 98,2 %, dagegen in Udenheim nur 82,8 %.

Demgegenüber waren in Baden-Württemberg 1970 nur 64,76 % der erwachsenen Einwohner (ab 15 Jahre) verheiratet.

Insgesamt gesehen, ist 1530 der Prozentsatz der Verheirateten ungewöhnlich hoch und der Anteil der Ledigen extrem gering. Sollten die aus der Zeit des Wildfangstreites bekannten Druckmittel, etwa der körperlichen Züchtigung und Inhaftierung, gegenüber heiratsunwilligen Einzelpersonen, vor allem wohlhabenden »Hagestolzen«, bereits in dieser Zeit von der bischöflich speyerischen Verwaltung praktiziert worden sein? Hagestolze wurden bekanntlich wie Fremde als Wildfänge Leibeigene der Kurpfalz, die auch berechtigt war, nach ihrem Tode das hinterlassene Vermögen einzuziehen. Doch damit läßt sich die ungewöhnliche Proportion zwischen Verheirateten und Ledigen wohl ohnehin nicht erklären. Wichtiger erscheint in diesem Zusammenhang, daß um 1530 im Vergleich zu heute sehr früh geheiratet wurde, selbst Kinderehen waren ja nicht selten. Trotzdem bleibt ein offensichtliches Defizit an ledigen Personen, das sich nur im Zusammenhang mit den Kinderzahlen der Zählung erklären läßt (vgl. S. 112).

Verwitwet sind insgesamt 606 Männer und Frauen (= 5,2 % der Erwachsenen), davon 511 Frauen (= 8,6 % der Frauen) und 95 Männer (= 1,7 % der Männer). Hier schlagen sich sicherlich die wohl trotz des erwähnten Schwangerschaftsrisikos höhere Lebenserwartung der Frauen einerseits, die größere Wiederverheiratungsquote der Männer andererseits nieder. Die letztere These findet auch darin ein Stütze, daß zum Beispiel alle Orte mit einem Witwenanteil von mehr als 12,5 % der Frauen auch einen mehr oder weniger großen Frauenüberschuß ausweisen, vgl. Hochdorf (25,0 % Witwenanteil bzw. 55,2 % Frauenanteil an der Gesamtbevölkerung), Siegen (25,0 % bzw. 53,0 %), Kirrlach (19,0 % bzw. 54,7 %), Zeutern (17,6 % bzw. 53,6 %), Ranschbach (17,4 % bzw. 54,7 %), St. Leon (15,9 % bzw. 52,9 %), Horrenberg (15,8 % bzw. 52,8 %), Lambrecht (14,3 % bzw. 53,8 %), Kronau (14,1 % bzw. 53,0 %), Hambrücken (14,0 % bzw. 53,5 %) etc. Unter ihnen sind vermutlich auch die Städte und Dörfer zu suchen, die im Bauernkrieg einen besonders hohen Blutzoll an Männern zu entrichten hatten. Auf der anderen Seite sind in zehn Orten des Bistums gar keine Witwen nachweisbar.

In Baden-Württemberg sind 1970 insgesamt 9,86 % der Erwachsenen (ab 15 Jahre) verwitwet, und zwar 567 083 Frauen (= 8,42 % der Erwachsenen bzw. 15,95 % der Frauen) und 96 946 Männer (= 1,44 % der Erwachsenen bzw. 3,05 % der Männer).

Witwer werden dagegen nur in 35 der 85 Ortschaften gezählt. Besonders stark treten sie in Langenbrücken (8,8 % der Männer), Ubstadt (8,2 %) und Eschbach (8,2 %) hervor.

Eine besondere Gruppe bilden die insgesamt 153 Geistlichen, die sich auf 66 der 87 Dörfer und Städte verteilen. 21 Dörfer und Weiler mit immerhin bis zu 284 Einwohnern (Alsterweiler) werden offensichtlich von auswärtigen Seelsorgern betreut. Die Gruppe umfaßt 2,7 % der Männer, 1,3 % der Erwachsenen beziehungsweise etwa 0,6 % der Bevölkerung. Die größte Zahl von Geistlichen befindet sich in Bruchsal (26), doch auch die Nebenresidenz Deidesheim (7), Herxheim bei Landau (5) und die elsässische Stadt Lauterburg (4) können als geistliche Zentren bezeichnet werden. Je drei Geistliche werden in zehn Städten und Dörfern gezählt, nämlich in Edenkoben, Edesheim, Hambach (alle Pfalz), Neibsheim, Rheinzabern, St. Martin (bei Neustadt), Schaidt (am Bienwald), Udenheim, Waibstadt und Weyher/Pfalz. 27 Gemeinden verfügen über je zwei Geistliche, weitere 25 Gemeinden über je einen.

Zu den Erwachsenen zählen weiterhin noch 159 weibliche (= 2,68 % der Frauen) und 222 männliche (= 3,88 % der Männer) Einzelpersonen. Unter ihnen dürften in erster Linie die ledigen Frauen und Männer zu suchen sein. Ein Phänomen – 75 (= 47,5 %) dieser weiblichen und gar 84 (= 38,0 %) der männlichen Einzelpersonen betreuen Kinder – läßt darauf schließen, daß zu ihnen auch solche Personen gehören, die nichteigene Kinder in ihren Haushalt aufgenommen haben. Vielleicht ist in Einzelfällen auch die Bezeichnung »Witwe« oder »Witwer« unterblieben (vgl. oben)? So wird in Lauterbach ein alter Mann mit fünf Kindern genannt. Ein Großvater? Es heißt aber auch in sieben Fällen, darunter dreimal in Udenheim, von einer Frau ... *hat einen man, ist nit bey ir.* Umgekehrt gibt es in Mingolsheim, Östringen und Deidesheim je einen Mann, den seine Frau verlassen hat. In Deidesheim lebt ein weiteres Ehepaar getrennt, der Ehemann mit fünf Kindern, die Frau mit einem Kind. In Bruchsal und Schifferstadt führt je ein Mann zusammen mit seiner Schwester einen Haushalt. Andere alleinstehende Frauen werden als »alte Frau«, »alte Tochter«, »nachgelassene Tochter«, »verlassene Tochter«, *der alt Lauerin dochter, schwiger* oder »Mutter von...« etc. bezeichnet.

Dieser Bevölkerungsgruppe von insgesamt 381 Personen (= 3,27 % der Erwachsenen) entsprechen 1970 die 1 574 353 ledigen Erwachsenen ab 15 Jahre (= 23,37 % der Erwachsenen) und 135 177 Geschiedene (= 2,01 % der Erwachsenen), also insgesamt 25,38 % der erwachsenen Bevölkerung. Das offensichtlich heute sehr viel höhere Heiratsalter reicht als Erklärung dieser ungewöhnlichen Diskrepanz nicht aus.

Des »Rätsels Lösung« ist in den 1530 angegebenen Kinderzahlen zu suchen. Schaab und Andermann stellen zu Recht fest, daß die Jugendlichen mit etwa 16 Jahren mündig wurden[7]. Die Annahme, daß die Kinderangaben sich deshalb auf Kinder bis etwa zur Vollendung des 16. Lebensjahres beziehen, ist daher logisch, dürfte aber nicht den Tatsachen entsprechen. Die Zahl der nachweisbaren ledigen Personen ist so minimal, daß sie auch bei vorherrschender Frühehe nicht der Wirklichkeit entsprechen kann. Es muß sich bei den Registrierten um alle lebenden ledigen Kinder handeln – unabhängig von ihrem Alter, und zwar nicht nur die im elterlichen Haushalt verbliebenen, sondern auch die übrigen auf der Wanderschaft befindlichen oder außerhalb beschäftigten. In einem Fall wird ausdrücklich ein Kind erwähnt, das sich neben den vier Kindern im elterlichen Hause sogar außerhalb des Hochstifts befindet. Es fehlt fast jedweder Beleg dafür, daß unverheiratete erwachsene Söhne und Töchter genannter Eltern als Einzelpersonen registriert worden sind. Die wenigen Einzelpersonen sind vielfach – wie namentlich feststellbar – nichtfamilienangehörige Personen, etwa fremde Lehrlinge, Gesellen etc. Vielleicht spielte auch das Bestreben eine Rolle, vorhandene potentielle Wildfänge, vor allem »Hagestolze«, nicht sichtbar werden zu lassen.

Das Verhältnis zwischen den Erwachsenen- und Kinderzahlen zeigt auf den ersten Blick verblüffende Unterschiede in den einzelnen Gemeinden. Im Bistum Speyer entfallen auf 100 Erwachsene durchschnittlich 129 Kinder. Diese Ziffer variiert in den Städten und Dörfern zwischen den Extremen 210 (Harthausen bei Speyer) und 77 (Ruppertsberg bei Deidesheim/Pfalz). Es fällt besonders auf, daß Teile der linksrheinischen Besitzungen, vor allem das Amt Deidesheim, ein ausgesprochenes Weinbaugebiet, besonders niedrige Kinderziffern aufweisen, unter anderem Forst (80), Edenkoben (81), Deidesheim (84) und Rohrbach bei Landau (92). Um dieser Erscheinung auf den Grund zu gehen, bedarf es einer eingehenderen Untersuchung der Familienstruktur. Von den insgesamt 5220 Ehepaaren haben 1127 (= 21,6 %) keine ledigen Kinder. Dieser Prozentsatz differiert – die bevölkerungsschwachen Weiler ausgenommen – zwischen 3,8 % (Dudenhofen), 4,2 % (Neuthard), 4,7 % (Harthausen) einerseits und 48,6 % (Edenkoben), 44,4 % (Ruppertsberg) andererseits. Über ein Kind verfügen 852 Ehepaare (= 16,3 %). Sie sind in 20 Gemeinden, darunter den Städten Bruchsal, Deidesheim, Jockgrim und Udenheim, die stärkste Gruppe unter den Ehepaaren mit Kindern. In diesen Städten und Dörfern sind nahezu immer auch die Ehen ohne Kinder besonders stark vertreten, wohl ein eindeutiges Zeichen dafür, daß hier ansteckende Kinderkrankheiten die

---

7 SCHAAB/ANDERMANN (wie Anm. 2) S. 8.

Kinder zahlreicher Familien hinweggerafft haben. Das gilt vor allem für die bereits erwähnten Besitzungen des Hochstifts in der linksrheinischen Pfalz. So haben zum Beispiel in Deidesheim mehr als 60 % aller Ehepaare kein oder nur ein Kind. Der These von dem verheerenden Wirken nicht etwa einer Seuche, die alle Bevölkerungsteile gleichmäßig traf, sondern von Kinderkrankheiten, widerspricht es auch nicht, daß etwa in Edenkoben bei 48,6 % kinderlosen Ehepaaren die Familien mit vier Kindern (9) leicht gegenüber den Einkindehen (8) überwiegen. Die Seuche hat offensichtlich glücklicherweise nicht alle Familien erfaßt[8]. Unter den Familien mit Kindern insgesamt sind die Ehepaare mit zwei Kindern am zahlreichsten vertreten (878 = 16,82 %). Das gilt vor allem für 23 Gemeinden, darunter die Städte Lauterburg im Elsaß, Obergrombach und Waibstadt.

Die genannten drei Gruppen von Ehepaaren machen fast 55 % aller Ehepaare (54,7 %) aus. Es folgen die Familien mit drei Kindern (14,0 %) und diejenigen mit vier Kindern (11,7 %), die in 14 beziehungsweise sieben meist kleinen Gemeinden am stärksten vertreten sind. Die Reihe setzt sich fort mit den Ehepaaren mit fünf Kindern (9,0 %), die in fünf Dörfern und Weilern an der Spitze stehen, mit sechs Kindern (4,3 %), sieben Kindern (3,2 %), acht Kindern (1,8 %), neun Kindern (0,7 %), zehn Kindern (0,3 %) und mehr Kindern (0,2 %). Über die größte Zahl von direkten Nachkommen verfügt ein Ehepaar aus Rülzheim mit 16 Kindern.

Vergleichsergebnisse aus dem 20. Jahrhundert: Im Jahre 1970 wurden in Baden-Württemberg insgesamt 2 079 200 Ehepaare ohne und mit lebenden ledigen Kindern ohne Altersbegrenzung gezählt. Davon hatten 691 700 Ehepaare (= 33,27 %) keine Kinder oder keine Kinder mehr im Haushalt. Von den 1 387 500 Ehepaaren mit Kindern (= 66,73 %) entfielen 25,85 % auf Ehepaare mit einem Kind, 23,57 % auf solche mit zwei Kindern, 10,73 % mit drei Kindern, 4,04 % mit vier Kindern. Der wohl gravierendste Unterschied zu 1530 liegt darin, daß 1970 nur 2,54 % aller Ehepaare über fünf und mehr Kinder verfügten gegenüber 19,5 % im 16. Jahrhundert.

Von den insgesamt 14 967 Kindern leben 13 571 (90,7 %) in Normalfamilien. 1236 von ihnen (8,3 %) haben einen Elternteil verloren; von ihnen werden 862 (= 69,7 %) durch die Mutter, die übrigen vom Vater oder einem anderen männlichen »Erziehungsberechtigten« betreut. Schließlich sind 149 Vollwaisen vorhanden, die in 71 Haushalten wohl in erster Linie von den älteren Geschwistern versorgt werden.

Die meisten Kinder wachsen in Vierkinderhaushalten (17,7 %), Fünfkinderhaushalten (16,7 %) und Dreikinderhaushalten (16,4 %) auf. Weitere 13,3 % gehören Zweikinderfamilien und 11,0 % Familien mit sechs Geschwistern an. Dann folgen die Kinder aus Einkindhaushalten (7,0 %), Achtkinderhaushalten (5,3 %) und Neunkinderhaushalten (2,3 %). Auf Zehnkinderhaushalte entfallen nur 1,0 % und auf Mehrkinderhaushalte 0,9 % aller Kinder.

In den Ausführungen zur Quelle ist bereits darauf hingewiesen worden, daß die Bevölkerung erst nachträglich von anderer Hand gezählt und summiert wurde. Dasselbe gilt auch für die Haushalte. In bezug auf die Zuverlässigkeit dieser Additionen ist besondere Skepsis angebracht. Andermann und Schaab[9] sind von den angegebenen Summen der Erwachsenen, Kinder und Haushaltungen in den 87 Ortschaften ausgegangen und kommen auf einen

---

8 Zur Höhe der Kindersterblichkeit vgl. S. 115.
9 SCHAAB/ANDERMANN (wie Anm. 2) S. 8.

Multiplikationsfaktor von 4,4 (Personen je Haushalt)[10]. Demgegenüber ermittelt der Verfasser nach genauer Addition der Erwachsenen und Kinder sowie Korrektur einiger offensichtlich unrichtiger Haushaltsangaben eine durchschnittliche Haushaltsgröße von 4,15 Personen. Diese setzt sich aus 1,81 Erwachsenen und 2,34 Kindern zusammen. – In Baden-Württemberg wurden 1970 nur 2,80 Haushaltsmitglieder gezählt.

Wie nach den vorstehenden Ausführungen zu erwarten, ergeben sich 1530 für die einzelnen Orte beträchtliche Abweichungen vom genannten Mittelwert. Die Extremwerte liegen bei 5,8 (Harthausen bei Speyer) und 3,3 (Deidesheim, Forst bei Deidesheim, Rohrbach bei Landau).

Interessant erscheint in diesem Zusammenhang, ob und inwieweit sich die sieben Städte Bruchsal, Deidesheim, Jockgrim, Lauterburg, Obergrombach, Udenheim und Waibstadt in ihrer Haushaltsstruktur von den Dörfern abheben. Vorauszuschicken ist, daß die Einwohner der Städte sich rechtlich kaum von den Landbewohnern unterscheiden, sie waren in der Regel Leibeigene wie diese[11]. Ihre Haushaltsgrößen variieren zwischen 4,9 in Jockgrim und 3,3 in Deidesheim. Zieht man die Stadtbevölkerung und ihre Haushalte insgesamt zusammen (4841 Einwohner = 18,1 % der Gesamtbevölkerung des Hochstifts), so läßt sich ein mittlerer Haushalt von 3,8 Personen errechnen, also 0,35 (= 8,4 %) weniger als im ganzen Territorium. Demgegenüber beträgt die Haushaltsgröße in den Dörfern und Weilern durchschnittlich 4,24 Personen; sie ist damit um 11,6 % höher als in den Städten.

Zusammenfassend läßt sich feststellen, daß die vergleichende Untersuchung der 87 Ortschaften des Bistums Speyer um 1530 so unterschiedliche Bevölkerungsstrukturen ergeben hat, wie sie heute nur für zu verschiedenen Zeiten entstandene Vorortsiedlungen nachzuweisen sind. Die in der Gegenwart derartigen Diskrepanzen zum Beispiel in der Haushaltsgröße zugrunde liegenden Ursachen, etwa vorherrschende junge Familien oder alte Leute, deren Kinder das Haus bereits verlassen haben, scheiden zur Erklärung der ungewöhnlich stark differierenden Familiengrößen um 1530 sicherlich aus. Im allgemeinen werden Seuchen wie die Pest oder der um diese Zeit erstmals in Südwestdeutschland auftretende »Englische Schweiß« als Gründe für die dezimierten Familien einer großen Zahl von Ortschaften angesehen[12]. Dazu ist zu sagen: Die Pest hat sicherlich in bestimmten Jahren schwere Bevölkerungsverluste verursacht; um diese Zeit scheint sie immer wieder einmal aufgeflammt zu sein, doch eine Erklärung für die so unterschiedlichen Familiengrößen kann sie nicht bieten, denn sie hat dort, wo sie auftrat, mit Sicherheit nicht nur Kinder, sondern auch Erwachsene in größerer Zahl hinweggerafft. Letzteres ist offensichtlich nicht der Fall. Auch der sogenannte »Englische Schweiß« grassierte um diese Zeit in Südwestdeutschland. Bischof Georg von Speyer wurde wohl 1529 sein prominentestes Opfer. Doch wenn in der Württembergischen Chronik zu lesen ist, daß im Jahre 1529 etwa 4000 Stuttgarter am »Englischen

10 Die Addition der von Schaab/Andermann (wie Anm. 2) publizierten Zahlenreihen für die 87 Ortschaften ergibt eine mittlere Haushaltsgröße von 4,18, aufgerundet 4,2. Möglicherweise liegt ein Druckfehler vor.

11 Vgl. Schaab/Andermann (wie Anm. 2) S. 10. Dem Verfasser ist aus mehrjähriger Beschäftigung mit der pfälzischen Städte-, Wirtschafts- und Sozialgeschichte ebenfalls bekannt, daß z. B. die Deidesheimer Bevölkerung einen sich über Jahrhunderte hinziehenden, vergeblichen Kampf um ihre Bürgerrechte gegen ihren Landesherrn geführt hat.

12 U. a. Schaab/Andermann (wie Anm. 2) S. 8.

Schweiß« erkrankt, aber nur sechs gestorben sind[13], dann wird man sicherlich eher an das erste Auftreten einer Virusgrippe als an eine als »besonders heimtückische«, etwa mit der Pest vergleichbare Seuche denken. Als Erklärung für die strukturellen Diskrepanzen in der Einwohnerschaft des Hochstifts scheidet sie jedenfalls aus.

Die so unterschiedlichen Haushaltsgrößen hängen ohne Zweifel mit einer ebenso differenzierten Kinderzahl in den einzelnen Ortschaften zusammen. Von Hindernisen, die Ehe zu schließen, wie sie etwa von Anerbengebieten berichtet werden, kann hier bei üblicher Realteilung keine Rede sein. Die Tatsache, daß 90,2 % der Erwachsenen verheiratet und weitere 5,2 % verwitwet waren, schließt eine solche Möglichkeit auch aus.

Was dagegen zweifellos eine Rolle gespielt hat, waren die räumlichen Verhältnisse in den einzelnen Ortschaften. Es bestand sicherlich ein beträchtlicher Unterschied zwischen dem Wohnen in engen Gassen der Stadt und etwa in einer Einzelhofsiedlung. Dabei geht es weniger um die Überlegung, in welchen Häusern mehr Platz für Kinder vorhanden war; der Nachwuchs war durchweg sehr primitiv untergebracht und fand auch in den kleinsten Häusern noch Schlafplätze auf Heu oder Stroh. Doch unter einem anderen Gesichtspunkt ist die unterschiedliche Siedlungsweise wichtig, nämlich der Ansteckungsgefahr bei epidemischen Kinderkrankheiten. Denn sie waren es sicherlich, die die Kinder ganzer Gemeinden dezimierten. Im einzelnen konnte es sich dabei – wie vom Verfasser zum Beispiel im Rahmen der Arbeiten an der Kreisbeschreibung des Alb-Donau-Kreises festgehalten – um die Ruhr oder Dysenterie, die auch als Durchschlechten oder Urschlechten bezeichneten Pocken und sicherlich auch die Blattern, Typhus, Diphtherie und die *Roten Friesel* handeln. Ob die *Gichter*, die Eklampsie, auch dazu gehörte, müßte im einzelnen noch untersucht werden. Sie hatte sich jedenfalls noch im 19. Jahrhundert auf der Schwäbischen Alb zur ausgesprochenen »Geißel der Kinder« entwickelt; mehr als die Hälfte der gestorbenen Kinder fiel im Dorf Altheim/Alb diesen wohl letztlich auf andere Ursachen zurückgehenden Nervenkrämpfen zum Opfer. Einen gewissen Hinweis auf die Einwirkung unterschiedlicher Gegebenheiten geben die Vergleiche der Kinderzahlen und Haushaltsgrößen in den Städten und den Dörfern Ein Beispiel dafür, daß die Zahl der Kinder primär nicht von der Größe des zur Verfügung stehenden Wohnraums abhängig war, bildeten die in Spornlage auf engstem Raum zusammengedrängten Häuser des Städtchens Jockgrim, das mit 163 Kindern je 100 Erwachsenen unter den 87 Ortschaften an 17. Stelle stand. Man wird allerdings vermuten dürfen, daß es von Kinderkrankheiten nicht so stark heimgesucht wurde wie andere Städte und Dörfer. Bei der Höhe der Kindermortalität spielten sicherlich auch die hygienischen Verhältnisse eine große Rolle, vor allem die Beschaffenheit des Grundwassers beziehungsweise der Brunnen. Auf der Schwäbischen Alb haben zum Beispiel die verseuchten Brunnen[14] vermutlich noch bis zur Schaffung der Albwasserversorgung 1880 zu einer in dieser Höhe sonst nur im Seuchenjahr nachweisbaren Kindersterblichkeit geführt.

13 J. U. STEINHOFER, Neue Wirtenbergische Chronik 500–1744, Tübingen 1744, S. 287. Es darf aber auch nicht unerwähnt bleiben, daß es in anderen Gebieten größere Verluste unter der Bevölkerung gegeben hat, besonders dann, wenn eine gänzlich ungeeignete barbarische Therapie den Kranken das Lebenslicht ausblies; vgl. G. MANN (Hg.), Euricius Cordus: Der Englische Schweiß 1529, Marburg 1967, S. 6.
14 Das Wasser war durch Chloride, salpetrige Säure oder Ammoniak verunreinigt. Beschreibung des Oberamts Ulm, hg. von dem K. Statistischen Landesamt, 1, Stuttgart 1897, S. 425.

Es bleibt die Frage zu klären, ob die Ergebnisse dieser Untersuchung als repräsentativ auch für andere Territorien dieser Zeit anzusehen sind. Dazu ist festzustellen: Die 87 Orte bieten eine ausreichend große und strukturelle Unterschiede durchaus erfassende statistische Masse. Es gibt keine Hinweise darauf, daß die Zeit um 1530 in bezug auf die gesundheitlichen Risiken beziehungsweise die Sterblichkeit sich von anderen Zeitabschnitten des 16. Jahrhunderts in ungewöhnlicher Weise unterschieden hätten. Die durchschnittliche Kinderzahl der Haushalte (2,34) reichte offensichtlich aus, den Fortbestand der Bevölkerung zu sichern und sogar die für diese Zeit zu verzeichnende leichte Zunahme der Bevölkerung zu gewährleisten. Die Zahl der lebendgeborenen Kinder je Familie war allerdings mit Sicherheit bedeutend höher. Da die Kindersterblichkeit aber ganz wesentlich aus der Mortalität der Säuglinge und Kleinkinder bestand, handelte es sich bei den genannten fast ausschließlich um Kinder, die den gefährlichsten Teil ihres Lebensweges bereits hinter sich hatten und nunmehr einem weitaus geringeren Sterberisiko unterworfen waren.

Statistische Auswertung der
Speyerer »Volkszählung« von 1530

Ortschaften	Erwachsene insgesamt	Davon				Kinder		Gesamt-bevöl-kerung
		Männer		Frauen				
		Zahl	%	Zahl	%	Zahl	je 100 Er-wachsene	Zahl
	1	2	3	4	5	6	7	8
1. Alsterweiler	112	56	50,0	56	50,0	172	153	284
2. Arzheim	117	57	48,7	60	51,3	148	126	265
3. Aschbach i. E.	33	18	54,5	15	45,5	62	188	95
4. Balzfeld	24	10	41,7	14	58,3	46	192	70
5. Berghausen b. Speyer	84	42	50,0	42	50,0	115	137	199
6. Bruchsal, Stadt	1031	511	49,6	520	50,4	1111	108	2142
7. Büchenau	79	39	49,4	40	50,6	126	159	205
8. Büchig	63	30	47,6	33	52,4	87	138	150
9. Deidesheim, Stadt	275	134	48,7	141	51,3	230	84	505
10. Diedesfeld	138	68	49,3	70	50,7	162	117	300
11. Dielheim	144	71	49,3	73	50,7	190	132	334
12. Dudenhofen	59	31	52,5	28	47,5	99	168	158
13. Edenkoben	154	78	50,6	76	49,4	125	81	279
14. Edesheim	266	134	50,4	132	49,6	266	100	532
15. Eschbach	97	49	50,5	48	49,5	146	151	243
16. Forst b. Bruchsal	122	60	49,2	62	50,8	138	113	260
17. Forst/Pfalz	54	26	48,1	28	51,9	43	80	97
18. Geinsheim	162	77	47,5	85	52,5	242	149	404
19. Großfischlingen	71	35	49,3	36	50,7	93	131	164
20. Hainfeld	144	70	48,6	74	51,4	131	91	275
21. Hambach b. Neustadt/Wstr.	244	120	49,2	124	50,8	264	108	508
22. Hambrücken	129	60	46,5	69	53,5	148	115	277
23. Hanhofen	51	25	49,0	26	51,0	80	157	131
24. Harthausen	94	49	52,1	45	47,9	197	210	291
25. Hatzenbühl	80	41	51,3	39	48,7	103	129	183
26. Hayna	53	27	50,9	26	49,1	85	160	138
27. Heiligenstein	56	26	46,4	30	53,6	98	175	154
28. Herxheim b. Landau	294	149	50,7	145	49,3	456	155	750
29. Herxheimweyher	23	11	47,8	12	52,2	42	183	65
30. Hochdorf	29	13	44,8	16	55,2	49	169	78
31. Horrenberg	36	17	47,2	19	52,2	50	139	86
32. Horrenberg (Ober- u. Unterhof)	8	4	50,0	4	50,0	17	213	25

Haushalte		Von den Erwachsenen waren …									
		verheiratet		Witwen		Witwer		Geistliche	Sonst. weibl. Einzelpers.	Sonst. männl. Einzelpers.	
Zahl	Personen je Haushalt	Zahl	%	Zahl	% der Frauen	Zahl	% der Männer	Zahl	Zahl	Zahl	Lfd. Nr.
9	10	11	12	13	14	15	16	17	18	19	
56	5,1	106	94,6	2	3,6	–	–	–	1	3	1.
62	4,4	110	94,0	5	8,3	–	–	–	–	2	2.
19	5,0	28	84,8	1	6,7	–	–	–	–	4	3.
15	4,7	18	75,0	1	4,2	–	–	1	4	–	4.
46	4,3	76	90,5	4	9,5	1	2,4	–	–	3	5.
564	3,8	926	90,1	44	8,5	14	2,7	26	13	8	6.
41	5,0	74	93,7	3	7,5	1	2,6	1	–	–	7.
34	4,4	56	88,9	1	3,0	–	–	1	4	1	8.
152	3,3	246	89,5	17	12,1	1	0,7	7	1	3	9.
74	4,1	126	91,3	7	10,0	1	1,5	2	–	2	10.
80	4,2	130	90,3	6	8,2	–	–	2	2	4	11.
33	4,8	52	88,1	2	7,1	1	1,7	1	–	3	12.
81	3,4	144	93,5	1	1,3	–	–	3	3	3	13.
145	3,7	244	91,7	6	4,5	7	5,2	3	4	2	14.
55	4,4	84	86,6	6	12,5	4	8,2	–	–	3	15.
66	3,9	114	93,4	5	8,1	2	3,3	1	–	–	16.
29	3,3	50	92,6	3	10,7	–	–	1	–	–	17.
87	4,6	148	91,4	8	9,4	–	–	2	3	1	18.
38	4,3	66	93,0	2	2,8	–	–	1	1	1	19.
77	3,6	134	93,1	7	9,5	1	1,4	2	–	–	20.
135	3,8	218	89,3	10	8,1	–	–	3	5	8	21.
72	3,8	118	91,5	10	14,5	–	–	1	–	–	22.
29	4,5	44	86,3	–	–	–	–	1	4	2	23.
50	5,8	86	91,5	2	4,4	–	–	1	–	5	24.
45	4,1	70	87,5	1	2,6	–	–	2	3	4	25.
31	4,5	46	86,8	1	3,8	1	3,7	2	2	1	26.
31	5,0	50	89,3	3	10,0	–	–	1	2	–	27.
165	4,5	260	88,4	11	7,6	–	–	5	4	14	28.
13	5,0	20	87,0	1	8,3	–	–	–	1	1	29.
16	4,9	24	82,8	4	25,0	–	–	1	–	–	30.
21	4,1	30	83,3	3	15,8	–	–	–	1	2	31.
4	6,3	8	100,0	–	–	–	–	–	–	–	32.

Ortschaften	Erwachsene insgesamt	Davon				Kinder		Gesamt-bevöl-kerung
		Männer		Frauen				
		Zahl	%	Zahl	%	Zahl	je 100 Er-wachsene	Zahl
	1	2	3	4	5	6	7	8
33. Illingen	43	21	48,8	22	51,2	59	137	102
34. Jockgrim, Stadt	67	33	49,3	34	50,7	109	163	176
35. Kirrlach	106	48	45,3	58	54,7	138	130	244
36. Kirrweiler	175	87	49,7	88	50,3	267	153	442
37. Knaudenheim	101	51	50,5	50	49,5	129	128	230
38. Kronau	134	63	47,0	71	53,0	231	172	365
39. Lambrecht	65	30	46,2	35	53,8	94	145	159
40. Langenbrücken	179	91	50,8	88	49,2	306	171	485
41. Lauterbach i. E.	96	48	50,0	48	50,0	111	116	207
42. Lauterburg, Stadt	333	159	47,7	174	52,3	314	94	647
43. Maikammer	167	82	49,1	85	50,9	253	151	420
44. Malsch	169	89	52,7	80	47,3	190	112	359
45. Malschenberg	41	22	53,7	19	86,4	52	127	93
46. Mingolsheim	277	133	48,0	144	52,0	454	164	731
47. Mothern i. E.	94	46	48,9	48	51,1	144	153	238
48. Mühlhausen b. Wiesloch	92	44	47,8	48	52,2	115	125	207
49. Neibsheim	109	54	49,5	55	50,5	185	170	294
50. Neuthard	52	25	48,1	27	51,9	108	208	160
51. Neudorf	22	11	50,0	11	50,0	34	155	56
52. Neuweiler i. E.	29	14	48,3	15	51,7	42	145	71
53. Niederkirchen	109	55	50,5	54	49,5	95	87	204
54. Obergrombach, Stadt	112	57	50,9	55	49,1	144	129	256
55. Oberhausen	153	73	47,7	80	52,3	172	112	325
56. Oberrödern	34	18	52,9	16	47,1	64	200	98
57. Östringen	348	172	49,4	176	50,6	460	132	808
58. Ranschbach	42	19	45,2	23	54,8	68	162	110
59. Rheinhausen	110	51	46,4	59	53,6	120	109	230
60. Rheinsheim	113	54	47,8	59	52,2	214	189	327
61. Rheinzabern	185	90	48,6	95	51,4	262	142	447
62. (Wald-)Rohrbach b. Landau	12	6	50,0	6	50,0	11	92	23
63. Rot b. Wiesloch	164	81	49,4	83	50,6	288	176	452
64. Rotenberg, Stadt	94	45	47,9	49	52,1	115	122	209

Haushalte		Von den Erwachsenen waren …									
Zahl	Personen je Haushalt	verheiratet		Witwen		Witwer		Geistliche	Sonst. weibl. Einzelpers.	Sonst. männl. Einzelpers.	Lfd. Nr.
		Zahl	%	Zahl	% der Frauen	Zahl	% der Männer	Zahl	Zahl	Zahl	
9	10	11	12	13	14	15	16	17	18	19	
24	4,3	38	88,4	3	13,6	1	4,8	1	–	–	33.
36	4,9	62	92,5	3	8,8	–	–	2	–	–	34.
60	4,1	94	88,7	11	19,0	–	–	1	–	–	35.
96	4,6	158	90,3	4	4,5	–	–	2	5	6	36.
55	4,2	92	91,1	–	–	–	–	1	4	4	37.
76	4,8	122	91,0	10	14,1	1	–	1	–	–	38.
35	4,5	60	92,3	5	14,3	–	–	–	–	–	39.
100	4,9	162	90,5	7	8,0	8	8,8	2	–	–	40.
54	3,8	86	89,6	5	10,4	–	–	2	–	3	41.
184	3,5	302	90,7	15	8,6	–	–	4	8	4	42.
95	4,4	146	86,4	6	7,1	–	–	2	6	7	43.
96	3,7	146	86,4	1	1,3	1	1,1	2	6	13	44.
22	4,2	38	92,7	–	–	–	–	–	–	3	45.
150	4,9	254	91,7	13	9,0	3	2,3	2	4	1	46.
51	4,7	86	91,5	4	8,3	–	–	2	1	1	47.
51	4,1	82	89,1	6	12,5	–	–	2	1	1	48.
60	4,9	98	89,9	6	10,9	1	1,9	3	–	1	49.
28	5,7	48	92,3	3	11,1	–	–	1	–	–	50.
11	5,1	22	100,0	–	–	–	–	–	–	–	51.
15	4,7	28	96,6	1	6,7	–	–	–	–	–	52.
58	3,5	102	93,6	3	5,6	3	5,5	–	–	1	53.
57	4,5	110	98,2	–	–	–	–	2	–	–	54.
83	3,9	140	91,5	9	11,3	–	–	1	1	2	55.
19	5,4	30	88,2	–	–	–	–	–	1	3	56.
211	3,8	310	89,1	19	10,8	1	0,6	2	2	14	57.
23	4,8	38	90,5	4	17,4	–	–	–	–	–	58.
60	3,8	96	87,3	3	5,1	–	–	–	8	3	59.
64	5,1	106	93,8	6	10,2	–	–	1	–	–	60.
98	4,6	174	94,1	7	7,4	–	–	3	1	–	61.
7	3,3	10	83,3	–	–	–	–	–	1	1	62.
87	5,2	154	93,9	5	6,0	3	3,7	1	1	–	63.
54	3,9	80	85,1	6	12,2	2	4,4	2	3	1	64.

Ortschaften	Erwachsene insgesamt	Davon				Kinder		Gesamt-bevöl-kerung
		Männer		Frauen				
		Zahl	%	Zahl	%	Zahl	je 100 Er-wachsene	Zahl
	1	2	3	4	5	6	7	8
65. Rülzheim	189	95	50,3	94	49,7	289	153	478
66. Ruppertsberg	110	56	50,9	54	49,1	85	77	195
67. Salmbach	127	61	48,0	66	52,0	176	139	303
68. St. Leon	155	73	47,1	82	52,9	219	141	374
69. St. Martin	162	78	48,1	84	51,9	224	138	386
70. Schaidt	311	156	50,2	155	49,8	401	129	712
71. Scheibenhardt	44	22	50,0	22	50,0	80	182	124
72. Schifferstadt	249	118	47,4	131	52,6	278	112	527
73. Siegen u. Keidenburg	15	7	46,7	8	53,3	29	193	44
74. Stettfeld	191	94	49,2	97	50,8	252	132	443
75. Stundweiler i. E.	30	17	56,7	13	43,3	49	163	79
76. Ubstadt	221	111	50,2	110	49,8	217	98	438
77. Udenheim, Stadt	273	133	48,7	140	51,3	346	127	619
78. Udenheim (am Rhein)	36	19	52,8	17	47,2	46	128	82
79. Untergrombach	282	140	49,6	142	50,4	380	135	662
80. Venningen	119	58	48,7	61	51,3	185	155	304
81. Waibstadt, Stadt	195	96	49,2	99	50,8	229	117	424
82. Waldhambach	40	19	47,5	21	52,5	41	103	81
83. Waldsee	147	71	48,3	76	51,7	145	99	292
84. Weiher b. Bruchsal	88	44	50,0	44	50,0	108	123	196
85. Weyher/Pfalz	103	55	53,4	48	46,6	114	111	217
86. Wiesental	130	62	47,7	68	52,3	180	138	310
87. Zeutern	276	128	46,4	148	53,6	314	114	590
Hochstift Speyer	11646	5723	49,1	5923	50,9	15056	129	26702

Haushalte		Von den Erwachsenen waren ...									
		verheiratet		Witwen		Witwer		Geistliche	Sonst. weibl. Einzelpers.	Sonst. männl. Einzelpers.	
Zahl	Personen je Haushalt	Zahl	%	Zahl	% der Frauen	Zahl	% der Männer	Zahl	Zahl	Zahl	Lfd. Nr.
9	10	11	12	13	14	15	16	17	18	19	
102	4,7	174	92,1	6	6,4	–	–	2	1	6	65.
58	3,4	104	94,5	1	1,9	1	1,8	2	1	1	66.
70	4,3	114	89,8	8	12,1	1	1,6	1	1	2	67.
86	4,3	138	89,0	13	15,9	3	4,1	1	–	–	68.
90	4,3	146	90,1	9	10,7	1	1,3	3	2	1	69.
170	4,2	282	90,7	13	8,4	4	2,6	3	1	8	70.
24	5,2	40	90,9	2	9,1	–	–	1	–	1	71.
137	3,8	218	87,6	13	9,9	1	0,8	2	9	6	72.
9	4,9	12	80,0	2	25,0	–	–	–	–	1	73.
110	4,0	178	93,2	8	8,2	2	2,1	3	–	–	74.
17	4,6	26	86,7	–	–	–	–	2	–	2	75.
125	3,5	200	90,5	10	9,0	9	8,2	2	–	–	76.
151	4,1	224	82,1	4	2,9	–	–	3	24	18	77.
19	4,3	32	88,9	–	–	–	–	–	1	3	78.
153	4,3	260	92,2	12	8,5	6	4,3	2	–	2	79.
65	4,7	108	90,8	6	9,8	–	–	2	1	2	80.
109	3,9	170	87,2	13	13,1	–	–	3	1	8	81.
22	3,7	36	90,0	1	4,8	1	5,3	–	2	–	82.
81	3,6	132	89,8	9	11,8	3	4,2	1	1	1	83.
49	4,0	84	95,5	2	4,5	1	2,3	1	–	–	84.
58	3,7	88	85,4	2	4,2	–	–	3	2	8	85.
72	4,3	118	90,8	9	13,2	1	1,6	1	–	1	86.
164	3,6	242	87,7	26	17,6	3	2,3	2	1	2	87.
6427	4,2	10506	90,2	511	8,6	95	1,7	153	159	222	

Ortschaften	Von den Ehe-paaren hatten ...		Von den Ehepaaren mit Kindern hatten ... Kinder					
	keine Kinder	Kinder	1	2	3	4	5	6
	Zahl	% der Ehepaare	Zahl	Zahl					
	20	21	22	23	24	25	26	27	28
1. Alsterweiler	8	15,1	45	8	7	6	6	13	2
2. Arzheim	8	14,5	47	16	12	5	2	6	2
3. Aschbach i. E.	1	7,1	13	1	1	2	5	2	2
4. Balzfeld	–	–	9	–	2	2	2	1	–
5. Berghausen b. Speyer	4	10,5	34	6	6	9	6	3	1
6. Bruchsal, Stadt	112	24,2	351	90	79	66	51	34	16
7. Büchenau	5	13,5	32	5	4	5	9	3	2
8. Büchig	3	10,7	25	9	3	6	2	1	2
9. Deidesheim, Stadt	39	31,7	84	34	14	16	10	3	5
10. Diedesfeld	15	23,8	48	10	9	8	10	7	1
11. Dielheim	15	23,1	50	8	12	8	7	7	2
12. Dudenhofen	1	3,8	25	3	3	6	5	4	3
13. Edenkoben	35	48,6	37	8	6	5	9	3	4
14. Edesheim	31	25,4	91	21	29	14	11	7	7
15. Eschbach	10	23,8	32	7	4	7	2	2	6
16. Forst b. Bruchsal	17	29,8	40	9	9	6	6	8	1
17. Forst/Pfalz	8	32,0	17	5	4	4	2	2	–
18. Geinsheim	17	23,0	57	4	19	8	8	8	5
19. Großfischlingen	6	18,2	27	4	7	4	1	9	1
20. Hainfeld	23	34,3	44	13	12	6	10	1	2
21. Hambach b. Neustadt/Wstr.	23	21,1	86	21	22	17	16	5	5
22. Hambrücken	11	18,6	48	10	19	5	6	4	2
23. Hanhofen	2	9,1	20	2	3	4	3	5	2
24. Harthausen	2	4,7	41	6	3	6	3	10	4
25. Hatzenbühl	10	28,6	25	3	2	8	1	5	5
26. Hayna	3	13,0	20	3	3	4	3	2	2
27. Heilgenstein	4	16,0	21	2	5	2	4	2	3
28. Herxheim b. Landau	19	17,1	111	17	16	20	22	17	5
29. Herxheimweyher	2	20,0	8	–	–	2	1	5	–
30. Hochdorf	2	16,7	10	1	1	–	5	1	–
31. Horrenberg	3	20,0	12	3	2	2	–	3	1
32. Horrenberg (Ober- u. Unterhof)	1	25,0	3	–	–	–	1	1	–

Von den Ehepaaren mit Kindern hatten ... Kinder					Von den Witwen hatten ...			Von den Witwern hatten ...			
7	8	9	10	mehr Kinder	keine Kinder	Kinder		keine Kinder	Kinder		Lfd. Nr.
Zahl					Zahl	Zahl	Zahl der Kinder	Zahl	Zahl	Zahl der Kinder	
29	30	31	32	33	34	35	36	37	38	39	
3	–	–	–	–	1	1	1	–	–	–	1.
3	–	–	1	–	–	5	12	–	–	–	2.
–	–	–	–	–	–	1	4	–	–	–	3.
–	1	1	–	–	1	–	–	–	–	–	4.
3	–	–	–	–	2	2	4	1	–	–	5.
9	2	2	1	1	30	14	29	7	7	20	6.
3	1	–	–	–	1	2	6	1	–	–	7.
–	1	1	–	–	–	1	4	–	–	–	8.
1	–	–	–	1	11	6	11	–	1	1	9.
2	1	–	–	–	2	5	6	1	–	–	10.
4	1	–	1	–	4	2	6	–	–	–	11.
–	–	1	–	–	2	–	–	1	–	–	12.
2	–	–	–	–	–	1	1	–	–	–	13.
1	1	–	–	–	3	3	5	6	1	4	14.
2	–	2	–	–	4	2	7	–	4	17	15.
1	–	–	–	–	2	3	7	1	1	6	16.
–	–	–	–	–	3	–	–	–	–	–	17.
1	1	2	1	–	1	7	13	–	–	–	18.
1	–	–	–	–	1	1	1	–	–	–	19.
–	–	–	–	–	2	5	19	1	–	–	20.
–	–	–	–	–	3	7	15	–	–	–	21.
–	1	1	–	–	6	4	9	–	–	–	22.
1	–	–	–	–	–	–	–	–	–	–	23.
4	3	–	2	–	–	2	4	–	–	–	24.
1	–	–	–	–	–	1	1	–	–	–	25.
2	1	–	–	–	1	–	–	1	–	–	26.
–	1	–	1	1	2	1	2	–	–	–	27.
6	5	2	1	–	7	4	12	–	–	–	28.
–	–	–	–	–	–	1	1	–	–	–	29.
1	1	–	–	–	1	3	6	–	–	–	30.
–	1	–	–	–	1	2	4	–	–	–	31.
–	1	–	–	–	–	–	–	–	–	–	32.

Ortschaften	Von den Ehe-paaren hatten ...		Von den Ehepaaren mit Kindern hatten ... Kinder					
	keine Kinder	Kinder	1	2	3	4	5	6
	Zahl	% der Ehepaare	Zahl		Zahl			
	20	21	22	23	24	25	26	27	28
33. Illingen	4	21,1	15	6	1	1	4	–	1
34. Jockgrim, Stadt	3	9,7	28	6	4	4	4	5	1
35. Kirrlach	12	25,5	35	7	8	6	4	4	2
36. Kirrweiler	12	15,2	67	9	17	13	10	9	1
37. Knaudenheim	10	21,7	36	6	6	8	6	5	2
38. Kronau	9	14,8	52	6	12	9	3	8	5
39. Lambrecht	5	16,7	25	5	5	4	5	4	1
40. Langenbrücken	13	16,0	68	13	8	9	11	9	10
41. Lauterbach i.E.	13	30,2	30	7	6	6	2	4	3
42. Lauterburg, Stadt	48	31,8	103	24	30	20	14	9	4
43. Maikammer	15	20,5	58	7	15	5	11	7	3
44. Malsch	15	20,5	58	7	18	12	12	5	1
45. Malschenberg	5	26,3	14	3	3	–	4	1	2
46. Mingolsheim	24	18,9	103	12	13	20	13	20	9
47. Mothern i.E.	4	9,3	39	11	4	5	11	2	5
48. Mühlhausen b. Wiesloch	11	26,8	30	7	8	3	4	4	2
49. Neibsheim	6	12,2	43	8	8	5	4	7	3
50. Neuthard	1	4,2	23	1	2	5	4	4	3
51. Neudorf	1	9,1	10	3	1	3	1	–	1
52. Neuweiler i.E.	1	7,1	13	2	5	1	–	3	2
53. Niederkirchen	12	23,5	39	14	10	9	4	1	–
54. Obergrombach, Stadt	13	23,6	42	7	11	8	5	2	4
55. Oberhausen	15	21,4	55	14	12	10	8	5	4
56. Oberrödern	1	50,0	14	2	–	5	4	2	–
57. Östringen	28	18,1	127	33	36	15	15	13	10
58. Ranschbach	4	21,1	15	2	4	3	2	–	1
59. Rheinhausen	16	33,3	32	9	7	7	3	5	–
60. Rheinsheim	5	9,4	48	7	5	10	7	6	4
61. Rheinzabern	12	13,8	75	10	21	12	15	7	3
62. (Wald-)Rohrbach b. Landau	3	60,0	2	1	–	–	1	–	–
63. Rot b. Wiesloch	11	14,3	66	11	11	7	13	6	5
64. Rotenberg, Stadt	10	25,0	30	3	8	8	4	3	2

Von den Ehepaaren mit Kindern hatten ... Kinder					Von den Witwen hatten ...			Von den Witwern hatten ...			
7	8	9	10	mehr Kinder	keine Kinder	Kinder		keine Kinder	Kinder		Lfd. Nr.
Zahl					Zahl	Zahl	Zahl der Kinder	Zahl	Zahl	Zahl der Kinder	
29	30	31	32	33	34	35	36	37	38	39	
–	2	–	–	–	1	2	6	–	1	4	33.
2	–	2	–	–	–	3	4	–	–	–	34.
3	1	–	–	–	7	4	11	–	–	–	35.
4	4	–	–	–	1	3	12	–	–	–	36.
2	–	1	–	–	–	–	–	–	–	–	37.
3	4	1	–	1	5	5	7	–	1	7	38.
–	1	–	–	–	1	4	13	–	–	–	39.
1	7	–	–	–	–	7	21	4	4	14	40.
1	1	–	–	–	5	–	–	–	–	–	41.
–	1	–	1	–	10	5	7	–	–	–	42.
4	4	2	–	–	2	4	11	–	–	–	43.
3	–	–	–	–	1	–	–	–	1	5	44.
1	–	–	–	–	–	–	–	–	–	–	45.
9	5	2	–	–	7	6	16	1	2	8	46.
–	1	–	–	–	1	3	13	–	–	–	47.
1	–	1	–	–	2	4	12	–	–	–	48.
3	3	1	1	–	3	3	11	1	–	–	49.
3	–	–	–	1	2	1	2	–	–	–	50.
–	–	–	1	–	–	–	–	–	–	–	51.
–	–	–	–	–	1	–	–	–	–	–	52.
1	–	–	–	–	1	2	5	2	1	1	53.
4	–	1	–	–	–	–	–	–	–	–	54.
–	1	–	1	–	6	3	5	–	–	–	55.
1	–	–	–	–	–	–	–	–	–	–	56.
3	1	1	–	–	4	15	43	1	–	–	57.
1	1	1	–	–	–	4	11	–	–	–	58.
1	–	–	–	–	–	3	7	–	–	–	59.
7	1	1	–	–	1	5	11	–	–	–	60.
4	3	–	–	–	5	2	9	–	–	–	61.
–	–	–	–	–	–	–	–	–	–	–	62.
7	1	2	1	2	1	4	5	1	2	9	63.
–	1	1	–	–	3	3	7	1	1	5	64.

Ortschaften	Von den Ehe-paaren hatten …		Von den Ehepaaren mit Kindern hatten … Kinder					
	keine Kinder	Kinder	1	2	3	4	5	6
	Zahl	% der Ehepaare	Zahl	Zahl					
	20	21	22	23	24	25	26	27	28
65. Rülzheim	19	21,8	68	15	8	10	13	8	5
66. Ruppertsberg	16	44,4	36	13	10	6	5	2	–
67. Salmbach	11	19,3	46	5	6	12	10	9	2
68. St. Leon	14	20,3	55	8	11	8	11	8	6
69. St. Martin	16	21,9	57	9	10	12	11	8	3
70. Schaidt	33	23,4	108	20	16	27	20	12	5
71. Scheibenhardt	4	20,0	16	3	1	2	2	4	1
72. Schifferstadt	22	20,2	87	13	31	21	13	5	1
73. Siegen u. Keidenburg	–	–	6	1	–	2	2	1	–
74. Stettfeld	18	20,2	71	15	19	13	5	8	5
75. Stundweiler i. E.	2	15,4	11	–	3	–	3	2	–
76. Ubstadt	25	25,0	75	25	20	16	4	4	3
77. Udenheim, Stadt	20	17,9	92	21	18	17	9	9	8
78. Udenheim (am Rhein)	3	18,8	13	2	3	4	2	–	1
79. Untergrombach	34	26,2	96	18	20	12	15	15	7
80. Venningen	9	16,7	45	13	2	8	6	6	–
81. Waibstadt, Stadt	30	35,3	55	8	15	10	10	4	3
82. Waldhambach	5	27,8	13	3	4	2	3	1	–
83. Waldsee	11	16,7	55	20	16	9	6	1	3
84. Weiher b. Bruchsal	6	14,3	36	10	10	4	4	4	3
85. Weyher/Pfalz	12	27,3	32	6	6	10	2	4	2
86. Wiesental	17	27,1	42	3	11	8	8	3	5
87. Zeutern	24	19,8	97	29	21	20	12	8	2
Hochstift Speyer	1133	21,6	4120	852	878	729	613	470	252
Zahl der Kinder:				852	1756	2187	2452	2350	1512

Von den Ehepaaren mit Kindern hatten ... Kinder					Von den Witwen hatten ...			Von den Witwern hatten ...			Lfd. Nr.
7	8	9	10	mehr Kinder	keine Kinder	Kinder		keine Kinder	Kinder		
Zahl					Zahl	Zahl	Zahl der Kinder	Zahl	Zahl	Zahl der Kinder	
29	30	31	32	33	34	35	36	37	38	39	
4	3	–	–	2	5	1	5	–	–	–	65.
–	–	–	–	–	1	–	–	1	–	–	66.
1	1	–	–	–	3	5	9	1	–	–	67.
2	1	–	–	–	5	8	12	1	2	11	68.
2	2	–	–	–	3	6	19	–	1	3	69.
6	2	–	–	–	5	8	24	3	1	8	70.
2	–	–	1	–	–	2	11	–	–	–	71.
–	–	–	1	2	8	5	12	–	1	2	72.
–	–	–	–	–	–	2	9	–	–	–	73.
3	2	1	–	–	5	3	16	2	–	–	74.
3	–	–	–	–	–	–	–	–	–	–	75.
–	3	–	–	–	6	4	10	4	5	6	76.
6	2	2	–	–	3	1	1	–	–	–	77.
1	–	–	–	–	–	–	–	–	–	–	78.
4	3	1	–	1	5	7	19	3	3	14	79.
5	1	4	–	–	1	5	11	–	–	–	80.
1	4	–	–	–	7	6	21	–	–	–	81.
–	–	–	–	–	1	–	–	–	1	3	82.
–	–	–	–	–	4	5	10	–	3	7	83.
1	–	–	–	–	2	–	–	1	–	–	84.
1	1	–	–	–	–	2	4	–	–	–	85.
1	3	–	–	–	4	5	12	–	1	3	86.
3	2	–	–	–	13	13	20	–	3	3	87.
166	96	37	15	12	242	269	664	47	48	161	
1162	768	333	150	141							
			=	13663							

Ortschaften	Von den sonstigen weiblichen Einzelpersonen hatten			Von den sonstigen männlichen Einzelpersonen hatten		
	keine Kinder	Kinder		keine Kinder	Kinder	
	Zahl	Zahl	Zahl der Kinder	Zahl	Zahl	Zahl der Kinder
	40	41	42	43	44	45
1. Alsterweiler	–	1	3	–	3	6
2. Arzheim	–	–	–	2	–	–
3. Aschbach i. E.	–	–	–	2	2	7
4. Balzfeld	–	4	6	–	–	–
5. Berghausen b. Speyer	–	–	–	3	–	–
6. Bruchsal, Stadt	7	6	17	6	2	3
7. Büchenau	–	–	–	–	–	–
8. Büchig	2	2	7	–	1	1
9. Deidesheim, Stadt	1	–	–	2	1	5
10. Diedesfeld	–	–	–	1	1	1
11. Dielheim	1	1	1	3	1	2
12. Dudenhofen	–	–	–	1	2	5
13. Edenkoben	3	–	–	3	–	–
14. Edesheim	4	–	–	2	–	–
15. Eschbach	–	–	–	3	–	–
16. Forst b. Bruchsal	–	–	–	–	–	–
17. Forst/Pfalz	–	–	–	–	–	–
18. Geinsheim	–	3	14	–	1	4
19. Großfischlingen	1	–	–	1	–	–
20. Hainfeld	–	–	–	–	–	–
21. Hambach b. Neustadt/Wstr.	4	1	7	5	3	7
22. Hambrücken	–	–	–	–	–	–
23. Hanhofen	2	2	4	2	–	–
24. Harthausen	–	–	–	1	4	5
25. Hatzenbühl	1	2	5	4	–	–
26. Hayna	2	–	–	–	1	2
27. Heilgenstein	1	1	3	–	–	–
28. Herxheim b. Landau	2	2	6	8	6	11
29. Herxheimweyher	–	1	5	–	1	1
30. Hochdorf	–	–	–	–	–	–
31. Horrenberg	1	–	–	1	1	4
32. Horrenberg (Ober- u. Unterhof)	–	–	–	–	–	–

waren Vollwaisen	Von den Kindern											Lfd. Nr.
	lebten in Familien mit ... Kindern											
	1	2	3	4	5	6	7	8	9	10	mehr Kinder	
Zahl	Zahl											
46	47	48	49	50	51	52	53	54	55	56	57	
–	11	14	21	28	65	12	21	–	–	–	–	1.
–	17	28	18	12	30	12	21	–	–	10	–	2.
–	1	2	9	28	10	12	–	–	–	–	–	3.
–	2	8	6	8	5	–	–	8	9	–	–	4.
–	7	12	30	24	15	6	21	–	–	–	–	5.
(2) 7	104	174	204	212	175	108	70	24	18	10	12	6.
–	5	8	21	36	15	12	21	8	–	–	–	7.
–	10	6	21	16	5	12	–	8	9	–	–	8.
–	37	34	51	40	20	30	7	–	–	–	11	9.
–	15	20	24	40	35	6	14	8	–	–	–	10.
(1) 4	9	26	30	32	35	12	28	8	–	10	–	11.
–	3	8	21	20	20	18	–	–	9	–	–	12.
–	9	12	15	36	15	24	14	–	–	–	–	13.
–	22	62	42	48	35	42	7	8	–	–	–	14.
–	8	10	24	12	10	42	14	8	18	–	–	15.
(1) 3	10	18	27	24	40	12	7	–	–	–	–	16.
–	5	8	12	8	10	–	–	–	–	–	–	17.
–	7	46	24	40	40	42	7	8	18	10	–	18.
–	5	14	12	4	45	6	7	–	–	–	–	19.
–	14	26	18	44	10	12	7	–	–	–	–	20.
–	24	52	54	72	25	30	7	–	–	–	–	21.
(2) 3	12	42	21	24	20	12	–	8	9	–	–	22.
–	2	10	12	12	25	12	7	–	–	–	–	23.
–	10	8	21	12	50	24	28	24	–	20	–	24.
–	4	6	27	4	25	30	7	–	–	–	–	25.
(1) 6	3	8	12	12	10	18	14	8	–	–	–	26.
–	2	12	9	16	10	18	–	8	–	10	13	27.
(1) 5	21	38	69	88	100	30	42	40	18	10	–	28.
–	2	–	6	4	30	–	–	–	–	–	–	29.
–	3	2	–	24	5	–	7	8	–	–	–	30.
–	4	4	9	4	15	6	–	8	–	–	–	31.
–	–	–	–	4	5	–	–	8	–	–	–	32.

Ortschaften	Von den sonstigen weiblichen Einzelpersonen hatten			Von den sonstigen männlichen Einzelpersonen hatten		
	keine Kinder	Kinder		keine Kinder	Kinder	
	Zahl	Zahl	Zahl der Kinder	Zahl	Zahl	Zahl der Kinder
	40	41	42	43	44	45
33. Illingen	–	–	–	–	–	–
34. Jockgrim, Stadt	–	–	–	–	–	–
35. Kirrlach	–	–	–	–	–	–
36. Kirrweiler	1	4	13	2	4	9
37. Knaudenheim	3	1	1	3	1	2
38. Kronau	–	–	–	–	–	–
39. Lambrecht	–	–	–	–	–	–
40. Langenbrücken	–	–	–	–	–	–
41. Lauterbach i. E.	–	–	–	1	2	7
42. Lauterburg, Stadt	4	4	9	1	3	3
43. Maikammer	4	2	3	5	2	8
44. Malsch	4	2	2	11	2	4
45. Malschenberg	–	–	–	2	1	3
46. Mingolsheim	3	1	3	1	–	–
47. Mothern i. E.	1	–	–	–	1	5
48. Mühlhausen b. Wiesloch	–	1	7	1	–	–
49. Neibsheim	–	–	–	–	1	2
50. Neuthard	–	–	–	–	–	–
51. Neudorf	–	–	–	–	–	–
52. Neuweiler i. E.	–	–	–	–	–	–
53. Niederkirchen	–	–	–	1	–	–
54. Obergrombach, Stadt	–	–	–	–	–	–
55. Oberhausen	1	–	–	2	–	–
56. Oberrödern	–	1	2	–	3	9
57. Östringen	1	1	1	5	9	21
58. Ranschbach	–	–	–	–	–	–
59. Rheinhausen	2	6	19	1	2	6
60. Rheinsheim	–	–	–	–	–	–
61. Rheinzabern	1	–	–	–	–	–
62. (Wald-)Rohrbach b. Landau	–	1	1	–	1	5
63. Rot b. Wiesloch	1	–	–	–	–	–
64. Rotenberg, Stadt	3	–	–	1	–	–

	Von den Kindern												
waren Vollwaisen	lebten in Familien mit ... Kindern												Lfd. Nr.
	1	2	3	4	5	6	7	8	9	10	mehr Kinder	
Zahl	Zahl												
46	47	48	49	50	51	52	53	54	55	56	57	
–	6	4	3	24	–	6	–	16	–	–	–	33.
–	8	10	12	16	25	6	14	–	18	–	–	34.
(3) 9	10	18	21	16	20	24	21	8	–	–	–	35.
–	13	36	42	48	50	18	28	32	–	–	–	36.
–	7	14	24	24	25	12	14	–	9	–	–	37.
(3) 5	10	32	27	12	40	30	28	32	7	–	11	38.
–	5	14	15	20	20	12	–	8	–	–	–	39.
(2) 3	16	22	39	48	45	66	14	56	–	–	–	40.
(1) 6	7	14	18	8	25	24	7	8	–	–	–	41.
(2) 8	32	64	66	60	50	24	–	8	–	10	–	42.
(1) 4	11	32	15	48	35	18	35	32	27	–	–	43.
–	10	36	39	48	30	6	21	–	–	–	–	44.
–	3	6	3	16	5	12	7	–	–	–	–	45.
(1) 2	13	34	69	52	105	60	63	40	18	–	–	46.
–	11	8	21	44	15	30	7	8	–	–	–	47.
–	9	16	9	16	30	12	14	–	9	–	–	48.
–	8	18	21	16	40	18	21	24	9	10	–	49.
–	1	6	15	16	20	18	21	–	–	–	11	50.
–	3	2	9	4	–	6	–	–	–	10	–	51.
–	2	10	3	–	15	12	–	–	–	–	–	52.
–	16	20	27	20	5	7	–	–	–	–	–	53.
–	7	22	24	20	10	24	28	–	9	–	–	54.
–	15	28	30	32	25	24	–	8	–	10	–	55.
(1) 3	2	4	21	20	10	–	7	–	–	–	–	56.
(18) 22	56	84	57	68	85	72	21	8	9	–	–	57.
–	2	10	18	8	–	6	7	8	9	–	–	58.
–	9	22	33	24	25	–	7	–	–	–	–	59.
(4) 8	10	16	36	32	30	24	49	8	9	–	–	60.
–	10	42	36	64	40	18	28	24	–	–	–	61.
–	2	–	–	4	5	–	–	–	–	–	–	62.
(1) 1	15	24	21	56	35	30	49	8	18	10	22	63.
–	5	16	24	16	25	12	–	8	9	–	–	64.

Ortschaften	Von den sonstigen weiblichen Einzelpersonen hatten			Von den sonstigen männlichen Einzelpersonen hatten		
	keine Kinder	Kinder		keine Kinder	Kinder	
	Zahl	Zahl	Zahl der Kinder	Zahl	Zahl	Zahl der Kinder
	40	41	42	43	44	45
65. Rülzheim	–	1	1	1	5	20
66. Ruppertsberg	–	1	4	1	–	–
67. Salmbach	1	–	–	1	1	2
68. St. Leon	–	–	–	–	–	–
69. St. Martin	–	2	5	1	–	–
70. Schaidt	–	1	1	5	3	7
71. Scheibenhardt	–	–	–	1	–	–
72. Schifferstadt	7	2	4	5	1	7
73. Siegen u. Keidenburg	–	–	–	1	–	–
74. Stettfeld	–	–	–	–	–	–
75. Stundweiler i. E.	–	–	–	2	–	–
76. Ubstadt	–	–	–	–	–	–
77. Udenheim, Stadt	12	12	24	14	4	8
78. Udenheim (am Rhein)	1	–	–	2	1	5
79. Untergrombach	–	–	–	1	1	2
80. Venningen	1	–	–	2	–	–
81. Waibstadt, Stadt	–	1	5	4	4	18
82. Waldhambach	1	1	4	–	–	–
83. Waldsee	–	1	2	1	–	–
84. Weiher b. Bruchsal	–	–	–	–	–	–
85. Weyher/Pfalz	–	2	6	7	1	1
86. Wiesental	–	–	–	–	1	5
87. Zeutern	–	1	1	2	–	–
Hochstift Speyer	84	75	196	138	84	223

waren Vollwaisen	Von den Kindern											Lfd. Nr.
	lebten in Familien mit … Kindern											
	1	2	3	4	5	6	7	8	9	10	mehr Kinder	
Zahl	Zahl											
46	47	48	49	50	51	52	53	54	55	56	57	
–	18	16	30	52	50	36	35	24	–	–	28	65.
–	13	20	18	24	10	–	–	–	–	–	–	66.
–	8	16	36	44	45	12	7	8	–	–	–	67.
–	13	28	27	44	40	36	14	8	9	–	–	68.
–	11	24	42	52	40	18	21	16	–	–	–	69.
–	24	32	96	96	65	30	42	16	–	–	–	70.
–	3	2	6	12	20	6	21	–	–	10	–	71.
–	14	70	72	52	25	6	7	–	–	10	22	72.
–	1	–	9	8	5	6	–	–	–	–	–	73.
(8) 8	23	38	39	24	45	30	28	16	9	–	–	74.
–	–	6	–	12	10	–	21	–	–	–	–	75.
(4) 10	31	46	54	24	20	18	–	24	–	–	–	76.
–	30	42	60	40	50	48	42	16	18	–	–	77.
–	2	6	12	8	5	6	7	–	–	–	–	78.
(1) 2	20	50	42	60	80	48	28	32	9	–	11	79.
–	13	12	27	24	30	–	35	8	36	–	–	80.
–	9	34	39	40	30	24	21	32	–	–	–	81.
–	3	8	9	16	5	–	–	–	–	–	–	82.
–	23	36	39	24	5	18	–	–	–	–	–	83.
(3) 5	11	24	12	16	20	18	7	–	–	–	–	84.
–	7	18	30	12	20	12	7	8	–	–	–	85.
(1) 3	4	28	30	32	25	30	7	24	–	–	–	86.
(9) 22	45	50	72	48	50	12	21	16	–	–	–	87.
(71)[1] 149	1048	2008	2469	2652	2540	1645	1260	792	351	150	141	

[1] Zahl der Waisenhaushalte

Register

BEARBEITET VON IRENE ANDERMANN

Mitarbeiterverzeichnis

Andermann, Irene, Stutensee-Blankenloch

Andermann, Dr. Kurt, Stutensee-Blankenloch

Bohl, Dr. Peter, Karlsruhe

Bull, Dr. Karl-Otto, Stuttgart

Ehmer, Dr. Hermann, Stuttgart

Rechter, Dr. Gerhard, Nürnberg

Rödel, Priv. Doz. Dr. Walter G., Mainz

Trugenberger, Dr. Volker, Stuttgart

Verzeichnis der von 1988 bis 1990
bei der Arbeitsgemeinschaft gehaltenen Vorträge

Die folgende Zusammenstellung schließt an das in Band 7 der Oberrheinischen Studien, S. 395–397, abgedruckte Verzeichnis an und setzt es fort. Es gelten die Siglen: OS = Oberrheinische Studien, ZGO = Zeitschrift für die Geschichte des Oberrheins.

(278) 29.4.1988: *Heinz Schmitt:* Zwischen Protest und Loyalität. Die politische Dimension badischer Volkstrachten im 19. und 20. Jahrhundert.
    Vgl. Heinz Schmitt: Volkstrachten in Baden. Ihre Rolle in Kunst, Staat, Wirtschaft und Gesellschaft seit zwei Jahrhunderten, Karlsruhe 1988.

(279) 6.5.– 7.5.1988: Bevölkerungsstatistik an der Wende vom Mittelalter zur Neuzeit. Quellen und methodische Probleme im überregionalen Vergleich (Colloquium in Philippsburg):

    6.5.1988: *Walter G. Rödel:* ›Statistik‹ in vorstatistischer Zeit. Möglichkeiten und Probleme der Erforschung frühneuzeitlicher Populationen.

    6.5.1988: *Gerhard Rechter:* Bevölkerungsstatistische Quellen Frankens. Bestand und Probleme dargestellt am Beispiel des Fürstentums Brandenburg–Ansbach–Kulmbach.

    7.5.1988: *Volker Trugenberger:* Bevölkerungsstatistische Quellen des späten Mittelalters und der frühen Neuzeit aus dem schwäbischen Raum.

    7.5.1988: *Peter Bohl:* Quellen zur Bevölkerungsgeschichte des ländlichen Raumes am Bodensee im 16. Jahrhundert.

    7.5.1988: *Hermann Ehmer: ... obe sich der stiefft an luten mere oder mynner.* Die Speyerer Volkszählungen von um 1470 und 1530.
    Vgl. diesen Band.

(280) 10.6.1988: *Gerhard Kaller:* Emanzipation oder Anpassung. Leben und Wirken jüdischer Abgeordneter im badischen Landtag 1861–1933.
    Vgl. Gerhard Kaller: Jüdische Abgeordnete im badischen Landtag 1861–1933, in: Heinz Schmitt, Ernst Otto Bräunche und Manfred Koch (Hgg.), Juden in Karlsruhe. Beiträge zu ihrer Geschichte bis zur nationalsozialistischen Machtergreifung (Veröff. d. Karlsruher Stadtarchivs 8), Karlsruhe 1988, S. 413–439.

(281) 1.7.1988: *Johannes Gut:* Die Farbfensterverglasung der frühklassizistischen Klosterkirche von St. Blasien.
    Vgl. Johannes Gut: Die Farbfenster der frühklassizistischen Klosterkirche St. Blasien, in: Jahrb. d. Staatl. Kunstsammlungen in Baden-Württemberg 25 (1988) S. 108–159.

(282) 4.11.1988: *Horst Buszello:* Bauer – Taglöhner – Heimarbeiter. Zur Sozial- und Ernährungsgeschichte am Oberrhein im 18. Jahrhundert.

(283) 25.11.– 27.11.1988: Burg – Schloß – Residenz. Beobachtungen zum strukturellen Verhältnis aus historischer und kunsthistorischer Perspektive (gemeinsame Tagung mit der Residenzen-Kommission der Akademie der Wissenschaften zu Göttingen in Bruchsal):

25. 11. 1988: *Otto B. Roegele:* Bruchsal. Residenz im Herbst des Alten Reiches.

26. 11. 1988: *Ulrich Schütte:* Burg und Schloß. Zur Wehrhaftigkeit deutscher Residenzbauten des späten Mittelalters und der frühen Neuzeit.

26. 11. 1988: *Uwe Albrecht:* Residenzschlösser in Norddeutschland am Beispiel von Gottorf und Wolfenbüttel.

26. 11. 1988: *Franz-Heinz Hye:* Innsbruck. Schloß und Residenzstadt.

26. 11. 1988: *Theodor Straub:* Ingolstadt. Residenzstadt im Wandel vom 13. zum 15. Jahrhundert.

27. 11. 1988: *Gertrud Buttlar:* Die Wiener Neustädter Residenz Kaiser Friedrichs III. Werden, Bauten, Ausstattung.

27. 11. 1988: *Hermann Ehmer:* Burg und Stadt Wertheim in ihren personellen Verflechtungen im Mittelalter.

27. 11. 1988: *Werner Paravicini:* Zusammenfassung.

(284) 9. 12. 1988: *Kurt Andermann:* Zeremoniell und Brauchtum beim Begräbnis und beim Huldigungsumritt Speyerer Bischöfe. Formen der Repräsentation von Herrschaft im späten Mittelalter und in der frühen Neuzeit.
Vgl. Kurt Andermann: Zeremoniell und Brauchtum beim Begräbnis und beim Regierungsantritt Speyerer Bischöfe. Formen der Repräsentation von Herrschaft im späten Mittelalter und in der frühen Neuzeit, in: Archiv f. mittelrhein. Kirchengesch. 42 (1990).

(285) 13. 1. 1989: *Kurt Wüstenberg:* Das Eheschließungsrecht der Markgrafschaft Baden-Durlach nach der Einführung der Reformation (1556–1700).

(286) 17. 2. 1989: *Hansmartin Schwarzmaier:* Die Entstehung der Unteilbarkeit fürstlicher Territorien und die badischen Teilungen des 15. und 16. Jahrhunderts.

(287) 3. 3. 1989: *Felix Heinzer:* Gallus Öhem im Spiegel seiner Bücher.
Vgl. Felix Heinzer: Die Reichenauer Inkunabeln der Badischen Landesbibliothek in Karlsruhe, in: Bibliothek und Wissenschaft 22 (1988) S. 1–132.

(288) 16. 3.–
19. 3. 1989: Die Französische Revolution und die Oberrheinlande 1789–1798 (Tagung in Speyer):

16. 3. 1989: *Jürgen Voss:* Die Kurpfalz im Zeichen der Französischen Revolution.

17. 3. 1989: *Uwe Schmidt:* Die revolutionären Bestrebungen am Oberrhein 1796.

17. 3. 1989: *Helmut Gabel:* Herrschaftlich-bäuerliche Konflikte zwischen mittlerer Maas und südlichem Niederrhein im Zeitalter der Französischen Revolution.

17. 3. 1989: *Michael Martin:* Revolutionierung und Änderung der Sozialstruktur in der hochstift-wormsischen Landgemeinde Dirmstein.

17. 3. 1989: *Erich Schunk:* Von der Souveränität des Königs zur Souveränität des Volkes. Die pfalz-zweibrückischen Gebiete unter französischer Oberhoheit.

17. 3. 1989: *Eva Kell:* Die Bilanz der Revolutionierung im Fürstentum Leiningen (1792/93).

17. 3. 1989: *Roger Dufraisse:* Die Französische Revolution aus der Sicht des Zweibrücker Hofmalers Johann Christian von Mannlich.

18. 3. 1989: *Wolfgang Müller:* Die munizipale Revolution der Landauer Zunftbürger.

18.3.1989: *Jürgen Müller:* Reichsstädtisches Selbstverständnis, traditionales Bürgerrecht und staatsbürgerliche Gleichstellung in Speyer vom Ancien Régime zur napoleonischen Zeit.

18.3.1989: *Rolf Reichardt:* Die deutsche ›Bibliothek‹ zur Französischen Revolution und der Südwesten.

18.3.1989: *Helmut Mathy:* Andreas Josef Hofmann und Georg Nimis. Versuch einer Konfrontation.

18.3.1989: *Franz Dumont:* Von Mainz nach Hambach? Kontinuität und Wandel im Lebensweg rheinischer und pfälzischer Jakobiner.

18.3.1989: *Harald Siebenmorgen:* Die Französische Revolution. Formen der Bildpropaganda in Deutschland.

19.3.1989: *Claudia Ulbrich:* Rheingrenze und Französische Revolution.

19.3.1989: *Jürgen Voss:* Zusammenfassung.
Vorgesehen für OS 9.

(289) 29.4.1989: *Eugen Reinhard:* Die Römer- und Bischofsstadt in der Kulturlandschaft Süddeutschlands.
Vgl. Eugen Reinhard: Die Römer- und Bischofsstädte im alemannischen Raum Süddeutschlands und der Nordschweiz. Ihre Bedeutung für die Kulturlandschaftsentwicklung, in: ZGO 138 (1990).

(290) 2.6.1989: *Sabine Diezinger:* Französische Emigranten und Flüchtlinge in der Markgrafschaft Baden 1789–1800.

(291) 30.6.1989: *Clemens Rehm:* Katholiken zwischen Revolution und Restauration. Die Erzdiözese Freiburg 1848/49.
Vgl. Clemens Rehm: Die Katholische Kirche in der Erzdiözese Freiburg während der Revolution 1848/49 (Forsch. z. Oberrhein. Landesgesch. 34), Freiburg 1987.

(292) 10.11.1989: *Christoph Graf von Pfeil* und *Wolfgang Wiese:* ›Staatliche Schlösser und Gärten Baden-Württemberg‹. Der Aufbau einer neuen Verwaltung in Baden.
Vgl. Wolfgang Wiese und Christoph Graf von Pfeil: Die Oberfinanzdirektion als Schlösserverwaltung, in: OFD Nachrichten. Mitteilungsblatt der Oberfinanzdirektion Karlsruhe 3/4 (1988) S. 13–18.

(293) 8.12.1989: *Kurt Wesoly:* Geselle contra Meister? Das Verhältnis der beiden im Handwerk beschäftigten Parteien nach ober- und mittelrheinischen Quellen bis ins 17. Jahrhundert.

(294) 12.1.1990: *Kurt Andermann:* Grundherrschaften des spätmittelalterlichen Niederadels.

(295) 9.2.1990: *Hans Fenske:* Um die Neugliederung am Oberrhein. Die Pfalz im Schnittpunkt der Interessen (1949–1956).

(296) 2.3.1990: *Johannes Fried:* Wissenschaft und Schulen im Oberrheingebiet im 12. Jahrhundert.

Verzeichnis der 1988 und 1989
von der Arbeitsgemeinschaft durchgeführten Studienfahrten

25. 6. 1988: Studienfahrt an den mittleren Neckar (Kirchhausen – Heilbronn – Neckarsulm – Heuchlingen – Michaelsberg bei Böttingen – Gundelsheim – Burg Guttenberg).
Führung: *Kurt Andermann, Michael Diefenbacher, Dietrich Lutz.*

24. 9. 1988: Studienfahrt ins Münstertal und in die Hochvogesen (Türckheim – Münster – Schluchtpaß – Hoheneck – Lautenbach – Murbach – Egisheim).
Führung: *Eugen Reinhard.*

21. 10. 1988: Besichtigung der Ausstellung »1200 Jahre Ettlingen – Archäologie einer Stadt« (Ettlingen, Schloß).
Führung: *Egon Schallmayer.*

10. 6. 1989: Studienfahrt in den Schwarzwald (Berghaupten – Prinzbach – Hauserbach – Wolfach – Wittichen – Alpirsbach – Lautenbach).
Führung: *Rudolf Metz.*

16. 9. 1989: Besichtigung der Karlsruher Grablegen des Hauses Baden (Ev. Stadtkirche – Gruftkapelle im Fasanengarten).
Führung: *Kurt Andermann.*

14. 10. 1989: Studienfahrt in den Raum Heidelberg–Mannheim (Schönau – Heiligenberg – Ladenburg – Schriesheim – Mannheim, Reißmuseum).
Führung: *Erich Gropengießer, Dietrich Lutz.*

OBERRHEINISCHE STUDIEN

Die »Oberrheinischen Studien« sind das in zwangloser Folge erscheinende Publikationsorgan der Arbeitsgemeinschaft für geschichtliche Landeskunde am Oberrhein e.V. In der 1970 gegründeten Reihe werden Forschungen zur oberrheinischen Landeskunde veröffentlicht, die aus dem Kreis der Arbeitsgemeinschaft hervorgegangen oder bei ihren Sitzungen vorgetragen worden sind. Das Spektrum der in den »Oberrheinischen Studien« behandelten Theman reicht von der Vor- und Frühgeschichte bis hin zur Zeitgeschichte. Es finden alle Disziplinen der geschichtlichen Landeskunde Berücksichtigung, und die von modernen Staats- und Verwaltungsgrenzen durchschnittenen historischen Landschaften beiderseits des Rheins werden als Ganzes gewürdigt.

Die bisher erschienenen Bände

 Jan Thorbecke Verlag Sigmaringen